Quand le pape
demande pardon

Luigi Accattoli

Quand le pape demande pardon

Préface de Mgr Jean-Michel di Falco

*Traduit de l'italien
par Thierry Laget*

Albin Michel

Titre original :

QUANDO IL PAPA CHIEDE PERDONO

© 1997 Arnoldo Mondadori Editore, S.p.A, Milan

Traduction française :

© Éditions Albin Michel, S.A., 1997
22, rue Huyghens, 75014 Paris

ISBN 2-226-09559-4

Préface

Presque vingt ans après le début du pontificat du pape Jean-Paul II, nombreux sont les observateurs qui ont déjà entrepris, avant Luigi Accattoli, de mettre en valeur tel ou tel trait saillant de l'action du 263ᵉ successeur de Pierre.

Chacune de ces études apporte un éclairage supplémentaire, et contribue à révéler l'œuvre exceptionnelle de l'actuel souverain pontife, alors même que l'heure des bilans n'est pas encore venue.

Ainsi, rien ou presque n'a été laissé dans l'ombre : de la vision géopolitique de Jean-Paul II à sa réflexion métaphysique, en passant par son action en faveur des droits de l'homme, son engagement œcuménique, ou son enseignement moral, tout, semble-t-il, nous est connu de ce pape si souvent exposé au regard des médias.

Dans l'élaboration de cette vaste fresque, la contribution de Luigi Accattoli est pourtant originale à plus d'un titre.

D'abord parce qu'il traite d'un aspect particulièrement méconnu, en France, de la pensée de Jean-Paul II. Au cours de ses deux derniers séjours dans notre pays, on a souligné comme avec surprise et soulagement les propos de réconciliation prononcés par le souverain pontife : à Reims en septembre 1996, sur fond de polémique à propos de la commémoration du baptême de Clovis, il a insisté sur la *nécessité de célébrer les anniversaires de notre histoire, non pour entretenir les déchirures du passé, mais au contraire pour renforcer à la source de cette mémoire commune la cohésion et la solidarité nationales ; en août dernier, le pape n'a pas voulu non plus ignorer le 425ᵉ anniversaire de la tragique nuit de la Saint-Barthélemy, et les médias n'ont pas manqué de saluer ses propos à l'ouverture de la veillée de Longchamp, devant les 750 000 jeunes du monde entier. « À la veille du 24 août, on ne peut oublier le douloureux massacre de la Saint-Barthélemy. (...) Des chrétiens ont accompli des actes que l'Évangile réprouve. »*

À chaque fois, on a relevé ces paroles du pape comme de simples mises au point, certes courageuses et bienvenues, mais finalement anecdotiques. On oublie ainsi les nombreux voyages au cours desquels Jean-Paul II a tenu à initier un examen de conscience des chrétiens au regard de leur rôle dans l'histoire locale. On passe finalement à côté de l'une des intuitions les plus fondamentales, et peut-être les plus prophétiques en cette fin de millénaire, du souverain pontife. Après être revenu ponctuellement sur ce thème à de nombreuses reprises depuis le début de son pontificat, il en fait désormais le cœur des préparatifs du jubilé de l'an 2000, comme il l'exprime dans sa lettre apostolique « À l'aube du troisième millénaire » : « Il est juste (...) que l'Église prenne en charge, avec une conscience plus vive, le péché de ses enfants, dans le souvenir de toutes les circonstances dans lesquelles, au cours de son histoire, ils se sont éloignés de l'Esprit du Christ et de son Évangile, présentant au monde (...) le spectacle de façons de penser et d'agir qui étaient de véritables formes de contre-témoignage et de scandale. »

C'est précisément à cette mise en perspective que se livre Luigi Accattoli. Avec l'expérience que lui donne sa longue carrière d'observateur religieux pour le compte du premier quotidien italien, Il Corriere della Sera, *il analyse l'histoire de cette prise de conscience au plus haut niveau de l'Église, depuis les premiers gestes de Jean XXIII, corrigeant la liturgie du vendredi saint, jusqu'à la volonté exprimée par Jean-Paul II d'un examen de conscience ample et global de toute l'Église.*

Demander pardon n'a jamais été une démarche confortable. Chacun le sait depuis l'enfance, et personne, devenu adulte, ne peut se complaire dans cette démarche qui humilie au sens propre du terme : qui rend humble, petit. D'autant plus que le pardon ne peut être vécu qu'à deux, et celui qui pardonne fait parfois un sacrifice aussi important que celui qui demande pardon. S'il est difficile à un individu de pratiquer le pardon, ça l'est bien plus encore pour une société humaine, car alors d'autres objections s'ajoutent aux obstacles de la fierté et de l'amour-propre, en symétrique pour celui qui demande et pour celui qui offre le pardon : « En quoi suis-je coupable des fautes de mes ancêtres ? » et « de quel droit vais-je pardonner, moi, des souffrances infligées à mes parents ? », etc.

En somme, n'ayons pas peur des mots : le pardon n'est pas naturel à l'homme !

Dieu ne s'y est pas trompé, qui, dans son patient travail pédagogique de remodelage de l'homme, a procédé par étapes. Avec Moïse et la loi du talion, il lui a enseigné d'abord de ne pas se venger « plus » que les souffrances endurées : œil pour œil, dent pour dent. De nombreuses autres étapes ont suivi, et en particulier le témoignage répété du propre pardon de Dieu à chaque trahison du peuple d'Israël. Ce n'est que mille trois cents ans après Moïse qu'a pu venir l'étape ultime, celle du pardon sans retour et sans limites enseigné par Jésus-Christ à travers le propre exemple de sa mort sur la Croix.

Et deux mille ans après Jésus-Christ, où en sommes-nous ? Nous avons le même chemin de conversion à parcourir. Le pardon n'est pas plus facile à pratiquer pour nous qu'il ne l'était pour le peuple hébreu il y a quatre mille ans. Quelle place faisons-nous au pardon dans nos sociétés ? À l'aube du troisième millénaire, il est frappant de constater partout notre besoin de ré-apprendre à pardonner. Cela saute aux yeux lorsque l'on observe les explosions de violence récurrentes dans certaines parties du monde, où seul le pardon donné et reçu pourra briser les cercles de la vengeance qui enchaînent les générations les unes aux autres et les précipitent dans le même bain de sang. Mais c'est tout aussi vrai pour notre société française : combien d'individus entravés par un sentiment de culpabilité qu'ils traînent chez les voyantes et les psys ? combien de familles déchirées par le manque de pardon ?

L'Église est dépositaire des trésors de Dieu pour l'homme. À chaque époque, elle a pu puiser dans cet héritage vivant pour redonner à l'homme les clefs de son bonheur et de sa liberté. Sans doute est-ce aujourd'hui la grâce du pardon que l'humanité doit redécouvrir en priorité. Pardon personnel de Dieu pour les fautes de chacun d'entre nous, qui reste la source et le modèle de tous les pardons ; pardon à vivre en couple, en famille, en société. Mais comment l'Église sera-t-elle demain « maîtresse en pardon », si elle ne donne pas l'exemple aujourd'hui ? Comment les chrétiens convaincront-ils leurs contemporains que vivre heureux, c'est vivre en pardonnant et en demandant pardon, s'ils ne le vivent pas eux-mêmes ? Voilà pourquoi Jean-Paul II engage l'Église sur ce chemin difficile, mais libérateur, pour qu'elle soit en mesure de remplir sa mission auprès des hommes et des femmes du troisième millénaire, convaincu que « reconnaître les fléchissements d'hier est un acte de loyauté et de courage qui nous aide à renforcer notre foi, qui nous fait percevoir les tentations et les difficultés d'aujourd'hui, et nous prépare à les affronter ».

Luigi Accattoli fait un remarquable travail de journaliste. Il relate avec rigueur les débats suscités par cette question, depuis les travaux du concile Vatican II jusqu'à ceux engagés après le consistoire de 1994. Il évoque, sans les creuser, puisque tel n'est pas son objectif, les réflexions théologiques liées à cette question : pourquoi ne faut-il pas parler des « pé-

10

chés de l'Église » mais plutôt des péchés des croyants ? etc. Son ouvrage se suffit à lui-même pour comprendre les enjeux de cette démarche et pour donner à chacun le goût de s'y engager personnellement. On peut, néanmoins, situer son travail dans une perspective un peu plus large, en ajoutant à cette enquête deux repères, comme un point de départ et un point d'arrivée.

M. Accattoli met en évidence l'obstination tranquille du pape Jean-Paul II à faire progresser l'Église dans la voie de cet examen de conscience, même s'il doit pour cela s'avancer en éclaireur, passant outre les réticences de certains de ses collaborateurs les plus proches. D'où lui vient cette ténacité, sur un terrain où il est très largement novateur par rapport à ses prédécesseurs ? La force de la pensée du pape sur ce thème vient, je crois, de ce que sa méditation s'abreuve au plus intime de lui-même, à la double source de sa foi et de sa propre expérience. Le pardon est en effet au cœur de la vie de foi, comme son moteur le plus intime. Saint Ignace de Loyola dit que si d'aventure, dans une journée chargée, il ne nous est pas possible de prendre autant de temps qu'il faudrait pour la prière, un seul moment doit être sauvegardé à tout prix : l'examen de conscience du soir. C'est là en effet que le chrétien peut reprendre chaque jour conscience de ce qu'il est, un pécheur pardonné, et nourrir ainsi un sentiment d'amour et de reconnaissance qui sera à l'origine de son dynamisme dans la foi, et de sa capacité à pardonner à son tour.

Il serait impossible de citer tous les extraits d'Évangile sur ce thème, car c'est l'intégralité du témoignage du Christ qui nous enseigne cela. Toute sa vie publique est émaillée de rencontres se concluant sur une parole de pardon : « Va en paix » ; « ta foi t'a sauvé », « moi non plus je ne te condamne pas », « tes péchés sont pardonnés ». Elle culmine à la Croix, source du pardon offert aux hommes de tous les temps : « Père, pardonne-leur, ils ne savent pas ce qu'ils font. » À sa suite, il invite ses disciples de chaque époque à faire le même appel que le pape Jean-Paul II, comme chacun *sait, a reçu jusque dans sa chair. À la suite de l'attentat qui faillit lui coûter la vie en 1981, il a tenu à rencontrer dans sa cellule son agresseur pour lui exprimer son pardon. Il n'est sans doute pas inutile de souligner ici que le pape Paul VI, dont Luigi Accattoli indique l'action en faveur d'une même attitude de repentance de l'Église, fut lui-même victime d'un attentat de moindre gravité. À un collaborateur qui revenait sur le sujet quelque temps après, il déclara : « J'ai pardonné, et j'ai oublié. » Deux hommes qui ont eu à pardonner à ceux qui avaient tenté de les tuer ; deux papes qui ont mis l'Église sur la voie de cet examen de conscience historique.*

À l'autre extrémité de la réflexion, je me permettrai volontiers une suggestion : formuler autrement le titre du chapitre 9 de ce livre : « Le pape continue seul. » Non, le pape ne continue pas seul, parce que seul, il ne pourrait pas aller bien loin. Luigi Accattoli souligne bien que l'action de Jean-Paul II, même tout à fait novatrice, s'inscrit clairement dans le chemin initié par ses prédécesseurs immédiats, par le concile Vatican II, et par certains pionniers de l'œcuménisme. Le pape, par vocation, n'agit pas seul. Il jouit d'une autorité sans équivalent, mais il n'est pas le « Roi-Soleil » des Temps modernes, contrairement à l'illusion que crée une certaine vision médiatique. Son rôle de pasteur suprême consiste à mettre ses pas dans ceux des 262 papes qui l'ont précédé, restant en cela sous la conduite de la Tradition, et à travailler au présent en communion avec les évêques du monde entier. Ce n'est pas un hasard si, en même temps qu'il presse l'Église d'avancer sur le chemin de la réconciliation, il se définit lui-même comme serviteur de l'unité et de la communion. C'est à cette condition, et à cette condition seulement, qu'il peut aller de l'avant avec toute l'Église.

L'intuition prophétique de Jean-Paul II en faveur d'un examen de conscience de toute l'Église ne fait pas exception à la règle. Elle doit désormais être répercutée dans chaque région du monde, au regard de l'histoire locale, pour prendre corps.

Préface

À ce titre, les catholiques de France peuvent être fiers de leur Église, elle qui aura été l'une des premières, après l'Allemagne et la Pologne, à s'engager à la suite du pape, à l'occasion de la déclaration de repentance des évêques à Drancy, le 30 septembre dernier. Réunis sur le site de cet ancien camp d'internement, en présence des autorités juives françaises, les évêques ont demandé pardon pour l'attitude fautive d'une partie de la hiérarchie catholique en 1940 et 1941, face aux premières persécutions des juifs par le gouvernement de Vichy.

Paradoxal, ce retour douloureux sur un passé vieux de plus de cinquante ans quelques jours à peine après les heures de fête vécues par des centaines de milliers de jeunes à l'occasion des XIIe Journées mondiales de la jeunesse ? Non, car l'Église est convaincue que la conscience se constitue par le souvenir, et qu'aucune société, aucun individu ne peut vivre en paix et construire l'avenir sur un passé refoulé ou mensonger. Ces deux moments, vécus à quelques semaines d'intervalle, sont les deux échos du même appel lancé par Jean-Paul II le dimanche 24 août en conclusion des JMJ : « Pardonnés et réconciliés, soyez fidèles à votre baptême ! témoignez de l'Évangile ! »

Mgr Jean-Michel di Falco

Avant-propos

L'examen de conscience de la fin du millénaire

On découvrira, dans le présent volume, quatre-vingt-quatorze textes (mais ce ne sont sans doute pas les seuls) où Jean-Paul II reconnaît des fautes historiques de l'Église et fait amende honorable. Dans vingt-cinq d'entre eux, il emploie même l'expression « je demande pardon » ou un équivalent.

Ce sont les textes les plus intéressants de son pontificat, les mots les plus ouverts sur l'avenir. Et ses paroles n'ont pu naître que d'une initiative personnelle, car nul ne pourrait obliger un pape à prononcer des phrases de repentir à propos des croisades ou des guerres de Religion. Nul ne peut forcer un pape à désavouer un autre pape.

Certaines de ces déclarations ont frappé l'opinion publique ; elles ont fait la une des quotidiens et des journaux télévisés. Le plus souvent, toutefois, elles sont passées inaperçues. Rares sont les spécialistes capables d'en proposer une interprétation critique ; c'est précisément le but que nous nous assignons dans cet ouvrage, qui se présente à la fois comme une anthologie et un guide de lecture.

Notre idée, étayée par la documentation réunie ici pour la première fois, c'est que l'« examen de conscience de la fin du millénaire » voulu par Jean-

Paul II est le fruit le plus mûr de son pontificat et son legs le plus vivant, celui qui présente le plus grand intérêt culturel et qui peut être le mieux compris en dehors de l'Église.

Il est possible que, demain, ce bilan entre dans les manuels d'histoire. À propos du schisme d'Orient et de Galilée, à propos des croisades, de l'Inquisition ou des guerres de Religion, il pourra être intéressant de savoir que l'un des acteurs a fini par changer d'avis ou de camp. De nos jours, à la fin du IIe millénaire, la papauté est la seule institution qui pratique toujours la langue qu'elle parlait à ses débuts, et qui accepte d'endosser tout son passé.

Comment Jean-Paul II en est-il venu à cet examen de conscience ? Ce furent d'abord la reconnaissance ponctuelle de certaines responsabilités, des demandes de pardon occasionnelles, et ce n'est que dans un second temps, comme par accumulation et contagion, ou par éclairage réciproque, qu'elles ont débouché sur l'examen de conscience de la fin du millénaire. À notre tour, nous suivrons cette démarche : nous partirons des affirmations isolées pour arriver à la thèse qui les récapitule. Au début, on trouve donc les déclarations du pape sur divers sujets. Écoutons-en quelques-unes, parmi les plus évocatrices.

« Aujourd'hui, moi, pape de l'Église de Rome, au nom de tous les catholiques, *je demande pardon* pour les torts causés aux non-catholiques au cours de l'histoire tourmentée de ces peuples », a-t-il dit à Olomouc, en République tchèque, en mai 1995, à propos des guerres de Religion.

« Pour ce dont nous sommes responsables, je demande pardon, comme l'a fait mon prédécesseur Paul VI », a-t-il écrit dans l'encyclique *Ut unum sint* (mai 1995) en se référant aux divisions entre les Églises.

16

« Les chrétiens d'Europe doivent demander pardon, tout en reconnaissant que les responsabilités dans la construction de la machine de guerre furent diverses », a-t-il écrit dans un autre document datant du même mois, à propos de la Deuxième Guerre mondiale, qu'ils ne surent pas empêcher et à laquelle ils finirent par participer activement.

« À ces hommes, nous ne cessons de demander : "Pardon" », a-t-il dit le 21 octobre 1992, en s'adressant à des Indiens d'Amérique et à des Noirs, dont les Blancs chrétiens avaient réduit les ancêtres en esclavage.

C'est à cette voix que nous souhaitons consacrer toute notre attention. Elle nous parle des « torts » de l'Église dans la confrontation séculaire entre la science et la foi, de la « tentation de l'intégrisme », à laquelle la chrétienté médiévale ne sut pas toujours résister, des responsabilités des hommes d'Église dans la discrimination envers les femmes, des conversions forcées qui accompagnèrent la conquête effrénée des peuples et des continents, des « erreurs » de l'antisémitisme et du *Cujus regio, ejus religio**.

Certes, ces mea-culpa isolés ne constituent pas l'examen de conscience de la fin du millénaire, et leur rassemblement lui-même ne le réalise pas tout entier. Cet examen est une démarche essentielle, à laquelle Jean-Paul II parvient au terme de plusieurs années, comme à l'apogée de l'instruction qu'il a conduite, laquelle, à son tour, devient la source d'une nouvelle enquête. Là encore, il faut partir de ses déclarations, il faut écouter ce qu'il a dit, voir comment, les premières fois, il a formulé cette proposition.

---

* Le principe selon lequel un pays devait suivre la religion de son souverain a longtemps servi de justification aux conversions forcées. *(N.d.E.)*

« À la fin de ce IIe millénaire, nous devons nous livrer à un examen de conscience : où sommes-nous, où le Christ nous a-t-il conduits, où avons-nous dévié de l'Évangile ? » a-t-il déclaré au journaliste Jas Gawronski. Où avons-nous dévié ? C'est de cette question que naît l'idée de l'examen de conscience. Elle résume la personnalité multiple et tourmentée de ce pape, son désir ardent d'évangélisation qui ne lui accorde pas de trêve et l'oblige à n'en laisser aucune à son Église et au monde. Dans cette interrogation, il nous apparaît comme le plus inquiet des croyants, et, peut-être, comme le plus inquiet des hommes de notre époque.

La reconnaissance ponctuelle d'une faute peut avoir une motivation occasionnelle : par exemple, la rencontre du pape avec les descendants de ceux auxquels l'Église a causé un tort quelconque. Avant de rencontrer les Indiens d'Amérique, on examine le comportement de l'Église à l'égard des diverses générations d'Indiens. En revanche, l'examen de conscience de la fin du millénaire trahit une démarche générale, qui ne doit rien au hasard et qui part du principe que la vraie faute n'est pas accidentelle, mais primordiale. Car, semble dire le pape, il y a bien eu une déviation, une infidélité majeure, universelle. Alors, où avons-nous dévié ? Jean-Paul II pose cette question aiguillonné par le sentiment d'un échec, d'une responsabilité évidente, et il relance un débat animé, tel qu'on n'en avait plus observé, dans la catholicité, depuis le concile Vatican II.

Car, en même temps que bien des défenseurs, les mea-culpa de Karol Wojtyla ont rencontré de nombreux opposants. La cohésion historique et géographique de l'Église catholique est le secret de sa force et la raison de sa lenteur. Jean-Paul II voudrait maintenir la cohésion de l'Église en accélérant le rythme et le mouvement. Avec un instinct apostolique, qu'il ne contrôle peut-être pas entièrement, il pressent que sa mission exige une révision de l'image historique de l'Église.

C'est à cette révision qu'il a œuvré, et qu'il œuvre encore aujourd'hui, sans se laisser intimider par les oppositions qu'il rencontre, pas plus que par les figures de ses prédécesseurs. Ces figures, ces opposants lui rappellent le respect du passé, mais il n'hésite pas à forcer le cours de l'histoire, par zèle apostolique.

Pour une institution millénaire telle que l'Église catholique, rien n'est plus difficile que la « révision » de son histoire, c'est-à-dire de son image. Pourtant, Jean-Paul II est convaincu que l'Église doit se livrer à cette révision, pour pouvoir s'adresser à l'homme de l'an 2000, et, plus encore, qu'elle doit le faire par une dette de loyauté et de vérité envers elle-même, envers son histoire, envers sa conscience.

Il s'est rendu compte qu'à son époque, l'histoire s'accélère. Il s'est aperçu que la révolution de Vatican II avait été plus rapide que la prise de conscience de l'ensemble du corps ecclésial. Il soupçonne que l'incessante reconstruction de la mémoire historique, confiée aux facultés de théologie et à la Congrégation pour la cause des saints, prend trop de temps face à cette accélération que représente symboliquement le changement de millénaire.

Instruit par le Concile et par l'exemple des papes Jean XXIII et Paul VI, Jean-Paul II saisit l'occasion du changement de millénaire pour un mea-culpa qui puisse libérer son Église, en partie du moins, du poids des morts, et la soustraire au destin aveugle d'un peuple condamné à rester prisonnier de son passé ou à pratiquer la politique de la terre brûlée.

Il apporte deux nouveautés à l'œuvre de révision

historique déjà engagée par Vatican II et par les papes du Concile :

— la première, qu'il a mise en œuvre dès le début de son pontificat, consiste à systématiser la reconnaissance des responsabilités et des torts qu'ont accumulés les communautés catholiques, dans les divers domaines de leur activité et au fil des époques, par suite de comportements que, aujourd'hui, l'Église elle-même définit comme inacceptables ;

— la seconde, qu'il a proposée au printemps de 1994, en prévision du Grand Jubilé, est l'idée d'un examen de conscience de la fin du millénaire, auquel il voudrait que se livre toute la communauté des catholiques, et qui devrait conduire à la reconnaissance des principaux contre-témoignages que les « fils de l'Église » ont donnés au cours des dix derniers siècles, notamment en ce qui concerne l'antisémitisme et l'Inquisition.

Notre étude est divisée en deux parties. La première situe dans l'histoire la question des mea-culpa et de l'examen de conscience de la fin du millénaire : leurs précédents historiques et œcuméniques ; le chemin que Jean-Paul II a accompli dans cette direction ; les nouveautés qu'il a apportées ; l'opposition qu'il a rencontrée ; les perspectives envisageables. La seconde partie reproduit in extenso et commente les quatre-vingt-quatorze textes, répartis en vingt et un chapitres — des *Croisades* à la *Traite des noirs* —, autant de thèmes à propos desquels le pape a corrigé un jugement, reconnu une faute, exprimé un repentir, demandé pardon.

Bien que j'aie eu à rendre compte, en tant que journaliste, de la plupart de ces prises de position du pape, je n'imaginais pas, en entreprenant ces recherches, l'étendue du sujet, la cohérence et la constance de l'idée, sa progression au fil des années, l'invention du langage et des gestes qui l'ont accompagnée.

Par cette entreprise, Jean-Paul II achève l'œuvre conciliaire et entraîne son Église dans un pas en avant qui se révélera peut-être décisif pour s'engager pleinement dans le mouvement œcuménique. Mais il fonde également une nouvelle apologétique, modifie l'image de la papauté et rectifie la situation de l'Église dans le paysage culturel contemporain.

Il achève l'œuvre conciliaire, en effectuant un discernement des zones d'ombre du millénaire qui s'achève, à la lumière de l'Évangile et des enseignements de Vatican II. Nous le verrons, ce Concile avait à peine esquissé cette relecture de l'histoire ; Jean-Paul II voudrait la porter à son terme. Certes, le risque existe de donner au dernier Concile une valeur rétroactive ; il faudra beaucoup de prudence, mais nul ne peut affirmer que, jusqu'à ce jour, Karol Wojtyla ait fait preuve d'imprudence en reconnaissant les torts du passé.

Le pas en avant œcuménique est double :

— « la purification de la mémoire historique », engagée avec les mea-culpa isolés, facilite la rencontre avec les adversaires d'antan ;

— pour une fois, l'adoption de la méthode de la « confession des péchés » (la *confessio peccati*, que la liturgie n'avait jamais oubliée), qui est caractéristique des églises de la Réforme, met la catholicité à l'école des frères séparés, et sur une question qui n'est nullement secondaire.

L'apologétique, enfin, c'est-à-dire la défense de la foi de l'Église : avec l'examen de conscience de la fin du millénaire, Jean-Paul II dépasse, ou, peut-être, renverse, la formulation de l'apologétique, fondée sur la controverse, et en propose une nouvelle, historiquement inédite, qu'il considère mieux adaptée à la culture de la liberté et de la tolérance. Dans ce chapitre de son pontificat, le pape dit : le monde a dévié, mais l'Église, elle aussi, a dévié. On ne pourra corriger cette déviation qu'en reconnaissant son existence.

Mais tout le monde, y compris parmi les cardinaux, ne partage pas sa ferveur missionnaire, son ardeur à réaliser l'unité. Nombreux sont ceux qui craignent que la reconnaissance des déviations chrétiennes compromette la continuité et l'identité de l'Église catholique, c'est-à-dire de l'institution la plus ancienne et la plus égale à elle-même que l'on puisse trouver aujourd'hui dans le monde. D'où les mises en garde du Consistoire extraordinaire de 1994, toutes fort raisonnables, mais formulées par des gens qui n'éprouvent pas l'ardent désir qui anime Jean-Paul II. Cependant, personne dans l'Église catholique n'a une voix assez forte pour faire taire le pape ; et il n'a pas tardé, après avoir entendu les critiques, à réitérer ses propositions.

Personne ne peut faire taire le pape, seul le pape peut vraiment prononcer le mea-culpa de l'Église catholique. Car dresser l'Église contre son passé, ou même, simplement, la confronter à celui-ci, cela peut revenir à contredire un autre pape. Ni Jean XXIII ni Paul VI n'ont osé, lorsqu'ils étaient cardinaux, formuler ce qu'ils avaient conçu en la matière, et le cardinal Wojtyla lui-même n'a pu exprimer ses convictions conciliaires et polonaises qu'une fois pape.

Je crois que, si Dieu lui prête vie, Jean-Paul II poursuivra son idée, que l'Église le suive dans cet examen de conscience ou qu'il doive continuer seul ou presque. Car, comme il a eu l'occasion de le vérifier lors du Consistoire de 1994, on avance plus vite quand on est seul. Or, le pape est pressé : l'an 2000 approche et, s'il est toujours là, il aura alors quatre-vingts ans.

Du reste, c'est seul qu'il a mené à bien une grande

partie de la révision historique accomplie à ce jour, si l'on excepte d'une part la révision du cas Galilée, dans lequel il fut secondé par une commission pontificale, et d'autre part l'actuel projet d'une vaste enquête sur l'antisémitisme et les Inquisitions, elle aussi confiée à une commission. La plupart du temps, il a agi seul, en payant de sa personne, la majeure partie de ces déclarations autocritiques ayant été prononcées pendant ses voyages, jusqu'aux derniers épisodes de Berlin (insuffisance de l'opposition catholique au nazisme : juin 1996) et de la Vendée (« Dans de terribles affrontements, bien des actions ont pu être marquées par le péché, de part et d'autre », Discours du Saint-Père à la population et aux jeunes des collèges et lycées, Saint-Laurent-sur-Sèvre, 19 septembre 1996).

« Cette demande de pardon à tout le monde constitue comme une clef de voûte des voyages de Jean-Paul II », a dit l'historien Alberto Monticone. Quand le pape veut parler à un peuple, il reconnaît les responsabilités de ceux qui se sont approchés de ce peuple avant lui pour lui délivrer le même message évangélique. S'il n'avait pas voyagé, peut-être n'aurait-il pas demandé pardon.

Jean-Paul II continue de voyager et de demander pardon avec une volonté supérieure à ses forces, car il s'attribue une responsabilité précise pour l'an 2000. Il a confié que, au lendemain de son élection comme pape, le cardinal Wyszynski* lui avait dit : « C'est toi qui dois faire entrer l'Église dans le IIIe millénaire. » Il veut l'y introduire moins alourdie du poids de l'histoire, réconciliée avec les autres communautés chré-

---

* Le cardinal Wyszynski, primat de Pologne et haute figure de la résistance anticommuniste, a été l'un des principaux artisans de l'élection de Jean-Paul II lors du conclave d'octobre 1978. *(N.d.E.)*

tiennes, dans un rapport d'amitié avec toutes les autres religions et avec tous les hommes de bonne volonté. Et si cela doit forcer le cours de l'histoire, ce n'est pas cela qui l'arrêtera. Jean-Paul II est un pape missionnaire, un homme de terrain qui ne se laissera pas empêtrer dans les dossiers.

Première partie

Précédents historiques et œcuméniques

1

Autrefois,
personne ne demandait pardon

Le « poids des morts » : l'expression est de Hans Urs
von Balthasar, l'un des théologiens que Jean-Paul II a
décidé de nommer cardinaux, et certainement l'un de
ses maîtres directs en ce qui concerne la « confession »
des péchés historiques de l'Église. Un poids qui
n'existe pas pour les autres hommes et qui est beaucoup plus léger pour les protestants, qui se sentent
peu obérés par les quinze premiers siècles chrétiens.
Ainsi que pour les orthodoxes, qui ne répondent que
de leur Église particulière.

Le catholique, lui, n'y échappe pas. Lui aussi, « il
voudrait aujourd'hui tout reprendre du commencement et être moderne parmi les modernes », dit Urs
von Balthasar, mais il ne peut se libérer du poids des
morts :

Son principe catholique de tradition le lui interdit, de
quelque manière qu'on le comprenne. La même Église
à laquelle il se soumet a fait ou laissé faire des choses
qu'on ne peut plus approuver aujourd'hui. [...] Ce qui
paraissait licite, voire même commandé, sous des papes
du Moyen Age, nous paraît absolument impardonnable
et même gravement coupable, si nous le mettons en
plein milieu entre le pur Évangile et notre conscience

d'aujourd'hui. En tout cas, cela paraît directement contraire à l'esprit et au commandement du Christ.

Il faut donc « faire un aveu complet des péchés », poursuit Urs von Balthasar, qui propose ce catalogue des principales erreurs du passé :

> Des baptêmes imposés, des tribunaux pour hérétiques et pour autodafés, des nuits de la Saint-Barthélemy, des conquêtes de continents étrangers par le feu et le sang pour y apporter la religion de la Croix et de la charité à la suite d'une exploitation brutale, des ingérences nullement désirées et complètement insensées dans les problèmes des sciences naturelles qui prenaient leur essor, des proscriptions et des interdits lancés par une autorité spirituelle qui agissait en tant que politique et qui prétendait être reconnue comme telle : la série des méfaits est interminable[1].

La voie proposée par Urs von Balthasar repose sur trois postulats : il est impossible de bâtir un système de défense, il vaudra mieux faire « un aveu complet », mais il conviendra également de « ne pas jeter la pierre ».

Les trois éléments se retrouvent dans le long magistère de Jean-Paul II sur cette question du poids des morts. L'invitation à ne plus jeter la pierre figure même dans l'un des quatre-vingt-quatorze textes où il traite des erreurs du passé. Il s'agit d'un discours aux Indiens d'Amérique (voir p. 176), auxquels, après avoir reconnu les responsabilités des chrétiens dans l'oppression culturelle et dans toutes les injustices dont ils ont été victimes, il dit : « Mais ne nous attardons pas à l'excès sur les erreurs et sur les fautes, même si nous devons nous employer à combattre les effets que l'on en ressent encore aujourd'hui. »

Un théologien aussi radical que Urs von Balthasar

indique la voie de l'« aveu complet », un pape courageux le suit presque à la lettre, et l'opinion publique catholique, remplie d'admiration, approuve, remercie, à de très rares exceptions près. Mais il n'en a pas toujours été ainsi. Cet aveu complet est une nouveauté qui a longtemps été combattue. Jadis, dans l'Église, personne ne demandait pardon.

Le texte d'Urs von Balthasar date de 1965. C'est l'année de la clôture de Vatican II, l'année où le jeune évêque Wojtyla (il a quarante-cinq ans) s'engage avec enthousiasme dans « la demande et dans l'offre de pardon » des évêques polonais aux évêques allemands, à propos d'une histoire commune tissée de luttes sanglantes entre les deux peuples qui ont culminé avec le génocide de la Deuxième Guerre mondiale. Nous en reparlerons au chapitre 7 de cette première partie.

À cette époque, la « confession des péchés » est à l'ordre du jour. Deux ans plus tôt, déjà, Paul VI a demandé pardon, lors du Concile, aux frères séparés. Le Concile l'a suivi un an plus tard avec son décret sur l'œcuménisme.

Prenant appui sur ces bases solides, Jean-Paul II appliquera la « confession des péchés » aux sujets les plus divers, allant bien au-delà de la liste limitée que dresse Urs von Balthasar. Trente ans plus tard, il appellera à l'examen de conscience de la fin du millénaire dont nous traiterons dans les chapitres 8 et 9 de la première partie de ce volume. Mais, dans le passé de l'Église, de qui le pape pénitent pouvait-il se réclamer ? Qui, parmi les papes, avait demandé pardon avant Paul VI ?

Adrien VI (1522-1523) avait été le dernier souverain pontife à confesser les péchés de l'Église : ce malheureux dernier pape non italien de la Renaissance, combattu par la Curie, tenta une réforme en réponse à l'appel de Luther, reconnaissant les « faits abomina-

29

bles » dont les papes qui l'avaient précédé, et leur cour, s'étaient rendus coupables.

La première véritable demande de pardon après Adrien VI est celle par laquelle Paul VI ouvre la deuxième session de Vatican II, en septembre 1963. Avant cela, régnait une apologétique qui n'admettait pas les repentirs déclarés et qui avait été théorisée par Grégoire XVI en 1832. La résistance des papes à l'autocritique a duré quatre cent cinquante ans. Aussi ne faut-il pas s'étonner si la plupart des déclarations de Karol Wojtyla en la matière suscitent autant de protestations que d'applaudissements.

Adrien VI n'était connu que des spécialistes. C'est Jean-Paul II qui l'a remis à l'honneur. Ce fut, dans un premier temps, son élection, en 1978, qui attira l'attention sur ce lointain prédécesseur, qui, comme lui, n'était pas italien. Puis Jean-Paul II le citera très souvent, pour appuyer ses demandes de pardon. Il invoquera le témoignage d'Adrien VI, en même temps que celui du Concile et de Paul VI, en le présentant comme le dernier pape allemand et hollandais. Il le citera au moins trois fois lors de rencontres avec des luthériens : à Mayence (1980), à Copenhague (1989), à Paderborn (1996).

À peine élu, Adrien envoya en Allemagne son légat Francesco Chieregati, chargé d'éloigner les princes allemands de Luther, en leur promettant que le pape allait s'engager lui-même dans l'œuvre de réforme. Suivant les instructions qu'il avait reçues du pape, le 3 janvier 1523, Chieregati lut devant la Diète de Nuremberg un texte d'Adrien, qui reconnaissait la faute de l'Église dans la dégénérescence à laquelle conduisait l'ajournement perpétuel de la réforme :

Nous n'ignorons pas que, au Saint-Siège même, il y a quelques années encore, se sont produits des faits abominables : abus des biens sacrés, prévarications dans les commandements, de sorte que la moindre entreprise était orientée vers le mal. Il ne faut donc pas s'étonner que la maladie soit passée de la tête aux membres, des papes aux prélats. Nous entendons faire diligence pour que soit d'abord amendée la cour romaine, dont sont peut-être partis tous ces maux ; c'est en elle que l'assainissement et le renouveau commenceront, de même que c'est en elle que la maladie a pris son origine. Nous nous considérons d'autant plus obligés de mettre de telles choses en œuvre, que tout le monde désire ardemment une telle réforme. [...] Toutefois, personne ne doit s'étonner que nous n'éliminions point tous les abus d'un coup. En effet, la maladie s'est profondément enracinée et développée ; il faut donc avancer pas à pas, combattre les maux les plus graves et les plus périlleux en prescrivant des remèdes adaptés, pour ne pas créer de confusion plus grande encore par une réforme hâtive[2].

L'insuccès de la démarche généreuse d'Adrien contribua à convaincre ses successeurs qu'il n'était pas opportun de reconnaître leurs responsabilités. Les spécialistes connaissent différents passages des documents pontificaux qui, pendant quatre siècles, ont mis en garde contre la confession des péchés. Nous reproduirons le plus franc et le plus célèbre, contenu dans l'encyclique *Mirari vos*, publiée par Grégoire XVI en 1832 :

C'est le comble de l'absurdité et de l'outrage envers [l'Église] de prétendre qu'une *restauration* et qu'une *régénération* lui sont devenues nécessaires pour assurer son existence et ses progrès, comme si l'on pouvait croire qu'elle aussi fût sujette soit à la défaillance, soit à l'obscurcissement, soit à toute autre altération de ce genre[3].

Reconnaître un défaut ou une faiblesse de l'Église pourrait conduire à l'idée de la réforme : celle-ci étant dangereuse, on doit éviter de reconnaître le défaut. Formulé en ces termes, le raisonnement paraît caricatural. Mais telle était bien l'attitude de l'apologétique du xixᵉ siècle, qui se conforma fidèlement aux directives de Grégoire XVI. Nous nous contenterons d'un exemple, parmi les plus évidents, relatif à la question de la traite des Noirs (dont nous nous occuperons dans la seconde partie de ce volume), considérée — et, aussi incroyable que cela paraisse, presque soutenue — par *Civiltà cattolica** dans une intervention de 1865, *Le Concept moral de l'esclavage*[4].

Au cours des siècles, les papes ne s'étaient pas montrés très sensibles au problème de la traite des Noirs, que vint soudainement réveiller la guerre de Sécession américaine. Or, alors même que cette guerre déchirait l'Amérique et que l'esclavage était désormais fort mal vu par l'opinion publique européenne — émue par la lecture de *La Case de l'oncle Tom* — et avait été condamné par le Congrès de Vienne (en partie grâce aux pressions exercées par Pie VII), la revue des Jésuites se souciait de prouver que l'esclavage n'est pas, en soi, contraire au droit naturel, si certaines conditions sont respectées ; elle observait qu'on ne pouvait rien reprocher à ceux qui en avaient profité jusque-là dans les régions où la loi l'autorisait, ni aux souverains pontifes qui ne l'avaient pas universellement condamné ; elle concluait que « lorsqu'on traitait de la cause des esclaves, il ne fallait pas s'aventurer au-delà des frontières des droits de la nature, afin que nul ne pût être abusé et en venir à la conclusion que l'Église et sa doctrine s'étaient associées à des pratiques iniques ».

---

* La revue catholique italienne *Civiltà cattolica* fut fondée en 1850 par le pape Pie IX comme instrument de communication au service de la papauté et confiée aux Jésuites. Aujourd'hui encore, c'est un média non officiel mais soumis à la censure de la Secrétairerie d'État du Vatican. *(N.d.E.)*

Ainsi, pendant des siècles, aucune révision historique ne fut entreprise et l'on résista le plus possible aux révisions imposées par l'histoire. Nous verrons, dans le chapitre sur Galilée, dans la seconde partie de ce volume, qu'on ne retira son *De revolutione orbium cœlestium* de l'Index des livres interdits qu'en 1757 ; et que l'œuvre ne put être réimprimée dans l'État pontifical qu'en 1822.

Une forme particulière de la réticence à reconnaître les erreurs du passé s'est manifestée à l'endroit des autres confessions chrétiennes, et a empêché l'Église catholique de participer à la première phase du mouvement œcuménique. Si, comme en conviennent les historiens, l'on prend pour date de naissance du mouvement celle du Congrès missionnaire d'Édimbourg, en 1910, on constate que l'Église catholique n'y a adhéré qu'un demi-siècle plus tard, au début des années 60, avec la constitution du Secrétariat pour l'unité des chrétiens (1960) et l'approbation par le Concile du décret sur l'œcuménisme (1964).

La crainte que cette participation de l'Église catholique au mouvement œcuménique constitue une reconnaissance de sa responsabilité dans les ruptures que l'on souhaitait réparer contribua également à ce retard (comme nous le verrons au chapitre suivant).

2

Les protestants furent les premiers

Nous verrons ici que la confession des péchés s'est d'abord affirmée dans les milieux protestants et que l'Église catholique est longtemps restée en retrait, résistance qui coïncide avec celle de la papauté à s'engager dans le mouvement œcuménique. Nous pourrions même dire que la confession des péchés est le premier et le plus important des enseignements que la papauté a retiré de sa conversion à l'œcuménisme. Nous verrons que, en avançant sur ce chemin, Jean-Paul II a eu, à plusieurs reprises, des gestes et des déclarations opposés à ceux de certains de ses prédécesseurs en ce siècle et que, parfois, il a agi ainsi (comme lorsqu'il rend hommage, en visitant d'autres Églises, aux pionniers du mouvement œcuménique) dans l'intention explicite de dégager un terrain de rencontre, qui avait précédemment été miné pour éviter des contacts que l'on considérait comme dangereux.

Les évêques de la Communion anglicane ont solennellement affirmé, à l'occasion de la conférence de Lambeth, en 1920, qu'il existait un péché de division qu'avaient commis toutes les Églises : il s'agit là d'un des premiers documents de l'histoire de l'œcuménisme, dans lequel une Église reconnaît sa part de responsabilité :

Il convient de rechercher dans le passé les causes de la division, et, assurément, elles ne sont ni simples ni entièrement blâmables. Toutefois, personne ne peut mettre en doute que l'égoïsme, l'ambition, l'absence de charité entre les chrétiens aient ete les facteurs principaux de cette situation complexe et que c'est aux mêmes causes, alliées à l'aveuglement face au péché de désunion, qu'il faut aujourd'hui encore attribuer, en majeure partie, les divisions de la chrétienté. Nous reconnaissons que cette condition de rupture de l'unité est contraire à la volonté de Dieu et nous entendons confesser sincèrement notre part de responsabilité dans les mutilations qu'elle a occasionnées au corps du Christ et dans les obstacles qui se sont dressés devant l'action de son Esprit[5].

Sept ans plus tard, la conférence « Foi et constitution » (Lausanne, 1927) invitait les Églises participantes (car, désormais, les Églises orthodoxes étaient également présentes) à considérer les divisions du passé dans un esprit de pénitence :

Certains tiennent qu'aucune division dans la chrétienté n'a eu lieu sans péché. D'autres, que les divisions ont été l'inévitable résultat des divers dons de l'esprit et des diverses interprétations de la vérité. Entre ces deux opinions se situe celles des hommes qui considèrent les divisions du passé dans un esprit de pénitence et de douleur, et avec un vif sentiment de la divine miséricorde qui, malgré et peut-être à travers ces divisions, a fait progresser la cause de Dieu dans le monde[6].

Les catholiques avaient été invités à cette conférence de Lausanne. Deux ans plus tôt s'était tenue une conférence analogue, « Vie et action » (Stockholm, 1925), pour laquelle leur participation avait déjà été sollicitée. Dans les deux cas, leur réponse avait été négative. Du reste, ces deux refus devinrent une position de principe complètement légitimée par l'encyclique *Mortalium animus* (1928) de Pie XI, qui répétait l'invitation traditionnelle aux frères séparés à revenir « au père commun » : « oubliant les insultes proférées jadis contre le Siège apostolique, il les accueillera avec toute sa tendresse[7] ».

Ainsi, tandis que les autres Églises reconnaissaient déjà leurs responsabilités, l'Église catholique montrait encore du doigt les seules fautes d'autrui. Parmi les organisateurs de la conférence « Vie et action » de Stockholm figurait le Dr Soderborn, l'évêque luthérien d'Uppsala, qui avait beaucoup insisté pour que les catholiques y participent. Au cours de sa visite en Suède, en juin 1989, Jean-Paul II est allé déposer des fleurs sur sa tombe, dans la cathédrale d'Uppsala, dans un esprit de pénitence[8]. En juin 1982, déjà, à Édimbourg, il s'était rendu sur les lieux où s'était tenu, en 1910, un Congrès missionnaire auquel avaient participé des organisations anglicanes, luthériennes et évangéliques, mais où, bien sûr, les catholiques étaient absents.

Après les terribles expériences de la Deuxième Guerre mondiale, la confession des péchés dans le domaine œcuménique se fit plus résolue. Voici en quels termes la formula l'assemblée d'Amsterdam de 1948, la première du Conseil œcuménique des Églises :

> Nous appartenons à des Églises chrétiennes qui, longtemps, ne se sont pas comprises, se sont réciproquement ignorées et dénigrées ; nous venons de pays qui se sont souvent fait la guerre ; nous sommes tous des hommes, des pécheurs, et des héritiers des péchés de nos pères. Nous ne répondons pas à la bénédiction que Dieu nous a donnée[9].

Ce thème parvint à maturité lors de la deuxième assemblée du Conseil œcuménique des Églises, qui se tint à Evanston en 1954 :

Dieu nous a également accordé une nouvelle conscience du péché qui caractérise l'état de division dont nous avons hérité. En cette vie, nous ne pourrons jamais échapper à notre culpabilité ; mais nous pouvons nous repentir du péché, quand il nous a été révélé. Et même lorsque nous avons accompli ce que nous estimions juste, nous devons nous souvenir que nous sommes coupablement impliqués dans le péché — même s'il n'est pas entièrement notre œuvre — et que nous ne pouvons nous dissocier du péché de la division. La confession de l'union avec le Christ implique la confession de la solidarité avec nos frères dans le péché. [...] Nous devons tous être unis, ne serait-ce que pour considérer nos divisions avec repentir : non pas le repentir que nous devons attendre de la part des autres, mais celui que nous devons éprouver, nous-mêmes, coûte que coûte, quand bien même les autres ne sont pas disposés à nous imiter. Le véritable repentir, c'est reconnaître, devant Dieu, que nous avons péché d'une manière telle que nous avons été emprisonnés dans les pièges d'un mal dont nous ne pouvons nous libérer, de sorte que nous ne pouvons nous-mêmes guérir nos divisions [10].

Encore une fois, nous pouvons mesurer la force de la résistance catholique et papale à la confession des péchés, en rapprochant des textes élaborés par le Conseil œcuménique des Églises un passage de l'*Instruction de la Congrégation du Saint-Office adressée à l'épiscopat du monde entier sur le « mouvement œcuménique »* publiée le 20 décembre 1949 : « [Les évêques] empêcheront soigneusement et avec une réelle insistance qu'en exposant l'histoire de la Réforme et des Réformateurs, on n'exagère tellement les défauts des catholiques et on ne dissimule tellement les fautes des Réformateurs, ou bien qu'on ne mette tellement en lumière des éléments plutôt accidentels, que l'on ne voie et ne sente presque plus ce qui est essentiel, la défection de la foi catholique [11]. »

3

Jean XXIII corrige les prières

Jean XXIII a modifié deux prières qui offensaient les juifs et les musulmans : ce fut une façon de s'excuser pour ces offenses séculaires. Il a voulu que Vatican II aborde sous un nouveau jour les relations avec les frères séparés et les juifs. Il a donné au cardinal Bea* des consignes — et l'a investi pour cela de l'autorité nécessaire — pour obtenir, après sa mort, les grandes déclarations conciliaires concernant ces deux sujets, et qui comprenaient la reconnaissance des erreurs dont nous traiterons au chapitre 5 sur Vatican II.

JUIFS. *Juifs perfides frères aînés*, tel est le titre d'un beau livre[12] d'Elio Toaff, rabbin de Rome, grand allié des derniers papes dans le processus de rapprochement entre judaïsme et catholicisme. « Juifs perfides », tels étaient les termes par lesquels la liturgie catholique du vendredi saint désignait les juifs jusqu'en 1960 ; « frères aînés » est l'expression que Jean-Paul II a employée à leur endroit à la synagogue de Rome en avril 1986.

---

* Profondément convaincu du bien-fondé de l'engagement de l'Église dans le mouvement œcuménique, ce cardinal jésuite devint, en 1960, le premier président du Secrétariat pour l'unité des chrétiens.

La petite, et cependant immense, décision de modifier cette prière a été racontée par le cardinal Agostino Bea :

> Ce jour-là, au cours de la liturgie solennelle, le pape Jean donna, de but en blanc, l'ordre d'omettre, dans la fameuse prière pour les juifs, le déplaisant adjectif « perfide », qui, aujourd'hui, sonne si mal, même si, dans le latin médiéval auquel il remonte, il signifiait simplement « non croyants ». Ce geste émut l'opinion publique juive et suscita de grands espoirs [13].

Pour comprendre le geste de Jean XXIII, il faut se rappeler que la vieille prière catholique pour les juifs, tenus pour responsables de la mort du Christ, était assez terrible :

> Prions pour les perfides juifs, afin que le Seigneur notre Dieu enlève le voile qui couvre leur cœur et qu'ils reconnaissent avec nous Jésus-Christ Notre-Seigneur. Dieu tout-puissant et éternel qui, dans votre miséricorde, ne repoussez pas même les perfides juifs, exaucez les prières que nous vous adressons au sujet de l'aveuglement de ce peuple, afin que, reconnaissant la lumière de votre vérité, qui est le Christ, ils soient enfin arrachés à leurs ténèbres par le même Jésus-Christ Notre-Seigneur.

La nouvelle prière (introduite avec le missel de Paul VI) est bien différente et semble avoir été inventée par un autre peuple :

> Prions pour les juifs, à qui Dieu a parlé en premier : qu'ils progressent dans l'amour de son Nom et de la fidélité à son alliance.

La suppression de « perfides » ne fut pas la seule innovation liturgique voulue par Jean XXIII en faveur

des juifs. Une autre expression, objectivement inju-
rieuse, peut-être plus terrible que celle du vendredi
saint, figurait dans le rite du baptême. Quand le bap-
tisé était issu du judaïsme, le célébrant devait prononcer cette invocation : « Prends en horreur la perfidie
judaïque. » La phrase fut supprimée en 1960.

Pour comprendre l'importance de la décision de
Jean XXIII, il convient de se souvenir que le scandale
de ce « juifs perfides », devenu insoutenable après la
Shoah, avait déjà été examiné sous Pie XII, mais que
rien n'avait alors été fait. Un rescrit de la Congrégation des rites du 10 juin 1948 avait expliqué que le
mot latin *perfidia* signifiait simplement « absence de
foi ». Et c'était une explication aussi terrible que la
prière, car le sens injurieux de l'expression vulgaire
dérivait précisément de son équivalent liturgique
latin, à savoir non-croyant ou mécréant : on voit là une
sorte de mini-parabole de l'influence que la rupture
entre l'Église et la Synagogue a pu exercer sur la naissance de l'antisémitisme.

La modification de cette prière attira l'attention
d'un historien juif français, Jules Isaac, qui avait perdu son épouse et sa fille dans les camps de concentration. Il demanda à parler au pape, fut reçu le 13 juin
1960, lui remit un mémoire sur l'opportunité d'une
« révision de l'enseignement chrétien concernant les
juifs » et suggéra la création d'« une sous-commission
chargée d'étudier le problème ». Le pape lui dit qu'il
y avait déjà réfléchi et, comme Isaac lui demanda
s'il pouvait s'autoriser « une miette d'espoir », il
répondit : « Vous avez droit à bien plus que l'espoir [14]. »

C'est à la suite de cette rencontre que mûrit en
Jean XXIII l'idée que le Concile devrait s'occuper de
la question juive. Le 18 septembre, il confia le dossier
au cardinal Bea.

En présentant au Concile le texte sur les juifs (c'est-à-dire le quatrième chapitre du schéma sur l'œcuménisme), le 19 novembre 1963, le cardinal Bea put ainsi invoquer l'autorité de Jean XXIII, décédé cinq mois plus tôt :

> Au mois de décembre de l'an dernier, j'ai exposé par écrit toute cette question « des juifs » au pape Jean XXIII. Peu de jours après, le souverain pontife m'a signifié sa pleine approbation [15].

FRÈRES SÉPARÉS. La révision historique en matière œcuménique opérée par Jean XXIII commença avec l'invitation adressée aux frères séparés pour qu'ils envoient des observateurs à Vatican II, et avec la création du Secrétariat pour l'unité des chrétiens (1960) chargé de s'occuper d'eux et de proposer au Concile la voie du dialogue pour l'unité.

La réflexion de Jean XXIII en matière œcuménique était ancienne. En 1926, déjà, alors qu'il était à Sofia comme visiteur apostolique et qu'il avait quarante-cinq ans, il avait écrit à un jeune orthodoxe :

> Catholiques et orthodoxes ne sont pas ennemis, mais frères. Nous partageons la même foi, nous participons aux mêmes sacrements, et surtout à la même eucharistie. Nous ne sommes séparés que par quelques malentendus tournant autour de la Constitution de l'Église de Jésus-Christ. Ceux qui furent cause de ces malentendus sont morts depuis des siècles. Oublions les vieilles querelles et, chacun dans son camp, travaillons à rendre nos frères meilleurs, en leur proposant nos bons exemples. Plus tard, bien que nous ayons cheminé sur des voies différentes, nous nous retrouverons dans l'union des Églises pour qu'elles forment, toutes ensemble, la véritable et seule Église de Notre-Seigneur Jésus-Christ [16].

« Oublions les vieilles querelles » : ce concept reviendra continuellement dans les textes d'offre et de demande de pardon de Jean-Paul II. Mais, grâce à la vaste expérience œcuménique qu'il avait acquise avant d'être élu pape, Jean XXIII était également convaincu qu'une autocritique publique à propos de l'attitude agressive des catholiques à l'égard des autres chrétiens était nécessaire. Voici en quels termes il en parlait, quatre ans avant de devenir pape, lors d'une conférence sur « Église catholique et orthodoxie grecque » à l'institut Pie X de Venise :

> Le chemin de l'unité des diverses confessions chrétiennes est la charité, si peu observée, cependant, tant par l'une que par l'autre partie, sans qu'il y ait de mauvaise intention, peut-être, mais en rendant cependant un fort mauvais service à l'Église et aux âmes [17].

Tout le monde sait ce qu'il fit une fois pape. Nous citerons une phrase qu'il adressa, peu avant sa mort, à Roger Schutz (fondateur de la Communauté œcuménique de Taizé), qui lui demandait : « Quel testament nous laissez-vous pour Taizé ? » : « N'allons pas rechercher qui a eu tort et qui a eu raison, mais réconcilions-nous. » Et encore : « Vous êtes dans l'Église, allez en paix. » Et alors que frère Roger insistait (sa communauté étant d'origine protestante, bien qu'elle soit ouverte aux catholiques et à tout le monde) : « Mais alors, nous sommes catholiques ! », il déclara : « Oui, nous ne sommes plus séparés [18]. »

ISLAM. Jean XXIII envoya également un signal, moins connu, mais non négligeable, en direction de l'islam, qu'il avait appris à connaître et à aimer durant les années qu'il avait passées à Sofia et à Istanbul ; là encore, comme pour les juifs, ce signal se traduisit par la modification d'une prière. Il s'agit de la *Consécration du genre humain au Très Sacré Cœur de Jésus,* une prière qu'on récitait chaque année, le dernier dimanche d'octobre. Le 18 juillet 1959, la Pénitencerie apostolique supprimait un passage de cette prière ainsi formulé : « Vous êtes le roi de tous ceux qui sont encore enveloppés dans les ténèbres de l'idolâtrie et de l'islam [19]. » À propos de cette innovation, on devait, par la suite, rappeler le salut chaleureux adressé « à la multitude des Arabes » (et « aux enfants de la Promesse, aux enfants d'Israël ») que Jean XXIII avait prononcé à Alger, à l'occasion d'une visite en 1950, alors qu'il était nonce à Paris.

Ainsi Jean XXIII s'engagea-t-il sur ce chemin qui devait conduire aux demandes de pardon de ses successeurs : en expurgeant les prières, il accomplit le premier pas — le plus important — vers ce que Jean-Paul II appelle la « purification de la mémoire historique ».

4

Paul VI demande et offre le pardon

Trois piliers soutiennent les arches centrales de l'examen de conscience de la fin du millénaire auquel se livre aujourd'hui l'Église catholique :

— la « confession des péchés » de la première assemblée du Conseil œcuménique des Églises (Amsterdam, 1948) ;

— la demande de pardon de Paul VI aux frères séparés prononcée à l'ouverture de la deuxième session de Vatican II (septembre 1963) ;

— l'invitation de Jean-Paul II à réexaminer l'histoire de l'Église, contenue dans le message envoyé aux cardinaux, au printemps de 1994 [20].

Chacune de ces étapes est marquée par des textes qui, dans l'absolu, sont les prises de position chrétiennes les plus importantes de cette dernière moitié de siècle. L'un d'eux appartient à Paul VI et résume toute son œuvre en matière de révision historique. Ce texte met l'Église catholique à l'école de l'expérience œcuménique la plus réfléchie sur le sujet, apporte une contribution décisive aux prises de position conciliaires et fonde l'audace avec laquelle, plus de trente ans après, Jean-Paul II reprendra l'initiative.

Le 29 septembre 1963, trois mois après son élection, Paul VI s'exprima donc en ces termes, à Saint-Pierre :

Ici, notre parole s'adresse avec respect aux délégués que les communautés chrétiennes séparées de l'Église catholique ont envoyés comme représentants à cette assemblée solennelle, et que l'on nomme Observateurs. [...] Si, quelque faute dans l'origine de cette séparation devait nous être imputée, nous en demandons humblement pardon à Dieu et aussi aux frères qui penseraient que nous les avons offensés. En ce qui nous concerne, nous sommes prêts à pardonner les offenses dont l'Église catholique a été l'objet, et à oublier les douleurs qu'elle a éprouvées de par la longue série de dissensions et de séparations[21].

Vingt jours plus tard, le 17 octobre, Paul VI commente sa déclaration, en recevant les observateurs délégués au Concile dans la bibliothèque privée. Et le commentaire est aussi important que la déclaration, dont il met en évidence la volonté d'exemplarité et le caractère de programme :

Nous avons osé, dans notre discours du 29 septembre, recourir avant tout au pardon chrétien ; réciproque, si possible. *Veniam damus petimusque vicissim* [C'est un droit que nous réclamons pour nous et accordons aux autres]. Nos esprits ont besoin de cette tranquillité, s'ils doivent entamer des rapports amicaux, des conversations sereines. D'abord parce que c'est chrétien : « Quand donc, dit le Seigneur, tu présentes ton offrande à l'autel, si, là, tu te souviens d'un grief que ton frère a contre toi, laisse là ton offrande devant l'autel et va d'abord te réconcilier avec ton frère ; puis reviens à l'autel présenter ton offrande » (Mt, 5, 23-24). Et puis, c'est pour nous la méthode la meilleure : regarder non pas vers le passé, mais vers le présent et surtout vers l'avenir. D'autres pourront et devront pousser les études sur l'histoire de jadis ; nous préférons maintenant fixer notre attention non pas sur ce qui a été, mais sur ce qui doit être. Nous nous tournons vers une nouveauté à engendrer, un rêve à réaliser[22].

On est frappé, dans un tel contexte, du recours à une citation du poète latin Horace, voisinant avec une citation du Christ. C'est le signe que la papauté n'entend pas renoncer — pas même chez ses représentants les plus modernes, ce que fut incontestablement le pape Paul VI — à sa tradition humaniste ! Mais c'est également le signe du curieux destin de certaines paroles : celles d'Horace, qui, au vers 11 de l'*Ars poetica (Hanc veniam damus petimusque vicissim)*, se réfèrent à la tolérance des licences poétiques, sont ennoblies dans cette déclaration pontificale et deviendront la formule que les évêques polonais adopteront pour s'adresser, à la fin du Concile, aux évêques allemands en vue de la réconciliation de leurs deux peuples. Formule que Jean-Paul II utilisera à plusieurs reprises pour affirmer son inlassable prédication de pardon tant dans le domaine œcuménique que dans les relations entre les peuples [23].

Pour souligner la portée de la déclaration révolutionnaire de Paul VI, nous citerons un autre texte du début de son pontificat, tiré du discours à la Curie du 21 septembre, sur la nécessité d'écouter les critiques, même les plus dures, sans engager de polémique :

> Nous devons accueillir les critiques qui nous entourent, avec humilité, réflexion, et même reconnaissance. Rome n'a pas besoin de se défendre, en faisant la sourde oreille aux suggestions qui lui viennent de voix honnêtes, à plus forte raison si ce sont des voies amies et fraternelles. Aux accusations manquant si souvent de fondement, elle donnera sûrement une réponse qui sera tout à son honneur mais sans réticence, rétorsion ni polémique [24].

La demande de pardon aux frères séparés, que le pape formula pendant le Concile, incita l'assemblée à récupérer un texte analogue, qui figurait dans un premier schéma œcuménique relatif aux Églises orientales, et qui avait été écarté à la suite de très vives critiques qu'il avait suscitées durant la première session, en novembre 1962. Il est intéressant de relire ces critiques, car elles ne sont pas différentes, dans leur esprit, de celles que provoquera, trente-deux ans plus tard, la proposition de l'examen de conscience de la fin du millénaire faite par Jean-Paul II, et dont nous parlerons aux chapitres 8 et 9.

À l'époque, le cardinal Ernesto Ruffini* posa la question du rapport entre Église sainte et chrétiens pécheurs, qui est encore au centre de la discussion d'aujourd'hui (nous verrons, au chapitre 8, qu'elle a été reprise par le cardinal Biffi**) : il est plus juste de dire, remarqua-t-il, qu'« une partie des chrétiens », et non pas « une partie de l'Église », s'est séparée avec le schisme. Le Croate F. Franic fit valoir la distinction classique entre les fautes spécifiques des catholiques et la faute primordiale des autres, fondamentalement incomparables : « Du point de vue historique, les fautes des catholiques ne furent pas étrangères au schisme ; mais, du point de vue théologique, le péché de schisme ne fut commis que par les autres, alors que nous restâmes fidèles à la chaire de Pierre. »

Le Polonais A. Pawlowski se plaignit de la tendance « à accabler excessivement l'Église latine » et demanda qu'on fît preuve à son égard de « la même charité irénique » que l'on voulait bien témoigner aux autres. L'évêque maronite J. Khoury formula une protestation analogue : « On a exagéré, comme si l'on préten-

---

* Ernesto Ruffini, natif de Lombardie (Italie du Nord), et nommé archevêque de Palerme (Sicile), fut l'un des chefs de file conservateur au concile Vatican II. *(N.d.E.)*

** Actuel archevêque de Bologne. Généralement considéré en Italie comme un représentant de l'aile conservatrice au sein de la Conférence épiscopale italienne. *(N.d.E.)*

dait que seuls les catholiques dussent faire leur mea-
culpa. »

L'objection selon laquelle personne n'a le droit
d'accuser les morts, qui a recommencé à circuler
contre la proposition de Jean-Paul II, a des racines
anciennes, et le Chinois nationaliste J. Velasco la formula en ces termes : « Il est regrettable que l'on tente,
à la sauvette et en nous prenant pour ainsi dire au
dépourvu, d'arracher au Concile un jugement sur une
très grave question historique, c'est-à-dire la responsabilité, au moins partielle, de l'Église romaine dans le
schisme d'Orient : il faut se débarrasser d'une telle
accusation ; à la rigueur, accusons-nous nous-mêmes,
et non pas des morts qui ne peuvent pas se défendre. »
L'Italien R. Addazzi, évêque de Trani, ajouta qu'une
telle humiliation devait être épargnée au Concile, tant
pour le passé que pour le présent : « Il n'est guère
honorable pour un Concile de condamner, fût-ce
implicitement, ces saints papes qui dirigeaient l'Église
à l'époque du schisme ; nous ne voulons pas que les
frères séparés viennent se frapper la poitrine en notre
présence, mais nous ne voulons pas non plus que
nous, qui constituons ici l'Église enseignante, ayons à
nous prosterner et à nous humilier devant eux [25]. »

Après la déclaration de Paul VI, la résistance au
mea-culpa s'atténua, ceux qui appelaient à l'autocritique reprirent courage, et ce texte fut rétabli, dans une
nouvelle formulation, plus sobre ; nous le verrons au
chapitre 5.

Après avoir rendu compte de cet apport fondamen-
tal du pape Paul VI à l'histoire du mea-culpa catholique, nous nous contenterons d'évoquer rapidement
d'autres initiatives de son pontificat dans le même
sens. Il nous faudrait parler du rôle qu'il joua dans
d'autres déclarations autocritiques de Vatican II, que
nous rapporterons au chapitre 5.

Il nous faudrait décrire les visites à Jérusalem, à Constantinople, à Genève, autant d'étapes de la réconciliation avec le judaïsme et avec les autres Églises chrétiennes. Et évoquer la restitution des reliques aux diverses Églises orientales, et du drapeau de Lépante à l'islam, comme des gestes impliquant une révision historique[26]. Enfin, il nous faudrait parler du don de la tiare* aux pauvres, qui, lui aussi, eut valeur d'autocritique, à propos, cette fois, des fastes romains[27].

Mais nous devons nous attarder sur un autre geste conciliaire d'une très grande signification, pour le rôle exemplaire qu'il pourrait revêtir demain : la levée réciproque des anathèmes de 1054 avec le patriarcat de Constantinople. Cet acte (7 décembre 1965) a couronné l'œuvre conciliaire de Paul VI, qu'avait ouverte la demande de pardon. Et le pape a tenu à ce qu'il se traduisît par des paroles solennelles, par une déclaration exemplaire, qui pût avoir une valeur normative pour de futurs gestes analogues, car les anathèmes jetés par les pontifes avaient été si nombreux qu'aucun pape d'aujourd'hui ne pourrait les approuver :

> Nous affirmons, devant les évêques réunis dans le concile œcuménique Vatican II, éprouver un vif regret pour les paroles prononcées et pour les gestes accomplis à cette époque et qui ne sauraient être approuvés. Nous désirons, en outre, bannir et effacer de la mémoire de l'Église, et considérer comme à jamais enfouie dans l'oubli, la sentence d'excommunication prononcée à cette époque[28].

Ce grand geste fut précédé et suivi de deux gestes de moindre importance mais qui lui confèrent la

---

* Traditionnellement, la tiare est offerte au pape nouvellement élu par ses anciens diocésains. Paul VI mit la sienne aux enchères et offrit le revenu de la vente aux pauvres. *(N.d.E.)*

valeur d'une aventure personnelle à la recherche du frère égaré : le baiser de paix échangé avec le patriarche Athénagoras à Jérusalem le 6 janvier 1964, et le baiser aux pieds de l'envoyé de Constantinople, pour le dixième anniversaire de l'annulation des excommunications.

Il définit le baiser échangé avec Athénagoras comme « le symbole et l'exemple de la charité qui, tirant les leçons du passé, est disposée à pardonner[29] ». Le geste du 14 décembre 1975, à l'occasion du dixième anniversaire de la réconciliation avec Constantinople, est plus surprenant : à Saint-Pierre, le souverain pontife, revêtu de ses habits liturgiques, s'agenouille soudain et baise les pieds du métropolite Méliton, envoyé du patriarche de Constantinople[30]. Ce baiser de la pantoufle fut un événement : il effaçait un ancien outrage ; Paul VI le conçut « en réparation d'un geste inverse imposé par son prédécesseur Eugène IV au patriarche Joseph II, à l'occasion du Concile de Ferrare-Florence[31]. »

En dehors de son entreprise œcuménique et conciliaire, Paul VI a également été l'auteur de gestes de révision historique et de demandes de pardon. On se souvient, par exemple, que, dans un discours de la chapelle Sixtine, il demanda aux artistes d'excuser l'Église, pour l'incompréhension dont elle avait témoigné à leur égard au cours des derniers siècles.

Il y avait en lui comme un instinct d'humilité, qui l'incitait à prendre connaissance des arguments d'autrui, et à leur rendre justice dès les premiers contacts. Avant d'être appelé à la papauté, Mgr Montini s'était pénétré de l'idée que l'Église ne doit pas seulement demander pardon à Dieu, mais à ses frères (il dit même une fois : « avant Dieu »). En tant qu'archevêque de Milan, il avait déjà pratiqué la demande de pardon comme tentative extrême de se faire entendre, là où il n'y avait aucune habitude de dialogue. Ainsi, le 10 novembre 1957, demandait-il « amicalement pardon » aux « enfants éloignés », ouvrant ainsi la « mission extraordinaire prêchée à Milan » :

> Si une voix pouvait vous atteindre, enfants éloignés, la première chose serait de vous demander amicalement pardon. Oui, nous, à vous ; avant de le demander à Dieu... Si nous ne vous avons pas compris, et vous avons trop facilement repoussés, si nous ne nous sommes pas souciés de vous, si nous n'avons pas été de bons maîtres d'esprit et de bons médecins des âmes, si nous n'avons pas été capables de vous parler de Dieu comme il fallait, si nous vous avons traités par l'ironie, par la moquerie, par la polémique, aujourd'hui, nous vous demandons pardon [32].

5

Le Concile suit le pape

Enfin vint le Concile, et, à son tour, l'Église catholique commença à parler le langage œcuménique de la confession des péchés et de la demande de pardon. Le texte le plus engagé se trouve dans le décret sur l'œcuménisme approuvé par Vatican II en novembre 1994. Nous avons vu que Paul VI y avait joué un rôle décisif, anticipant l'essence de cette confession et encourageant le Concile à sauter le pas. Sans doute était-il inévitable que ce soit un pape qui guide l'Église catholique dans cette reconnaissance de sa responsabilité historique, puisque c'étaient des papes qui, pendant plusieurs siècles, avaient étouffé toute voix tendant à suggérer cette reconnaissance.

Voici donc la confession centrale de Vatican II, contenue dans le paragraphe 7 du décret sur l'œcuménisme (novembre 1964), auquel Jean-Paul II se réfère sans cesse dans les demandes de pardon qu'il adresse à ses interlocuteurs :

Aux fautes contre l'unité peut aussi s'appliquer le témoignage de saint Jean : « Si nous disons que nous n'avons pas péché, nous faisons de Dieu un menteur et sa parole n'est pas en nous. » Par une humble prière, nous devons donc demander pardon à Dieu et aux frères séparés, de même que nous pardonnons à ceux qui nous ont offensés [33].

Il existe un autre texte du décret sur l'œcuménisme qui fait allusion à la faute de la division des Églises, et qui est également souvent cité par Jean-Paul II :

> Dans cette seule et unique Église de Dieu apparurent dès l'origine certaines scissions, que l'Apôtre réprouve avec vigueur comme condamnables ; au cours des siècles suivants naquirent des dissensions plus graves, et des communautés considérables furent séparées de la pleine communion de l'Église catholique, parfois par la faute des personnes de l'une et de l'autre partie [34].

Si l'Église de Vatican II peut avouer ses fautes et demander pardon, c'est parce qu'elle se reconnaît à la fois sainte et pécheresse, comme il résulte de cet extrait de la constitution *Lumen gentium* (novembre 1964) :

> Mais tandis que le Christ, saint, innocent, sans tache, n'a pas connu le péché, venant seulement expier les péchés du peuple, l'Église, elle, enferme des pécheurs dans son propre sein, elle est donc à la fois sainte et appelée à se purifier, poursuivant constamment son effort de pénitence et de renouvellement [35].

Ce texte est aussi important que celui du décret sur l'œcuménisme qui demandait pardon aux frères séparés. Il réunit les deux visions de l'Église, « sainte dans le Christ » et « pécheresse dans ses membres », qui coexistaient à l'époque patristique et médiévale, mais qui furent ensuite séparées par la guerre entre la Réforme protestante et la Contre-Réforme catholique, les protestants accentuant la dénonciation du péché, et les catholiques la défense de la sainteté. La discussion conciliaire qui a conduit à l'approbation de ce texte s'est récemment répétée, après que Jean-Paul II eut proposé l'idée de l'examen de conscience de la fin du millénaire. À l'époque, on avait abouti à une sorte de compromis linguistique, auquel se tient généralement le pape et qui attribue les fautes et les péchés aux « enfants de l'Église » et jamais directement à l'Église, pas même quand il s'agit des hommes d'Église ou de ses organismes [36].

Vatican II a reconnu les responsabilités de l'Église catholique dans la persécution des juifs, en matière de liberté religieuse et dans l'affaire Galilée. Nous donnons, ci-dessous, les passages qui les concernent respectivement, sans cacher que ces confessions sont insuffisantes, et que Jean-Paul II lui-même les considère comme telles ; à plusieurs reprises, le pape est revenu sur ces sujets, comme nous le verrons dans les chapitres respectifs de la seconde partie de ce volume.

En ce qui concerne l'antisémitisme, tout d'abord, la reconnaissance de la responsabilité catholique est implicite dans l'incise de la *Déclaration sur les relations de l'Église avec les religions non chrétiennes* (octobre 1965), qui déplore ses manifestations, « quels que soient leurs auteurs », et donc également celles venant de l'Église. C'est peu de chose, mais nous verrons, au chapitre sur les juifs, dans la seconde partie du présent volume, qu'une véritable demande de pardon n'a toujours pas été présentée, près de trente ans après l'aveu conciliaire :

> En outre, l'Église, qui réprouve toutes les persécutions contre tous les hommes, quels qu'ils soient, ne pouvant oublier le patrimoine qu'elle a en commun avec les juifs, et poussée, non pas par des motifs politiques, mais par la charité religieuse de l'Évangile, déplore les haines, les persécutions et toutes les manifestations d'antisémi-

tisme, qui, quels que soient leur époque et leurs auteurs, ont été dirigées contre les juifs [37].

Cet autre texte, extrait de la *Déclaration sur la liberté religieuse* (décembre 1965), a pris corps avec les prises de position de Jean-Paul II sur les guerres de Religion, l'Inquisition, l'intégrisme :

> Bien qu'il y ait eu parfois dans la vie du peuple de Dieu, cheminant à travers les vicissitudes de l'histoire humaine, des manières d'agir moins conformes, voire même contraires à l'esprit évangélique, l'Église a cependant toujours enseigné que personne ne peut être amené par contrainte à la foi [38].

Sur Galilée, également — que le Concile ne nomme pas, mais auquel il fait allusion dans le passage suivant de la *Constitution pastorale sur l'Église dans le monde de ce temps* (décembre 1965) —, Jean-Paul II aura l'occasion de dire beaucoup plus :

> À ce propos, qu'on nous permette de déplorer certaines attitudes qui ont existé parmi les chrétiens eux-mêmes, insuffisamment avertis de la légitime autonomie de la science. Sources de tensions et de conflits, elles ont conduit beaucoup d'esprits jusqu'à penser que science et foi s'opposaient [39].

Outre ce timide aveu relatif à Galilée, la constitution *Gaudium et spes* contient plusieurs autres passages d'autocritique concernant l'ensemble de l'expérience historique de l'Église, tant dans ce que la vie religieuse a de spécifique que dans sa projection sociale :

> Car l'athéisme, considéré dans son ensemble, ne trouve pas son origine en lui-même ; il la trouve en diverses causes, parmi lesquelles il faut compter une réaction criti-

que en face des religions et spécialement, en certaines régions, en face de la religion chrétienne. C'est pourquoi, dans cette genèse de l'athéisme, les croyants peuvent avoir une part qui n'est pas mince, dans la mesure où, par la négligence dans l'éducation de leur foi, par des présentations trompeuses de la doctrine et aussi par des défaillances de leur vie religieuse, morale et sociale, on peut dire d'eux qu'ils voilent l'authentique visage de Dieu et de la religion plus qu'ils ne le révèlent. [...] Bien que l'Église, par la vertu de l'Esprit-Saint, soit restée l'épouse fidèle de son Seigneur et n'ait jamais cessé d'être dans le monde le signe du salut, elle sait fort bien toutefois que, au cours de sa longue histoire, parmi ses membres, clercs et laïcs, il n'en manque pas qui se sont montrés infidèles à l'Esprit de Dieu. De nos jours aussi, l'Église n'ignore pas quelle distance sépare le message qu'elle révèle et la faiblesse humaine de ceux auxquels cet Évangile est confié. Quel que soit le jugement de l'Histoire sur ces défaillances, nous devons en être conscients et les combattre avec vigueur afin qu'elles ne nuisent pas à la diffusion de l'Évangile [40].

Sur le moment, les aveux du Concile ont paru immenses, trop immenses pour certains. Une décennie plus tard, ou un peu plus (l'initiative de Karol Wojtyla sur Galilée intervient quatorze ans seulement après l'approbation de *Gaudium et spes*), ils sembleront insuffisants à la hiérarchie du Vatican ou, en tout cas, au nouveau souverain pontife. Mais, évidemment, les aveux conciliaires n'avaient pas tardé à décevoir les observateurs œcuméniques. Nous nous contenterons de citer la voix la plus autorisée, celle de Karl Barth*. Son mécontentement devant les mea-culpa de Vatican II

---

* Karl Barth est un des plus grands théologiens calvinistes du siècle, partisan d'une théologie verticale s'opposant au protestantisme libéral. En son temps, il n'hésita pas à dénoncer l'accession d'Hitler au pouvoir. *(N.d.E.)*

est d'autant plus significatif qu'il s'exprime dans un texte qui formule un jugement très favorable sur ce Concile et dans lequel il en vient à se définir comme « catholico-protestant » : il s'agit d'un petit livre singulier, *Ad limina apostolorum*[41], qu'il écrivit en 1967, au retour d'un voyage à Rome où il avait rencontré la Curie et le pape, et où il avait pu approfondir sa connaissance de l'œuvre de Vatican II.

On trouve, dans ce texte de Barth, trois passages où est déplorée l'absence de confession des péchés explicite dans les documents de Vatican II.

Pour les juifs, surtout : « N'est-ce pas ici (plutôt qu'à propos des « frères séparés » chrétiens) qu'il eût été plus opportun de placer expressément une confession des péchés, si l'on songe à l'antisémitisme de l'Église ancienne, médiévale, et si souvent aussi de l'Église des Temps modernes[42] ? »

Puis pour les musulmans : étant donné que la déclaration conciliaire *Nostra ætate* les cite expressément, « une telle confession des péchés n'aurait-elle pas été à sa place à propos des musulmans, en souvenir du rôle funeste joué par l'Église dans ce qu'on appelle les Croisades ? ! ». C'est Barth lui-même qui met les deux points, d'interrogation et d'exclamation, comme pour dire : c'est plus qu'évident[43].

Enfin, pour la *Déclaration sur la liberté religieuse*, que Barth entend comme une demande aux gouvernements « de garantir aux chrétiens ou à l'Église leur liberté d'action » : « Étant donné que l'Église (et non seulement celle de Rome !) s'est liguée avec l'État, pour appliquer, pendant la majeure partie de son histoire, le « contrains-les d'entrer » [*compelle intrare*, Lc 14, 23], a-t-elle vraiment le *droit* de formuler une telle requête ? Ici aussi, une confession des péchés n'eût-elle pas été mieux appropriée[44] ? »

L'esprit dans lequel Barth formule ces interrogations est précisé par une quatrième question, évidente et indiscutable, à propos du décret sur l'œcuménisme : étant donné que ce document affirme explicitement que le mouvement œcuménique est né en dehors de l'Église catholique et étant donné qu'il invite les catholiques à y participer, « pourquoi cette avance prise par les Églises non romaines n'est-elle pas expressément reconnue[45] ? ».

Seules deux des quatre questions que Karl Barth adresse à Rome ont reçu une réponse à ce jour, et c'est, précisément, par la bouche de Karol Wojtyla : celle sur l'œcuménisme et celle sur la liberté religieuse. Avec l'encyclique *Ut unum sint* (1995), Jean-Paul II a expressément reconnu que le mouvement œcuménique s'était développé chez les protestants et les orthodoxes[46]. Et il avait déjà confessé le « péché » contre la liberté religieuse dans son discours au Parlement européen d'octobre 1988[47].

N'a pas encore été vraiment formulée une véritable confession des péchés en ce qui concerne l'islam et les juifs. Ce qu'a déjà dit Jean-Paul II[48] n'est qu'une anticipation de tout ce qui devrait l'être encore.

6

Jean-Paul I er avait un projet

Pape pendant trente-trois jours, Jean-Paul I er ne prononce pas un mot sur la nécessité de revoir l'histoire de l'Église, mais il accomplit un acte qui en vaut beaucoup : il renonce à la tiare, remplace la cérémonie du couronnement par une célébration de début de pontificat.

Si nous n'avons aucune parole certaine, en matière de révision historique, nous avons en revanche un grand nombre de déclarations rapportées ou attribuées — jamais, hélas, par des interlocuteurs et des témoins directs. Elles méritent cependant d'être recueillies, car elles nous en apprennent sans doute beaucoup sur l'esprit dans lequel il envisagea l'avenir, dès son élection, et parce qu'elles anticipent de fait de nombreuses initiatives de Jean-Paul II. Elles constituent, à tout le moins, un témoignage sur ce qu'on lui disait ou sur ce que l'on pensait autour de lui, sur ce qui fut répété ensuite en souvenir de lui : une fois que ces réflexions eurent été rendues publiques, elles ont pu, d'une façon ou d'une autre, influencer son successeur.

Le confident des projets de Jean-Paul I er (confident indirect, mais le seul qu'il soit actuellement possible d'approcher) est un journaliste et écrivain vénitien, Camillo Bassotto, ancien chef du service de presse de la Biennale de Venise, et en particulier de la « Mostra », le festival international d'art cinématographique. Il a écrit un portrait du pape Jean-Paul Ier, intitulé *Il mio cuore è ancora a Venezia*[49] (Mon cœur est resté à Venise), contenant deux longues sections relatives aux projets pour le pontificat, fondées sur les témoignages de deux interlocuteurs directs du souverain pontife, dont l'un est décédé et l'autre anonyme.

Le premier est Germano Pattaro, prêtre et théologien vénitien, acteur du dialogue œcuménique, mort d'un cancer en septembre 1986 ; juste après son élection, Jean-Paul Ier l'avait appelé à Rome et, à l'occasion de trois conversations, lui avait confié ses projets, lui demandant son aide et ses conseils. Bassotto affirme avoir recueilli de Pattaro un compte rendu oral détaillé de ces conversations avec le pape et des notes manuscrites plus brèves. Dans son récit, il les utilise également sans les distinguer, et, à notre connaissance, il n'a pas, à ce jour, publié le texte des notes ni ne l'a déposé dans des archives publiques.

Un « ecclésiastique romain », qui a tenu à garder l'anonymat, a fourni à Bassotto le second témoignage. Il y rapporte les confidences qu'il a recueillies directement de Jean-Paul Ier et qui sont plus mesurées, du moins dans leur ton, que celles que lui attribue Pattaro, quoiqu'elles coïncident dans leur esprit. Nous avons demandé à Bassotto s'il pouvait nous communiquer l'identité de cet ecclésiastique ou les originaux de ses écrits et de ceux de Pattaro : l'heure, nous a-t-il répondu, n'en est pas encore venue.

Nous reproduisons quelques-unes des confidences attribuées à Jean-Paul Ier, telles qu'elles sont rapportées dans l'ouvrage de Bassotto, en privilégiant celles qui se rapprochent des mea-culpa de Jean-Paul II, en les distinguant, autant que possible, par des sous-titres correspondant aux divers chapitres de la seconde partie du présent volume, et en les présentant dans le même ordre. C'est nous qui employons l'italique pour signaler les passages qui ont un rapport plus direct avec les textes de Jean-Paul II rédigés après la publication du livre de Bassotto.

DIVISIONS ENTRE LES ÉGLISES. « Il faut que nous revoyons en profondeur l'attitude et la doctrine que nous avons adoptées pendant des siècles à l'égard de nos frères des Églises chrétiennes. Nous aurions dû rechercher depuis longtemps, avec davantage de ténacité et de charité, avec clairvoyance, confiance et humilité, la voie de l'unité, sans rien retirer à l'essence, aux racines et au patrimoine de notre foi. Jésus nous dit : "C'est à cela qu'on reconnaîtra que vous êtes mes disciples, si vous vous aimez les uns les autres comme je vous ai aimés." Nous ne nous sommes pas aimés les uns les autres pendant des siècles, nous nous sommes ignorés et combattus. Toutes les Églises chrétiennes, y compris la nôtre, ont péché contre l'amour et contre le commandement du Christ... Je sais que la division des chrétiens est un péché et que l'unité des chrétiens est un don de Dieu. *Nous ne pourrons parler d'un véritable œcuménisme tant que nous ne ferons pas pénitence, tant que nous n'échangerons pas la paix et le pardon, tant que nous ne nous convertirons pas. Nous avons péché. Tout acte œcuménique doit être un acte de "réconciliation" vécu dans la contrition et dans l'humilité.* Tant que nous serons sur terre, nous serons des pécheurs. L'Église "sans tache ni ride, pure et irréprochable" (Ép, 5, 27) est l'Église de la promesse, à laquelle le Christ ne donnera son plein accomplissement que le jour du jugement, pas avant » (p. 135, 144 et 233).

FEMMES. « Les préjugés envers les femmes sont encore puissants dans toute la société. Dans l'Église, c'est au pape de prononcer des mots clairs, fermes, complets, sur la dignité, l'égalité, les mérites, les droits, la valeur et la mission de la femme. Suivant l'exemple de Jésus, *le pape doit réaffirmer la juste place qui revient à la femme dans la communauté des hommes et dans la communauté ecclésiale en accord avec les prescriptions du Concile* » (p. 143 et 234).

JUIFS. « Si le Christ Notre-Seigneur me prête vie, si je reçois de lui la force, la juste lumière et la juste approbation, j'ai le projet de convoquer une délégation des évêques du monde entier pour un acte de pénitence, d'humilité, de réparation, de paix et d'amour de l'Église universelle, qu'il conviendra de faire répéter chaque année par le pape et par les évêques des églises locales, le vendredi saint. Nous autres, chrétiens, nous avons péché contre les juifs, nos frères en Dieu et en Abraham : nous les avons ignorés et calomniés durant des siècles... Au nom de Jésus, il faut que nous fassions la paix pour toujours avec les juifs. Le dialogue judéo-chrétien a déjà fait de nombreux pas. Il reste encore tant d'ombres qui se sont accumulées au cours des siècles. Il y faut la transparence des intentions, la clarté des idées, l'humilité et la bonne volonté de continuer. Il a fallu les camps d'extermination nazis pour éveiller la conscience de l'humanité et des chrétiens envers les juifs. L'Holocauste est également un fait religieux. Les juifs ont été tués pour leur religion. La pensée et l'attitude de l'Église ont profondément changé vis-à-vis des juifs. Nous devons éclairer les chrétiens et encourager les prêtres et les évêques à parler clairement et ouvertement. Nous autres, chrétiens, nous avons encore beaucoup à apprendre de l'histoire du peuple juif. Nous devons retirer au vendredi saint cette valeur de commémoration dirigée contre les juifs, qui a cours depuis près de deux mille

ans. Le pape Jean a commencé, mais il faut maintenant aller plus loin. N'oublions pas que ces deux mots,
« vendredi saint », résonnent encore dans l'esprit des
vieux juifs, dispersés de par le monde, comme un
triste souvenir, parfois tragique, à cause des misères
qui, en ce jour, étaient infligées à leur communauté.
Ce doit être un jour de paix et de fraternité, de pénitence et de silence où tous les hommes sont appelés
à connaître l'infinie miséricorde de Dieu » (p. 134-
135).

INDIENS D'AMÉRIQUE ET NOIRS. « Laisse-moi te
confier une autre de mes convictions, qui a mûri dès
mes premiers voyages en Afrique et en Amérique
latine. *Nous autres, chrétiens, à certains moments de l'histoire, nous avons fait preuve de tolérance face aux massacres
des Indiens d'Amérique, au racisme et à la déportation des
peuples africains.* On dit que cinquante millions de
Noirs furent emmenés de force d'Afrique en Amérique, où ils devinrent esclaves. Pourtant, il s'est alors
trouvé des hommes courageux pour crier au scandale
et au crime. J'en connais un, le dominicain Las Casas,
un prophète que personne n'écouta et qui fut persé-
cuté. Les communautés chrétiennes de l'époque n'en-
tendirent pas les accusations qu'il lançait à propos du
génocide de ce peuple, et elles n'esquissèrent pas un
geste pour défendre ces gens. Avec David, nous dirons
au Seigneur : "Je vous ai fait connaître mon péché, et
je n'ai point caché davantage mon injustice. J'ai dit :
Je déclarerai au Seigneur, et confesserai contre moi-
même mon injustice, et vous m'avez aussitôt remis
l'impiété de mon péché"(Ps, 31, 5-6). *Confesser les fautes historiques de l'Église, c'est un signe d'humilité et de
vérité, c'est un signe d'espoir en un futur meilleur.* Depuis
deux mille ans, la seule mesure pour les chrétiens,
c'est l'amour, c'est l'Évangile du Christ Notre-

Seigneur. *On dit : on ne peut pas juger les événements de cette époque avec la sensibilité d'aujourd'hui. Ce n'est pas un problème de sensibilité, c'est un problème de vérité.* L'Église est la conscience critique d'aujourd'hui comme elle fut celle d'hier. Elle doit retrouver sa force prophétique. Prononcer son oui et son non évangéliques, à la lumière du soleil, à la face du monde. »

INQUISITION. « *En s'avouant pécheresse dans ses hommes et dans ses institutions, l'Église déplore avec humilité les moments difficiles et douloureux de son cheminement dans l'histoire,* comme la sinistre Inquisition et la sinistre époque du pouvoir temporel des papes. *Nous ne devons pas craindre de confesser notre péché...* J'aimerais que la Congrégation pour la doctrine de la foi se débarrassât de ce parfum et de cette onction d'Inquisition qui lui sont restés attachés... *L'Inquisition a laissé des blessures mortelles qui ne sont pas encore guéries.* La charité est la mère de la justice et de la vérité » (p. 135 et 239).

MARTYRS DE L'EST. « Je veux rappeler et honorer, comme un pasteur de l'Église universelle, les évêques, les prêtres, les religieux, les chrétiens qui, dans la Russie soviétique, dans les pays de l'Est européen, dans les terres baltes et dans d'autres pays, vivent dans les catacombes et souffrent pour Jésus-Christ... *Nous avons oublié trop vite ces témoins du Christ qui ont inscrit leur souffrance dans le martyrologe chrétien.* Je forme ce projet dans un pur esprit religieux. Je sais bien que cela risque de réveiller des « pensées » enfouies, mais nous ne pouvons nous taire. Trop de diplomatie débouche parfois sur la ruse pure et simple, et ce n'est pas là l'esprit de l'Église » (p. 244-245).

RÉHABILITATIONS. Jean-Paul I er parle longuement, avec Pattaro, de quatre ecclésiastiques qui « endurèrent d'amères épreuves » à cause de l'Église : l'abbé Antonio Rosmini, le cardinal Andrea Ferrari (que Jean-Paul II proclamera bienheureux), les prêtres Lorenzo Milani et Primo Mazzolari. « Tu sais que même les saints peuvent se tromper » (p. 129), dit-il à propos des soupçons de Pie X sur le cardinal Ferrari. Et, sur Milani et Mazzolari : « J'ai une dette envers ces deux hommes, je les ai connus personnellement. Ils endurèrent d'amères épreuves à cause de leurs évêques et de l'Église. Deux prêtres, deux pasteurs, deux prophètes abandonnés » (p. 129). Et encore : « Nous autres, prêtres, évêques, figés dans notre quiétisme, nous n'avons pas compris qu'ils voyaient clair, qu'ils voyaient juste, qu'ils voyaient loin » (p. 130). Il avait le projet d'honorer Milani et Mazzolari (« Ils méritent de retrouver officiellement l'honneur et la place qui leur reviennent dans l'Église » p. 131) et de réhabiliter Rosmini condamné par le Saint-Office (voir le chapitre intitulé *Histoire de la papauté,* p. 240).

HISTOIRE DE LA PAPAUTÉ. « Au cours de mes voyages, je voudrais que tout se déroule dans la simplicité et dans la charité. Jésus-Christ, Pierre, Paul et Jean ne furent pas chefs d'État. Je connais et je comprends toutes les raisons historiques, de tradition et d'opportunité qui peuvent conférer du prestige à l'Église et au pape et venir en aide aux gens là où vivent et œuvrent les chrétiens. Mais comment peut-on changer de peau, subitement, endosser un vêtement si différent, un titre et un pouvoir intrinsèquement étrangers à la mission de l'évêque et du pasteur, comme celui de « souverain » de la cité du Vatican ? Je sais très bien que ce n'est pas moi qui pourrai changer des règles codifiées depuis des siècles, mais l'Église ne doit pas avoir de pouvoir ni posséder de richesses... Je ne veux pas d'escortes, ni de soldats. Et je ne désire pas que les gardes suisses s'agenouillent sur mon passage, ni que personne d'autre le fasse » (p. 127).

TITRES DU PAPE. « Ces jours-ci, j'ai eu la curiosité de lire dans l'annuaire pontifical les titres que reçoit le pape. Supposons qu'on y trouve déjà mon nom. On lit : « Jean-Paul I er, évêque de Rome, vicaire du Christ, successeur du prince des apôtres, souverain pontife de l'Église universelle, patriarche d'Occident, primat d'Italie, archevêque métropolite de la province romaine, souverain de l'État de la cité du Vatican, serviteur des serviteurs de Dieu. » C'est un héritage du pouvoir temporel. Il n'y manque que le titre de pape roi. Les véritables titres devraient être : ... élu évêque de Rome et par conséquent successeur de l'apôtre Pierre et par conséquent serviteur des serviteurs de Dieu. Comment le pape peut-il se présenter comme un frère et un père dans le Christ, et dialoguer avec les Églises sœurs, investi de tous ces titres ?... J'ai l'impression que la figure du pape est trop encensée. J'y vois le risque de tomber dans le culte de la personnalité, ce que je ne souhaite absolument pas... Il s'est passé un peu plus de cent ans depuis la chute du pouvoir temporel des papes, sinon, à l'heure qu'il est, moi aussi je serais le pape roi avec des cohortes de soldats, et peut-être une police pour défendre les biens, les terres et les palais du pape. Comme il eût été beau que le pape renonçât spontanément à son pouvoir temporel ! Il aurait dû le faire plus tôt. Remercions le Seigneur qui a voulu cela et l'homme qui l'a fait » (p. 233, 236, 248).

7

Le privilège du pape polonais

Sans le Concile, Jean-Paul II n'aurait pu faire de
mea-culpa. Et si Jean-Paul II n'avait pas voyagé, ces
mea-culpa n'auraient été ni aussi nombreux ni aussi
circonstanciés. L'examen de conscience de la fin du
millénaire, qui est sa véritable innovation et qui vaut
plus que l'addition de tous ses mea-culpa, n'aurait pu
être envisagé sans l'expérience de l'échec : surtout
celle de la débâcle œcuménique en Orient, qui est
intervenue au lendemain de la chute du communisme. Mais, à l'origine de sa démarche, on trouve la
Pologne.

L'élément polonais est en effet également présent
dans cet aspect du pontificat de Jean-Paul II. Nous
l'appellerons le privilège du pape polonais : un élément qui prédisposait le premier pape slave de l'histoire à une plus grande liberté que n'en aurait eu un
pape italien de plus pour régler les comptes avec l'histoire de la papauté, car cette histoire pesait moins sur
lui. Et, plus que tout, en raison d'une marginalité géo-
ecclésiastique dont le mérite ne revient à personne :
il n'y eut pas de Polonais aux croisades, ni parmi les
grands inquisiteurs, les juges de Galilée, les oppresseurs des Indiens d'Amérique, les promoteurs de la
traite des Noirs.

Mais, d'un point de vue positif aussi, il y a quelque chose de polonais dans la liberté avec laquelle Jean-Paul II a montré qu'il savait se comporter vis-à-vis du « poids des morts », pour reprendre l'expression d'Urs von Balthasar. Il n'y a pas eu, en Pologne, de Contre-Réforme accompagnée de répression ou de l'expulsion des protestants par les soldats. La liberté de conscience y a été garantie avant qu'elle le fût nulle part ailleurs en Europe. Et il n'y eut jamais d'opposition entre Église et cause nationale, entre Église et culture laïque[50].

Enfin, il n'y a pas eu, dans la culture polonaise, de cas Galilée. Il est difficile d'en expliquer les raisons en quelques mots, mais il est aisé de le faire avec un poème de Karol Wojtyla exaltant Copernic, le Galilée de Pologne, jamais condamné, et dont l'Église polonaise a toujours été très fière :

> Nous marchons sur les sutures.
> Autrefois, la Terre semblait lisse, plane.
> On crut longtemps que son disque plat
> était posé sur l'eau, le soleil au-dessus.
> Vint Copernic : la terre perdit ses charnières fixes
> le mouvement devint sa charnière.
>
> Nous marchons sur les sutures mais non comme jadis.
> Copernic arrêtant le soleil donna l'élan à la terre[51].

Copernic est décrit à l'aide de paroles bibliques, avec les mots que la Bible met dans la bouche de Josué et qui ont servi à condamner Galilée. En Italie, seul un anticlérical aurait pu parler ainsi de Galilée ; en Pologne, c'était le futur pape, à la veille de revêtir la pourpre cardinalice. Et en 1973, le cardinal Wojtyla, archevêque de Cracovie, a présidé le comité de l'épiscopat polonais pour la commémoration du 500e anniversaire de la naissance de Nicolas Copernic, un prêtre polonais qui, sa vie durant, s'occupa des malades miséreux, et qui dédia au pape Paul III son œuvre sur les révolutions des orbes célestes[52].

À l'occasion de ce centenaire, le cardinal Wojtyla a donné, à la faculté de théologie de Cracovie, une leçon inaugurale intitulée *La science comme bien commun de la nation, de l'Église et de l'humanité,* dans laquelle il revendique l'œuvre de Copernic comme une gloire de l'Église[53]. C'est avec ce sentiment de fierté pour ce que l'Église a pu faire en faveur de la science (bien dépourvu du complexe particulier qu'ont toujours eu, en l'espèce, les ecclésiastiques italiens) que, au lendemain de son élection, Jean-Paul II est revenu sur le cas Galilée, insatisfait de la manière dont l'avait traité le Concile, pour éclaircir définitivement ce « douloureux malentendu ». Et, après Galilée, d'autres révisions suivront.

Après la Pologne, le Concile. Le jeune évêque Wojtyla a été vivement frappé par la demande de pardon aux frères séparés, prononcée par Paul VI à l'ouverture de la deuxième session, en septembre 1963[54]. Il a en effet souvent cité cette déclaration du pape Montini. C'est en s'y référant qu'il dira, dans l'encyclique *Ut unum sint* : « Je demande pardon, comme l'a fait mon prédécesseur Paul VI[55]. » Et elle lui servira de modèle pour la plupart de ses demandes de pardon dans le domaine œcuménique.

Mais, au Concile, le jeune évêque écoute également avec émotion les « paroles pleines de tristesse » du cardinal Beran* qui, intervenant au début de la dernière session au sujet de la *Déclaration sur la liberté religieuse,* le 20 septembre 1965, rappelle « les erreurs et les péchés commis dans le passé, au nom de l'Église,

---

* Le cardinal Beran, alors cardinal-archevêque de Prague, a connu les prisons du régime communiste. *(N.d.É.)*

contre la liberté de conscience [56] ». Ces « paroles pleines de tristesse » reviendront à l'esprit du pape Jean-Paul II quand il se rendra en visite à Prague, le 21 avril 1990. Et ce n'est pas seulement en songeant à Hus, excommunié et brûlé vif, qu'il les rappellera, mais aussi pour regretter le *Cujus regio, ejus religio*, pour appliquer à l'Église l'expression « péchés commis en son nom », et pour expliquer que reconnaître ces erreurs, c'est « accroître son autorité morale ». La plupart des éléments de l'examen de conscience de la fin du millénaire étaient déjà présents dans ce discours passionné du cardinal de Prague, et Karol Wojtyla ne les oubliera pas.

Toujours dans le domaine conciliaire, la participation de Mgr Wojtyla au processus de réconciliation entre les évêques allemands et polonais apparaît plus importante encore ; c'est une étape décisive dans la formation de ses convictions sur la nécessité d'une révision évangélique permanente de l'histoire de l'Église. Elle marque leur développement le plus accompli, avant le pontificat. Et elle constitue le dernier aiguillon avant son élection : Wojtyla fit partie de la délégation de l'épiscopat polonais qui rendit visite à l'épiscopat allemand en septembre 1978, visite qui s'acheva à Mayence le 27 septembre, vingt jours à peine avant qu'une fumée blanche annonçât qu'il serait le nouveau pape.

Dans les documents de cette réconciliation fut utilisée la devise « en pardonnant et en demandant pardon », que le cardinal Wojtyla avait reçue de Paul VI [57], et qui est devenue le mot d'ordre de toute sa proposition de la fin du millénaire, du Synode européen de 1991 aux textes relatifs au programme du Grand Jubilé, aux appels pour la paix en ex-Yougoslavie (à l'occasion de la visite annulée à Sarajevo et de celle à

Zagreb, en septembre 1994), aux grands documents œcuméniques du printemps 1995.

Ce sont les évêques polonais qui, à la fin de Vatican II, prirent cette initiative, en prévision du millénaire du baptême de la Pologne (966-1966). La lettre des évêques polonais aux évêques allemands porte la date du 18 novembre 1965, et c'est une invitation au pardon réciproque, en référence à toute l'histoire des deux peuples et, notamment, aux événements de la Deuxième Guerre mondiale, afin de pouvoir célébrer la fête du millénaire « la conscience tranquille ».

La lettre rappelle l'occupation hitlérienne de la Pologne, l'extermination de « plus de six millions de citoyens polonais, en majorité d'origine juive », le martyre de l'Église : « Deux mille prêtres et cinq évêques (un quart de l'épiscopat existant alors) furent envoyés en camp de concentration. Des centaines de prêtres et des dizaines de milliers de civils furent victimes d'exécutions sommaires dans les premiers jours de la guerre. » Puis venait l'invitation au dialogue et au pardon :

> Malgré ce passé si chargé, qui pourrait presque interdire tout espoir, et précisément à cause de ce passé, nous vous disons : essayons d'oublier, finissons-en avec la polémique, la guerre froide, et entrons dans le dialogue, qui, aujourd'hui, est demandé dans tous les domaines par le Concile et par le pape Paul VI. [...] C'est dans cet esprit à la fois très chrétien et très humain que nous vous tendons nos mains dans les bancs de ce Concile qui s'achève, que nous vous pardonnons et que nous vous demandons de pardonner.

« Avec émotion et joie », les évêques allemands serrèrent la main que leur tendaient les Polonais, et ils répondirent en ces termes, le 5 décembre 1965 :

C'est ainsi que nous demandons pour nous l'oubli et le pardon. L'oubli est chose humaine. La demande de pardon est un appel à celui à qui le tort a été causé, pour qu'il jette sur ce tort le regard miséricordieux de Dieu et qu'il permette ainsi un recommencement.

La paix fut rétablie entre les deux communautés catholiques, mais le gouvernement communiste polonais déclencha une guerre de propagande contre l'épiscopat, attaquant en particulier le cardinal Wyszynski et Mgr Wojtyla. Ces invectives visaient notamment la phrase « en pardonnant et en demandant pardon ». « Nous n'oublierons pas et nous ne pardonnerons pas », tel était le mot d'ordre. Les ouvriers des usines Solvay écrivirent leur mépris à Mgr Wojtyla, qui avait travaillé avec eux comme ouvrier durant la guerre.

Celui-ci répliqua dans *Dziennik Polski* (Journal polonais) du 13 mai 1966. On lui répondit que la Pologne n'avait rien à se faire pardonner. Le 7 mars, le premier ministre était intervenu en protestant contre les évêques polonais qui avaient pardonné aux Allemands tous les crimes perpétrés contre la Pologne, « y compris le crime de génocide », sans « avoir reçu aucune demande de pardon de la part des Allemands ».

La réponse officielle de l'épiscopat figure dans une lettre du 10 février 1966, rédigée dans le plus pur style « wojtylien » :

Si, au bout de mille années, traversées de tant de dures épreuves, nous devons vivre en bons voisins, nous ne le pourrons que par une entente mutuelle. [...] La nation polonaise comme telle a-t-elle des raisons de demander pardon à ses voisins ? Certes non ! Nous sommes convaincus qu'en tant que nation, nous n'avons pas fait de tort à la nation allemande, ni sur le plan politique, ni sur le plan social, ni sur le plan culturel. Mais nous professons aussi le principe chrétien, si fortement souligné en ces derniers temps dans certaines œuvres littéraires, qu'« il n'y a pas d'innocents » (Albert Camus). Nous estimons que n'y eût-il qu'un seul Polonais, au cours des siècles, qui se fût rendu coupable d'une action indigne, cela suffirait pour que nous demandions pardon.

Le processus de réconciliation entre les deux épiscopats culmina avec la visite, dont nous avons déjà parlé, d'une délégation d'évêques polonais chez leurs homologues allemands, en septembre 1978. Le cardinal Wojtyla prononça deux discours à Fulda (dont un devant la Conférence des évêques d'Allemagne) et un troisième à Cologne. Il dit notamment, au cours de son homélie dans la cathédrale de Fulda, le 22 septembre, que cette rencontre devait « renforcer » les deux Églises « dans la vérité et dans l'amour » et contribuer, au moment où le deuxième millénaire touchait à son terme, à « cicatriser les blessures du passé, les plus anciennes comme les plus récentes ».

Karol Wojtyla a ainsi apporté une contribution décisive et magistrale aux documents de 1965-1966, comme aux gestes de 1978. En témoigne le rappel de cette réconciliation qu'il fit lui-même dans l'un des textes les plus dramatiques de son pontificat : l'homélie pour la paix dans les Balkans, prononcée à Castel Gandolfo le 8 septembre 1994, jour où il aurait dû rendre visite à la ville martyre de Sarajevo :

> Quelle importance a eue l'expression historique adressée par les évêques polonais à leurs confrères allemands à la fin du Concile Vatican II : « Pardonnons et demandons pardon ! » Si, dans cette région de l'Europe, on a pu arriver à la paix, il semble justement que ce soit grâce à l'attitude exprimée de façon efficace par de telles paroles [58].

Après la Pologne et le Concile, ce sont les voyages qui ont conduit Jean-Paul II aux demandes de pardon, en le forçant à rencontrer des interlocuteurs qui gardaient du ressentiment à cause des torts qu'ils avaient subis dans le passé. C'est au cours de ses voyages qu'il a parlé pour la première fois, sur un ton d'autocritique, des divisions entre les Églises (1980), de l'Inquisition (1982), du rapport avec l'islam (1982), des responsabilités catholiques dans les guerres (1983), de la mafia (1983), des Indiens d'Amérique (1984) et des Noirs (1985), des guerres de Religion et de l'intégrisme (1988), du schisme d'Orient (1991). C'est au cours de ses voyages qu'il parle pour la première fois de la nécessité de purifier la mémoire historique sur Luther (1980), Calvin et Zwingli (1984), Hus (1990). Et ce sont bien de petits voyages que ses visites à l'église luthérienne de Rome (1983) et à la synagogue de Rome (1986), qui le poussent à reconnaître l'oppression des minorités religieuses pratiquée jusqu'au siècle dernier dans la Rome des papes.

Prédisposé par son expérience polonaise et conciliaire, stimulé par les interlocuteurs qu'il rencontre au cours de ses voyages, Jean-Paul II a déjà accompli une vaste révision historique appliquée à des thèmes isolés, quand l'amère expérience de l'échec dans le domaine œcuménique le pousse à proposer l'examen de conscience de la fin du millénaire, qui représente son apport original en la matière. Il le fera avec le message adressé aux cardinaux, au printemps de 1994. Mais l'idée était déjà mûre en 1991, où il la formula pour la première fois en public :

> À la fin de ce deuxième millénaire, nous devons nous livrer à un examen de conscience : où sommes-nous, où le Christ nous a-t-il conduits, où avons-nous dévié par rapport à l'Évangile ?

8

L'opposition des cardinaux

Ce n'est qu'un « document de travail », mais ce pourrait bien être le texte le plus important du pontificat de Jean-Paul II : nous voulons parler du message adressé aux cardinaux au printemps de 1994. On ignore qui l'a rédigé. On ne sait à quelle date il l'a été. Il a été envoyé aux cardinaux convoqués en Consistoire extraordinaire et est parvenu aux journaux à la suite d'une fuite. Tout le monde l'a repris et l'a commenté, mais il n'a jamais été publié officiellement. Jean-Paul II en a revendiqué deux fois la paternité durant le Consistoire extraordinaire : « Comme je l'ai souligné dans le document pro memoria » et « dans le document pro memoria déjà cité j'ai souligné ».

C'est donc un texte du pape. Peut-être ne l'a-t-il pas écrit lui-même, comme il n'écrit pas la majorité de ce qu'il signe, mais il l'a voulu, inspiré, pensé. Davantage que par ses déclarations au Consistoire, cette paternité se manifeste à travers l'évidente continuité des propositions contenues dans le texte avec les lignes de force de tout le pontificat. Dans la seconde partie de ce volume, nous abordons cette continuité à travers les thèmes isolés. Ici, nous discutons la nouveauté que représente, dans cette continuité, la proposition de l'examen de conscience de la fin du millénaire contenue dans ce message.

La nouveauté réside dans le fait que l'on passe des « confessions de péchés » isolées à la proposition d'une confession générale des péchés prenant en compte une histoire bimillénaire. Pour être plus précis : on passe des reconnaissances de responsabilité historique isolées à l'ébauche d'un examen total de l'histoire de l'Église du point de vue de l'Évangile, pour mettre en évidence les contre-témoignages que l'on y enregistre.

Jusqu'alors, on comptait au moins quarante textes dans lesquels, en plus de quinze ans de pontificat, Jean-Paul II avait reconnu des péchés ou des erreurs. Il avait parlé, ou fait parler, d'une manière autocritique, des juifs et de Galilée, de Hus et de Luther, des Indiens d'Amérique et de l'Inquisition, de l'intégrisme et de l'islam, de la Mafia et du racisme, des schismes et de la papauté, de la traite des Noirs, des guerres et des injustices. Pour les croisades, les dictatures, les femmes, les guerres de Religion et le Rwanda, la déclaration papale est arrivée après ce document. Il s'était donc déjà prononcé, il avait déjà demandé pardon sur seize des vingt et un thèmes que nous avons recensés dans la seconde partie du présent volume. Ceux qui connaissaient ces textes n'ont pas été surpris par la proposition du pape. Ce couronnement, cette récolte était le fruit de longues semailles. Au contraire, ceux qui ignoraient son étendue ont considéré que le document était apocryphe, en opposition avec la ligne du pontificat[60].

Après coup, on serait tenté de dire que, avant ce document, Jean-Paul II en avait dit beaucoup, presque trop, et en même temps pas assez, pas l'essentiel. Le message aux cardinaux achève le travail déjà accompli et prépare les développements à venir.

Les vingt-trois feuillets du document sont intitulés *Réflexions sur le Grand Jubilé de l'an 2000*. Les principales initiatives proposées aux cardinaux, auxquels on demande leur avis, sont au nombre de cinq : la convocation de synodes pour les Amériques et l'Asie, une rencontre de toutes les Églises chrétiennes et une autre avec les juifs et les musulmans, la mise à jour du martyrologe, un « regard attentif sur l'histoire du IIe millénaire » de l'Église pour « reconnaître les erreurs commises par ses hommes et, d'une certaine manière, en son nom ». Le septième paragraphe du document, intitulé *Reconciliatio et pœnitentia*, est consacré à ce dernier projet : « Alors que le IIe millénaire du christianisme touche à son terme, l'Église doit prendre conscience avec une lucidité ravivée que ses fidèles, tout au long de l'histoire, se sont montrés infidèles, péchant contre le Christ et son Évangile. »

Rappelant ce qui venait d'être fait à propos du cas Galilée « pour réparer le tort qui lui avait été causé », le document poursuit en ces termes :

> Un regard attentif sur l'histoire du IIe millénaire nous permettra peut-être de mettre en évidence d'autres erreurs semblables, ou même des fautes, en matière de respect de la juste autonomie des sciences. Comment passer sous silence toutes les formes de violence qui ont été perpétrées au nom de la foi ? Guerres de Religion, tribunaux de l'Inquisition et autres formes de violation des droits de la personne. [...] Il faut que l'Église, à la lumière de ce qu'a dit le concile Vatican II, revoie de sa propre initiative les aspects sombres de son histoire, en les examinant à la lueur des principes de l'Évangile. [...] Ce pourrait être une grâce du prochain Jubilé. Cela n'entamera en aucune façon le prestige moral de l'Église, qui en sortira au contraire renforcé, par ce témoignage de loyauté et de courage dans la reconnaissance des erreurs commises par ses hommes et, d'une certaine manière, en son nom.

À l'ouverture du Consistoire, le pape revendique la paternité du document pro memoria, qui avait publiquement été mise en doute, et réaffirme le projet de l'examen de conscience de la fin du millénaire, sur lequel bien des objections avaient été déjà formulées à la Curie et au-dehors. Il répond ainsi indirectement à ceux qui lui avaient demandé de « renoncer à l'idée d'une rencontre œcuménique avec les juifs et les musulmans sur le mont Sinaï et à toute autocritique de l'Église catholique comme celle proposée dans le message aux cardinaux [61] ».

« Comme je l'ai souligné dans le document pro memoria qui a été envoyé à chacun d'entre vous », dit donc Jean-Paul II à l'ouverture des travaux. Et un peu plus loin : « Dans le document pro memoria déjà cité j'ai souligné l'opportunité de préparer un *Martyrologe contemporain.* »

Mais, plus encore que la paternité du message aux cardinaux, c'est la réaffirmation de l'idée qui est importante :

> Devant ce Grand Jubilé, l'Église a besoin de la *metanoia**, *c'est-à-dire du discernement des manquements historiques et des négligences de ses fils* à l'égard des exigences de l'Évangile. Seule la reconnaissance courageuse des fautes et aussi des omissions dont les chrétiens se sont rendus d'une certaine manière responsables, comme aussi l'intention généreuse d'y remédier avec l'aide de Dieu, peuvent donner un élan efficace à la nouvelle évangélisation et rendre plus facile la marche vers l'unité.

Si le pape réaffirme sa proposition avec tant de force, c'est parce que, dans la consultation initiale réalisée par

---

* *Metanoia* : mot grec désignant un changement radical dans la façon de penser, de juger, de sentir, en particulier à la suite de l'adhésion à une nouvelle foi religieuse. *(N.d.T.)*

courrier, il a soulevé les doutes et les objections des cardinaux. Mais ces doutes et ces objections s'expriment
également durant les travaux du Consistoire.

Il semble que la majorité des cardinaux (qui a toutefois applaudi aux projets relatifs à la rencontre
panchrétienne et à la rencontre œcuménique, aux
synodes et au martyrologe) ait observé qu'il serait préférable de donner au Jubilé une orientation christologique plutôt qu'ecclésiologique ; qu'un examen de
conscience du millénaire ne peut négliger le présent ;
qu'il faut éviter de se lancer dans des recherches inter-
minables ; et qu'il faut prendre garde de ne pas considérer le passé avec un regard d'aujourd'hui.

Une différenciation géo-ecclésiastique fort révéla-
trice devait ensuite s'opérer, les cardinaux de l'Est
exprimant la crainte que l'examen de conscience de
la fin du millénaire puisse assurer le triomphe de la
vieille propagande anti-catholique des régimes
communistes, les cardinaux du tiers monde faisant
preuve pour leur part d'un total désintérêt pour des
querelles historiques eurocentriques, et craignant que
la reconnaissance de fautes étrangères à la culture de
leur peuple n'ait sur celui-ci une influence négative,
sans aucun avantage pastoral.

L'inquiétude des cardinaux des pays anciennement
communistes a été expliquée en ces termes, dans une
interview, par le cardinal Martini* (qui, semble-t-il, n'in-

---

* Carlo Maria Martini, jésuite, ancien recteur de l'Université
grégorienne de Rome et actuellement archevêque de Milan, est
considéré comme un « papabile ». Sa culture et sa grande ouverture font de lui un personnage très respecté. L'auteur souligne
donc ici son silence lors du Consistoire. Mais tout récemment, il
s'est longuement exprimé sur ce sujet (dans *Jésus*, octobre 1997),
déclarant entre autres : « Le jubilé que nous nous préparons à
vivre devra avoir, parmi ses contenus essentiels, celui d'une fraternité retrouvée entre l'Église et le judaïsme, dans une perspective

tervint pas durant les travaux du Consistoire) : « Certains s'inquiétaient que l'exhortation du pape pût être mal comprise. Des objections allant dans ce sens furent formulées par des cardinaux venant de pays anciennement communistes, où l'Église avait été soumise à un feu roulant d'accusations. On ne voulait pas donner raison à une façon totalisante de condamner. Des raisons historiques entraient là en ligne de compte [62]. »

« Mais, a déclaré aux journalistes le cardinal brésilien Moreira Neves[*], personne n'a voulu saper le projet d'une autocritique et d'une "conversion", et personne n'a exclu que l'on puisse examiner quelques épisodes douloureux du passé, semblables à l'affaire Galilée [63]. »

Toutefois, il vaut peut-être mieux se référer à la synthèse de la consultation préalable présentée à l'ouverture du Consistoire par le cardinal secrétaire d'État, puisque nous disposons de ce texte (mais pas par voie directe : de tous les documents du Consistoire, seul le discours d'ouverture du pape a été publié), tandis que nous n'avons que des échos indirects des débats. On a l'impression que le cardinal Sodano[**] avait déjà dit ce qui fut ensuite répété dans les *circuli minores*. Et tout d'abord sur le fait qu'il fallait mettre l'accent davantage sur le Christ que sur l'Église : « L'orientation ecclésiologique, par le biais d'une mémoire historique savamment revisitée, a été en général appréciée. Mais,

---

religieuse qui comprenne un acte de "teshuva" — conversion —, également de la part de l'Église catholique. » *(N.d.E.)*

[*] Le cardinal Moreira Neves, qui a fait une longue carrière au sein de la Curie romaine avant d'être nommé archevêque de São Salvador da Bahia (Brésil), demeure un candidat de la Curie pour le prochain conclave. *(N.d.E.)*

[**] Le cardinal Angelo Sodano a succédé au cardinal Agostino Casaroli comme secrétaire d'État le 1er décembre 1990. On peut comparer sont poste à celui d'un Premier ministre, le secrétaire d'État exerçant souvent une fonction politique. *(N.d.E.)*

en même temps, il a semblé à certains que tout cela pourrait faire de l'ombre à l'élément christologique... si l'on insistait trop sur la problématique ecclésiologique passée et présente. »

Puis c'est la critique de l'examen de conscience :

> Certes, le Jubilé offre à l'Église une occasion de réfléchir à la façon dont elle a répondu à la vocation que le Christ lui a demandé d'accomplir dans le monde. [...] Toutefois, en ce qui concerne un réexamen global et général de l'histoire passée de l'Église, quelques éminents cardinaux ont invité à une grande prudence, s'agissant d'une question fort difficile et délicate, surtout si elle est abordée d'une manière sommaire. Aussi, selon certaines indications, il serait préférable qu'un éventuel examen de conscience ecclésial prenne en considération non pas des époques anciennes, qui doivent être étudiées dans le contexte vivant de leur temps, mais l'époque présente, dans laquelle, à côté de nombreuses lueurs, ne manquent pas de vastes zones d'ombre. L'époque présente dépend de nous et un examen de conscience est donc juste et possible.

Cependant, dans la liste des interrogations finales, le rapport du secrétaire d'État soumettait de nouveau la question au jugement des cardinaux : « La révision publique, à la lumière de l'Évangile et des enseignements du concile Vatican II, des aspects obscurs de l'histoire de l'Église aurait une importance et un impact particuliers : elle pourrait être exploitée par certains, mais elle témoignerait d'une manière particulièrement crédible et efficace de la sincérité de notre adhésion au Christ. »

Cependant le cardinal Cassidy* avait apporté son

---

* Actuel président du Conseil pontifical pour la promotion de l'unité des chrétiens. Auparavant, il fut nonce apostolique (ambassadeur du pape) en Afrique du Sud et en Suisse. *(N.d.E.)*

soutien au pape. Dans un rapport d'ouverture lu juste après celui du cardinal Sodano[64], il avait insisté sur « l'importance pour le futur » de la purification des mémoires, que l'on peut surtout favoriser « par une présentation objective de l'histoire, quand bien même une telle objectivité ne tournerait pas à l'avantage de notre communauté ecclésiale » ; invitant à reconnaître que « nous n'avons pas toujours été à la hauteur de ce que l'on attendait de nous dans nos relations avec ceux qui, dans la plupart des cas et sans que ce soit une faute, ne partagent pas la plénitude de nos richesses ».

Il paraît qu'une critique argumentée du document *pro memoria*, notamment à propos de la question de l'orientation ecclésiologique, qu'il convenait de remplacer par l'orientation christologique, fut proposée lors de la consultation préalable par le cardinal Ratzinger[65]*. Il l'aurait ensuite réitérée durant le Consistoire, davantage comme un avertissement sur la façon de procéder que comme une marque d'aversion pour cette initiative. Le cardinal Ruini** aurait adopté une attitude analogue, cependant que le cardinal Biffi se serait montré résolument hostile.

Le cardinal Biffi est le seul dont on connaisse dans le détail les objections au projet papal. Il est intervenu durant le Consistoire et nous ne savons pas ce qu'il y a dit, mais il en a ensuite parlé publiquement et a écrit sur le sujet. Le cardinal Biffi, opposé, et le cardinal

---

* Joseph Ratzinger, célèbre théologien au concile Vatican II, ancien archevêque de Munich, est actuellement préfet de la Congrégation pour la doctrine de la foi. *(N.d.E.)*

** Camillo Ruini porte le titre de vicaire général de Sa Sainteté pour le diocèse de Rome, c'est-à-dire qu'il est chargé d'administrer le diocèse dont le pape est l'évêque. *(N.d.E.)*

Etchegaray*, favorable, sont les seuls cardinaux qui, à notre connaissance, se soient prononcés franchement sur la question, laquelle semble baigner dans une sorte de réserve cardinalice. Il faut donc rendre hommage aux deux prélats, mais cet hommage est plus justifié dans le cas du cardinal Biffi, qui a une position critique : on sait que rien n'est plus difficile, pour un cardinal, que de critiquer le pape.

Étant donné leur rareté, nous reproduisons in extenso les quatre pages, extraites d'une note pastorale plus étendue, que le cardinal de Bologne a consacrée à cette question sous le titre *L'Autocritique ecclésiale*[66] :

REPENTIR ET AUTOCRITIQUE. C'est avec une grande insistance que Jean-Paul II nous invite à nous préparer au Grand Jubilé de l'an 2000, dans un profond et sincère esprit de repentir et d'autocritique.
C'est un thème d'une importance considérable et en même temps d'une singulière délicatesse, qui peut devenir une source d'ambiguïtés, voire de malaise spirituel, notamment chez les fidèles les plus simples et les plus petits, auxquels sont au premier chef réservés les mystères du Royaume céleste (Mt, 11, 25) et auxquels est au premier chef destinée ma sollicitude de pasteur.

SE REPENTIR DE SES PÉCHÉS PERSONNELS. Les fautes, dont nous devons sans aucun doute demander pardon à Dieu et à nos frères, sont celles que chacun d'entre nous commet en violant les commandements et les préceptes immensément bienveillants de la charité et en ne respec-

---

* Roger Etchegaray, ancien archevêque de Marseille, est à la fois président du conseil pontifical « Justice et Paix » et président du Comité pour le Grand Jubilé de l'an 2000. C'est un proche de Jean-Paul II. Comme noté plus haut, il faut donc ajouter à ces deux noms celui du cardinal Martini favorable au projet papal. *(N.d.E.)*

tant pas les avertissements d'une conscience bien formée.

L'appel à la conversion individuelle retentit depuis le début de la prédication du Christ, il n'a cessé d'être valable et actuel pour tous.

L'ÉGLISE EST SANS PÉCHÉS. L'Église, en tant qu'Église, a-t-elle commis des péchés ? Non, l'Église considérée dans la vérité de son être n'a pas commis de péchés, car elle est le « Christ total » : son chef est le fils de Dieu, auquel on ne peut rien attribuer de moralement répréhensible. Mais l'Église peut et doit faire siens les sentiments de regret et de douleur pour les transgressions personnelles de ses membres.

Jean-Paul II s'exprime en ces termes : « Bien qu'elle soit sainte par son incorporation au Christ, l'Église ne se lasse pas de faire pénitence : elle reconnaît toujours comme siens, devant Dieu et devant les hommes, ses enfants pécheurs » *(Tertio millennio adveniente,* 33). Ce sont ses enfants, mais ce ne sont pas ses péchés ; même si les péchés de ses enfants méritent toujours ses larmes de mère immaculée.

Avec une égale clarté, l'encyclique *Ut unum sint* nous dit : « L'Église catholique reconnaît et confesse les faiblesses de ses fils, consciente que leurs péchés constituent autant de trahisons et d'obstacles à la réalisation du dessein du Sauveur. Se sentant appelée constamment au renouveau évangélique, elle ne cesse donc pas de faire pénitence. En même temps, cependant, elle reconnaît et elle exalte encore plus la puissance du Seigneur qui, l'ayant comblée du don de la sainteté, l'attire et la conforme à sa Passion et à sa Résurrection » (n. 3).

Telle est la doctrine que j'ai apprise de saint Ambroise. Pour lui, les blessures des mauvais comportements n'atteignent pas du tout l'Épouse du Christ, mais ceux qui en sont les sujets agissants : *Non in se sed in nobis Ecclesia vulneratur (De Virginitate* 48). Nous sommes réunis et nous appartenons au « Christ total » dans la mesure où nous sommes saints, pas quand nous ne le sommes pas :

84

nos mauvaises actions sont, par définition, extraecclésiales. Aussi, bien qu'elle soit composée de pécheurs, l'Église est toujours sainte : *Ex maculatis immaculata (In Lucem* I, 17). Incontestablement, elle apparaît aux yeux du monde comme pécheresse ; mais c'est un destin qui est échu également à son Époux : *Merito speciem accipit peccatricis quia Christus quoque formam peccatoris accepit (ibid.,* VI, 21).

LES FAUTES ECCLÉSIALES DU PASSÉ. Est-il juste et opportun que nous ayons à demander pardon pour les erreurs ecclésiasiales des siècles passés ?
C'est juste, si elles sont historiquement prouvées par des enquêtes objectives, et surtout sans formuler d'appréciations anachroniques (ce qui n'est pas toujours le cas).
Cela peut servir à nous rendre moins antipathiques et à améliorer nos rapports avec les représentants de la culture dite laïque, qui se féliciteront de notre largeur d'esprit, même s'ils n'en reçoivent en général aucun encouragement à dépasser leur condition d'incrédulité.
Mais il ne faudra toutefois pas oublier de souligner que, même lorsque des fautes ou des erreurs ont été commises par les plus hauts responsables de l'Église, celle-ci a toujours été à même de continuer à produire d'admirables fruits de sainteté, démontrant par là qu'elle était toujours et quand même l'Épouse du Christ, sainte et immaculée. Une telle précision apparaît particulièrement juste eu égard au peuple des fidèles, qui, ne sachant faire de grandes distinctions théologiques, verrait son adhésion sereine au mystère ecclésial compromise par ces auto-accusations.

UN CURIEUX ACTE DE FOI. Il peut être édifiant, en revanche, de faire remarquer que la complaisance avec laquelle les non-croyants mettent l'Église en accusation à propos des forfaits perpétrés au long de son histoire est un acte de foi implicite dans l'Épouse du Christ, qui est présente et active à toutes les époques, sous son identité inaltérée. C'est une singulière permanence, qui n'est reconnue à aucun autre organisme social.

DONNONS QUELQUES EXEMPLES. Galilée a été généralement désapprouvé, à cause de l'hypothèse copernicienne, par les milieux universitaires de son temps ; pourtant, aucun recteur, et aucun doyen de notre époque n'est appelé à répondre de l'attitude des autorités académiques de l'époque. Et qui irait penser à reprocher au maire de Milan ou au président de la région Lombardie les désastres provoqués par la politique de Ludovic le More ? Et ainsi de suite.

LES MÉFAITS ANONYMES. Et encore tout le monde s'accorde-t-il à considérer que les responsables des véritables grands crimes historiques contre le genre humain — aujourd'hui enveloppés d'un miséricordieux silence culturel — ne sont plus là.
Par exemple : à qui l'humanité demandera-t-elle compte des innombrables guillotinés français de 1793, qui furent tués sans avoir d'autre tort que leur appartenance sociale ? À qui l'humanité demandera-t-elle compte des dizaines de millions de paysans russes massacrés par les bolcheviks ? Pour les péchés de l'histoire, ne vaudrait-il pas mieux que nous attendions tous le jugement dernier ?

Le cardinal Biffi ne réagit pas à la proposition du pape en son entier : sa lecture fait l'impasse sur les finalités pénitentielle, œcuménique et missionnaire de la démarche. C'est-à-dire sur les raisons essentielles données par le pape. L'élément pénitentiel n'est rapporté qu'à l'individu, alors que la particularité de l'idée du pape est justement la dimension communautaire de l'examen de conscience. L'aspect œcuménique n'est pas non plus évoqué, et l'argument missionnaire est explicitement contredit, avec la remarque selon laquelle les demandes de pardon n'aideront personne à croire.

Le cardinal s'occupe exclusivement des risques de la démarche : l'effet de scandale auprès des gens simples, les confusions possibles sur le péché de l'Église, la nécessité que les erreurs soient prouvées par des enquêtes objectives, la difficulté d'éviter les appréciations anachroniques, l'exigence de lier la reconnaissance des fautes à l'observation qu'elles n'ont pas empêché l'Église de produire des fruits de sainteté.

Formellement, l'archevêque de Bologne se contente de donner des avertissements prudents sur la façon de mener et de conclure l'examen de conscience proposé par le pape, il ne dit pas s'il faut ou non réaliser cet examen. Mais le sens de son appel est qu'il serait préférable de ne pas le faire, car il peut devenir « une source d'ambiguïtés, voire de malaise spirituel ». Assurément, lui, il ne l'aurait pas proposé. Nous verrons, au chapitre suivant, comment le pape répond, ou plutôt fait répondre, au cardinal Biffi et aux autres[67].

9

Jean-Paul II continue seul

Le pape n'a pas convaincu les cardinaux, mais il continue seul. Il répond à leurs objections par des paroles et par des gestes, ou il laisse d'autres répondre à sa place. Une première réponse d'ensemble est donnée par la lettre apostolique *Tertio millennio adveniente* (14 novembre 1994). Il fera donner une réponse doctrinale plus détaillée par son théologien de confiance, Georges Cottier, à la fin de 1995 : à cette date, le dominicain suisse n'est plus seulement le « théologien de la Maison pontificale », mais il est devenu président de la Commission Théologie et Histoire, la plus importante du Comité pour le Grand Jubilé, chargée de l'examen de conscience de la fin du millénaire. Ce texte, publié sans éclat dans un ouvrage collectif[68], prend la valeur d'un manifeste et d'un programme. Et cependant il apporte des réponses circonstanciées aux objections des cardinaux. Elles sont au nombre de trois :

— lancement du chantier du Grand Jubilé, dans la continuité évidente du document pro memoria et de la lettre *Tertio millennio adveniente* ;

— développement cohérent du mea-culpa œcuménique[69] ;

— application de la révision historique au thème de la femme, qui n'avait pas encore été abordé[70].

On peut considérer que ces décisions et ces déve-loppements répondent aux cardinaux dans la mesure où ils approuvent l'invitation à être prudent dans le choix des mots et dans la manière de procéder, mais ils rejettent l'objection d'inopportunité du projet, qui est développé avec cohérence.

TERTIO MILLENNIO ADVENIENTE. Pour mesurer la force de la réponse aux objections contenue dans la lettre apostolique, il faut rappeler le processus qu'a suivi la proposition papale et que nous avons reconsti-tué dans le détail au chapitre précédent :

— après que le document pro memoria a été divul-gué avec discrétion, il essuie des critiques prudentes et de violentes objections publiques dès que le texte est connu des médias à la suite d'une fuite ;

— le pape le soumet de nouveau au Consistoire extraordinaire et, là, recueille des critiques anciennes et d'autres nouvelles ;

— Jean-Paul II décide de poursuivre tout de même et met en forme sa décision avec la lettre apostolique pour la préparation du Grand Jubilé. Voici comment sont présentées l'idée de l'examen de conscience de la fin du millénaire et sa défense dans ce document très personnel :

Il est donc juste que, le IIe millénaire du christianisme arrivant à son terme, l'Église prenne en charge, avec une conscience plus vive, le péché de ses enfants, dans le souvenir de toutes les circonstances dans lesquelles, au cours de son histoire, ils se sont éloignés de l'esprit du Christ et de son Évangile, présentant au monde, non point le témoignage d'une vie inspirée par les valeurs de la foi, mais le spectacle de façons de penser et d'agir qui étaient de véritables formes de contre-témoignage et de scandale.
La Porte sainte du Jubilé de l'an 2000 devra être symboli-

quement plus large que les précédentes car l'humanité, arrivée à ce terme, laissera derrière elle non seulement un siècle mais un millénaire. Il est bon que l'Église franchisse ce passage en étant clairement consciente de ce qu'elle a vécu au cours de ces dix derniers siècles. Elle ne peut passer le seuil du nouveau millénaire sans inciter ses fils à se purifier, dans la repentance, des erreurs, des infidélités, des incohérences, des lenteurs. Reconnaître les fléchissements d'hier est un acte de loyauté et de courage qui nous aide à renforcer notre foi, qui nous fait percevoir les tentations et les difficultés d'aujourd'hui et nous prépare à les affronter *(Tertio millennio adveniente,* 33).

Ici, la défense de l'idée n'est plus tout à fait la même que celle qui était esquissée dans le document pro memoria : alors que, dans celui-ci, on trouvait au premier plan la finalité *ad extra* de l'examen de conscience de la fin du millénaire (il « n'entamera en aucune façon le prestige moral de l'Église, qui en sortira au contraire renforcé »), dans celui-là, on observe d'abord une finalité *ad intra,* qui vise davantage à convertir l'Église qu'à convaincre ses opposants. On sent que les critiques du cardinal Biffi et de ses amis, sur la maigre efficacité apologétique probable de l'examen de conscience, ont porté.

GEORGES COTTIER. L'essai du théologien de la Maison pontificale intitulé *L'Église face à la conversion* revêt une grande importance : au moment où j'écris (septembre 1996), c'est le texte qui offre l'interprétation et la défense les plus approfondies de l'examen de conscience de la fin du millénaire. À sa lecture, on se demande si le théologien dominicain n'a pas reçu du pape la mission de répondre aux objections que cet examen de conscience a soulevées. Certains passages, notamment, le laissent penser :
— l'Église « reconnaîtra les péchés de ses enfants,

mais également, et ce n'est pas la même chose, ses imperfections dans l'*imitatio Christi*», car il lui incombe de s'interroger continuellement tant sur les « péchés de ses enfants » que sur « sa propre histoire » (p. 161-162) : cette réponse s'adresse à ceux qui objectent que l'Église est sans péchés :

— « la mémoire vivante de l'Église est indissociable de la conscience de son identité à travers les siècles » (p. 162) et « la relecture de l'histoire dans un esprit de pénitence trouve sa pleine signification dans l'unité de l'Église dans le temps » (p. 169) : cette réponse s'adresse à ceux qui comparent l'Église à d'autres institutions pour suggérer l'opportunité de renoncer à tout jugement sur le passé ; l'appel à faire la relation entre « regard théologique » et « science historique », sans que l'un porte préjudice à l'autre (p. 163), répond à ceux qui redoutent des appréciations anachroniques ;

— « la pression exercée sur les personnes par la mentalité dominante n'est pas une nécessité et, si la bonne foi est une excuse, cela ne signifie pas pour autant qu'un comportement que nous désapprouvons aujourd'hui aurait pu être objectivement correct à l'époque » (p. 167) : il répond ainsi à ceux qui disent, par exemple, que les croisades étaient justes parce que les hommes qui y participaient étaient de bonne foi ;

— « l'existence de circonstances atténuantes ne dispense pas l'Église de faire pénitence » (p. 169) : il répond ici à ceux qui voudraient tout expliquer par les circonstances historiques.

VERS LE GRAND JUBILÉ. Au début de 1996, le chantier du Grand Jubilé est ouvert dans les principaux secteurs. Un regard d'ensemble révèle un projet grandiose, voire démesuré, propre, en tout cas, à mobiliser une grande partie des structures et des énergies ecclésiales jusqu'en l'an 2000.

Les 15 et 16 février se tient, au Vatican, la « première rencontre internationale du Comité central du Grand Jubilé de l'an 2000 avec les représentants des Églises locales ». Cent sept représentants d'épiscopats nationaux et d'Églises de rite oriental sont présents. Des délégués fraternels y participent également (Patriarcat de Constantinople, Communion anglicane, Fédération luthérienne mondiale, Alliance réformée mondiale, Conseil méthodiste mondial, Conférence des Églises européennes [non catholiques]). Deux numéros de la revue *Tertium millennium* — publiés en février et juin 1996 — fournissent une abondante documentation sur ce rendez-vous, sur ce qui fut proposé aux participants et sur ce qui est sorti de la discussion [71].

On en retire l'impression que le chantier du Jubilé progresse de façon cohérente par rapport à l'élan initial qu'a donné le pape. Peut-être la machine mise en branle a-t-elle un côté excessif, mais le contenu des programmes sous-jacents semble donner corps à toutes les dimensions essentielles (œcuménique et interreligieuse, historique et sociale) de la grande idée jubilaire du souverain pontife. On dirait en même temps que rien de ce qu'il y avait de novateur dans cette idée n'a été laissé de côté et qu'elle a reçu un développement cohérent à travers les diverses phases qu'elle a traversées jusqu'à ce jour :

— du message envoyé aux cardinaux, au début de 1994, à la discussion en Consistoire extraordinaire, les 13 et 14 juin de cette année ;

— de la lettre apostolique *Tertio millennio adveniente* (14 novembre 1994) à la constitution du Comité central (16 mars 1995) ;

— de la publication des premiers travaux collégiaux par le Conseil de présidence du comité (le volume, où parut l'essai du P. Cottier déjà mentionné, édité par les éditions San Paolo et présenté par le service de presse du Vatican, le 15 décembre 1995) lors de la première rencontre consultative avec les épiscopats (15 et 16 février 1996).

Avant de passer à un examen spécifique de la composition et du travail de la Commission Théologie et Histoire, nous nous intéresserons aux éléments de révision et d'autocritique qui figurent dans les travaux des autres commissions. Car les documents disponibles indiquent avec clarté que l'examen de conscience de la fin du millénaire n'est pas un programme parmi d'autres, mais qu'il est, dans l'idée du pape, interprétée par le cardinal Etchegaray et ses pairs, la clef pour aborder tous les thèmes du programme global. Sur huit commissions, quatre au moins sont concernées par l'examen de conscience de la fin du millénaire : celui-ci a été confié à la Commission Théologie et Histoire, mais, d'une certaine façon, il mobilisera également la Commission œcuménique, la Commission pour le dialogue interreligieux et la Commission sociale.

On peut ainsi observer que les hommes clés de l'entreprise semblent être au nombre de quatre : en dehors du président du comité, le cardinal Etchegaray, et du secrétaire Mgr Sebastiani, les cardinaux Arinze* et Cassidy (membres du Conseil de présidence), Mgr Fortino (vice-président de la Commission

---

* Francis Arinze, originaire du Nigeria, est président du Conseil pontifical pour le dialogue interreligieux, organe du Saint-Siège chargé des rapports avec tous les croyants ne se reconnaissant pas dans le christianisme. Créé par Paul VI en 1964, il s'appelait alors Secrétariat pour les non-chrétiens. Le cardinal Arinze est lui aussi considéré comme « papabile ». (*N.d.T.*)

œcuménique) et le père Cottier (président de la Commission Théologie et Histoire).

Commençons par la Commission œcuménique[72]. Aux dix membres catholiques, « il a été décidé d'associer six représentants des autres Églises et communautés ecclésiales comme "membres adjoints" : cela permettra de procéder à un examen plus attentif des possibilités œcuméniques concrètes et de favoriser la coopération ». Cette commission, citée pour la première fois dans l'organigramme du Comité central, est appelée à jouer « un rôle prépondérant, étant donné la dimension œcuménique dont le Saint-Père a voulu revêtir l'échéance du second millénaire ».

Son but est de « trouver les voies d'une participation œcuménique avant la préparation et donc avant la célébration même de l'an 2000 », dans l'espoir que, cette année-là, « on puisse organiser une rencontre panchrétienne afin que les chrétiens professent publiquement et solennellement leur foi commune ». Il faudra donc (et c'est l'aspect de révision historique qui nous intéresse) réfléchir à « certaines pratiques observées lors des jubilés du passé, et qui ont entraîné de vives tensions avec les autres chrétiens », en tenant compte du fait que « la célébration des jubilés est une pratique catholique inconnue des orthodoxes et, dans le passé, combattue par la Réforme et par ses héritiers ».

La Commission pour le dialogue interreligieux[73] entend présenter l'année du Jubilé « non pas comme un événement exclusivement chrétien, ou dénué de signification pour ceux qui appartiennent à d'autres religions, et encore moins opposé à celles-ci ». Comme la Commission œcuménique, elle a le devoir de préparer « une rencontre de prière avec les juifs, les musulmans et les chefs des autres religions », auxquels — et c'est là notre sujet — elle présentera le Jubilé

« comme l'occasion d'un examen de conscience réciproque, un moment de repentir et de pardon ».

La Commission sociale[74] elle-même pourrait fournir l'occasion de gestes et de paroles de révision historique. Elle encouragera des initiatives « pour faire de l'année 1999 une véritable année de la charité » (de la conversion personnelle à la dette internationale) et pour que « l'an 2000 soit une année de paix » : « On entreprendra des actions de grande envergure en faveur de la cessation des hostilités entre les peuples, pour une trêve, sans s'interdire de recourir à des gestes symboliques, veillées de prière et jeûnes ».

COMMISSION HISTOIRE ET THÉOLOGIE. Elle est présidée par le dominicain Georges Cottier, théologien de la Maison pontificale, et son vice-président est le père Rino Fisichella, qui enseigne la théologie fondamentale à l'université pontificale Grégorienne[75]. La commission est divisée en deux sections : le P. Cottier est responsable de la section historique, le P. Fisichella de la section théologique.

La section historique « essaiera de faire la lumière sur les pages sombres de l'histoire de l'Église pour que, selon l'esprit de la *metanoia*, on demande pardon ». Elle s'oriente, « pour le moment du moins », vers la mise à l'écart des cas isolés d'auteurs ou de personnages célèbres[76], choisissant plutôt de s'engager dans « la révision historique de deux thématiques d'un intérêt ecclésial, historique et culturel capital, à savoir l'antisémitisme et l'intolérance, en faisant référence aux Inquisitions » ; pour mener cette révision à bien, on organisera probablement « deux congrès internationaux d'une haute tenue scientifique, qui se dérouleront à Rome avant la célébration du Grand Jubilé ».

Mgr Sebastiani a présenté ce projet en ces termes, lors de la rencontre déjà évoquée de 1996 : « La commission est convaincue que ce choix pourra favoriser une compréhension des faits qui se sont réellement produits, elle aidera à rétablir la vérité historique sans conditionnements subjectifs ni polémiques, et elle pourra servir de base à la création d'une nouvelle culture dépourvue de tout préjugé. En même temps, elle permettra de répondre au désir du Saint-Père d'accomplir des gestes de pardon concrets. »

Oui, le « désir du Saint-Père » ! Sur un sujet aussi épineux, il semble que, dans le système catholique, seul le pape puisse dire : nous nous sommes trompés. Il semble, du reste, que cela continue d'être vrai même après que le pape a donné l'ordre d'entamer la procédure. Et tout le monde, alors, d'invoquer son autorité ! Au cours de cette même réunion, le cardinal Etchegaray et le P. Cottier ont eux-mêmes répété que ce sujet répondait pleinement aux indications du pape et ont indiqué dans quelle direction ils entendaient le développer.

Georges Cottier s'est exprimé en ces termes : « Si le problème historique a été abordé, c'est parce que le Saint-Père l'a évoqué dans la lettre *Tertio millennio adveniente*. Pour ce qui concerne les aspects ou les personnages individuels, on organisera des congrès qui tenteront, avec l'aide des historiens, d'établir la vérité historique. Par la suite, on appréciera l'opportunité et les modalités d'une reconnaissance des erreurs. En tout état de cause, cet aspect du Jubilé doit être considéré comme positif, joyeux, et nullement négatif. »

Lors de cette rencontre, il se trouva encore des gens — des personnes spécialement convoquées pour le Jubilé, nommées par le pape ou envoyées par les épiscopats — pour soulever des objections, reprenant peu ou prou celles du Consistoire de 1994 : regarder vers le passé évoque une perspective « réductrice », on ne voit pas « le rapport entre les grands problèmes historiques et le Jubilé », il n'est tenu aucun compte des aspects positifs de l'histoire catholique, et, dans les anciens pays communistes, le thème de l'Inquisition finirait par donner raison à la vieille propagande athée d'État. En réponse à ces craintes, le cardinal Etchegaray a assuré que, « en tenant compte de l'importance et du caractère délicat des thèmes, la Commission Histoire et Théologie soumettra ses propositions à l'évaluation et à la décision du Conseil de présidence. On suivra donc les indications du Saint-Père contenues dans la lettre *Tertio millennio adveniente* ».

La démarche est claire : le P. Cottier dirige les travaux, il en réfère au cardinal Etchegaray, qui transmet au pape. Le travail se fera, disent clairement les deux responsables. Il sera d'une grande ampleur, probablement bien articulé de manière à mettre en valeur, sans exagération, les lumières et les ombres : l'instrument du congrès est idéal pour rapprocher différentes voix. C'est au pape qu'il reviendra ensuite de décider de la façon dont on pourra procéder à la « reconnaissance des erreurs ». On a déjà l'expérience de l'affaire Galilée, il suffira d'en suivre les leçons. À l'époque, ce ne fut pas un congrès, mais une commission, qui coordonna les enquêtes de quatre sous-commissions ; au bout de dix années de travaux, on aboutit enfin à un « rapport » du président et à une décision du pape ; nous en parlerons au chapitre sur Galilée dans la seconde partie de ce volume. Il est raisonnable d'imaginer que les deux congrès déboucheront sur des « rapports » analogues, suivis d'une intervention du pape.

C'est encore à cette commission qu'il incombera d'explorer les voies d'un examen « en vue de la pleine assimilation par le peuple de Dieu des grands objectifs et des grandes réformes de Vatican II », et d'approfondir « la thématique de la pénitence et, en liaison avec celle-ci, la question des indulgences ».

La très épineuse question des indulgences conduira peut-être également à une révision : c'est elle qui fournit l'étincelle de la Réforme luthérienne. Mais, l'examen de l'« assimilation » du dernier Concile semble plus intéressant encore, même si, dans l'immédiat, il est moins provocant. Comme l'a déclaré Mgr Sebastiani lors de la rencontre déjà évoquée, quatre sujets seront abordés, en suivant les indications du pape : on étudiera quelle a été l'assimilation du « primat de la Parole de Dieu, telle qu'elle apparaît dans *Dei Verbum* ; l'ecclésiologie de communion, telle qu'elle est enseignée dans *Lumen gentium* ; la vie liturgique, telle qu'elle est exprimée dans *Sacrosanctum Concilium* ; le dialogue Église-monde, tel qu'il est souhaité par *Gaudium et spes** ». Aucun sujet ne sera donc évité. Mgr Sebastiani conclut : « L'analyse de ces grands thèmes sera conduite à la lumière du Synode extraordinaire de 1985 consacré à la célébration des vingt ans de Vatican II. » Cette révision de 1985 fut stimulante et n'eut rien de paralysant, malgré les craintes qui s'étaient exprimées auparavant : sans doute faut-il s'attendre à ce qu'il en soit de même pour ce réexamen de la fin du millénaire.

ANTISÉMITISME ET INQUISITIONS. Que peut-on attendre des deux congrès internationaux qui doivent se tenir à Rome sur ces deux thèmes ? Au moment où nous achevons notre enquête, nous ne disposons d'aucune indication fiable. Toutefois, en ce qui concerne l'antisémitisme, on peut préciser l'attente à laquelle ce congrès pourrait répondre. Pour les Inqui-

---

* *Dei Verbum, Lumen gentium, Sacrosanctum Concilium* et *Gaudium et spes* sont des textes du concile Vatican II. *(N.d.T.)*

sitions, nous savons pourquoi il a été décidé d'employer ce mot au pluriel et nous pouvons demander à un historien qualifié de nous indiquer quel est le cœur de la question.

En ce qui concerne l'antisémitisme, le congrès international qui a été annoncé pourrait déboucher sur un projet qui a maintenant une dizaine d'années, celui de la rédaction d'un document du Vatican sur l'Holocauste, dont on a tant parlé et qui n'a jamais été publié. Le premier engagement remonte à une rencontre d'explication et de clarification (à la suite des protestations juives après que le pape eut reçu en audience M. Kurt Waldheim, le 25 juin 1987) qui se déroula au Vatican le 31 août et le 1er septembre 1987, entre une délégation du Saint-Siège et une autre du Comité juif international pour les consultations inter-religieuses. À la fin de cette rencontre, le cardinal Willebrands*, à la tête de la délégation du Vatican, annonça « l'intention de la Commission pour les rapports religieux avec le judaïsme de préparer un document catholique officiel sur l'Holocauste, sur les fondements historiques de l'antisémitisme et sur ses manifestations contemporaines[77] ».

On a une idée du contenu possible de ce document avec la *Déclaration de Prague*, publiée le 6 septembre 1990 par le Comité international de liaison entre les juifs et les catholiques : « Certaines traditions de la pensée, de l'enseignement et de la prédication catholique, durant la période patristique et le Moyen Age, contribuèrent à faire naître l'antisémitisme dans la société occidentale. À l'époque moderne, nombreux sont les catholiques qui ont manqué de vigilance pour réagir contre les manifestations d'antisémitisme. Les

---

* Le cardinal Johannes Willebrands était alors président du Conseil pontifical pour l'unité des chrétiens. (*N.d.E.*)

délégués catholiques ont condamné l'antisémitisme, ainsi que toutes les formes de racisme, comme un péché envers Dieu et l'humanité, et ils ont affirmé qu'on ne peut être authentiquement chrétien et être attiré par l'antisémitisme[78]. »

Le congrès pourrait apporter sa contribution à ce fameux document sur l'Holocauste, lequel pourrait à son tour donner l'occasion d'une demande de pardon aux juifs, qui a été plusieurs fois sollicitée et jamais réalisée, et dont nous parlerons dans le chapitre sur les juifs de la seconde partie du présent volume.

En ce qui concerne les Inquisitions, le théologien Georges Cottier, président de la Commission, a expliqué le choix du pluriel, lors de son intervention à la rencontre du Comité avec les représentants des épiscopats, les 15 et 16 février 1996 : « Il est plus correct de parler d'Inquisitions au pluriel, car nous nous trouvons devant un phénomène historique qui a été décliné diversement selon les endroits[79]. »

Quelle pourrait être la conclusion de ce congrès ? Il pourrait déboucher sur un rapport final de reconnaissance des torts, sur le modèle de celui du cardinal Poupard* dans l'affaire Galilée, reproduit dans la seconde partie du présent volume, au chapitre sur Galilée. La conclusion de ce rapport pourrait ainsi être celle-ci, ou y ressembler fortement :

> Accepter la délation et garder le secret sur l'identité des témoins à charge, exclure presque systématiquement les défenseurs, étendre avec excès le concept d'hérésie, pratiquer la torture, quand bien même ce fut dans les limites et avec les précautions prévues par le droit, appliquer la peine de mort, furent autant d'actions bien éloignées

---

* Le cardinal Paul Poupard, ancien recteur de l'Institut catholique de Paris, est président du Conseil pontifical de la culture. (*N.d.E.*)

de l'authentique esprit évangélique : on est bien forcé de reconnaître que, en cela du moins, et en dépit des erreurs et des déviations, l'époque moderne a mieux compris les exigences du message chrétien[80].

Seconde partie

Les déclarations de Jean-Paul II*

---

* La succession des thèmes a été conservée dans l'ordre de l'édition italienne bien qu'elle ne corresponde plus à l'ordre alphabétique. En tout état de cause, le lecteur peut lire cette seconde partie dans l'ordre qu'il choisira, les chapitres étant indépendants les uns des autres.

1

Croisades

Depuis le 14 juin 1996, la place des Croisades, à Milan, a été rebaptisée place Paul VI. À Rome, c'est la rue du Saint-Office qui s'appelle désormais rue Paul VI. Il revient donc au pape Montini — et ce n'est que justice — de signer cette évolution. Mais c'est Karol Wojtyla qui, le plus souvent, s'est chargé d'appliquer de façon didactique le changement à l'un ou l'autre des chapitres de l'histoire de l'Église. C'est le cas pour les croisades. En février 1995, à l'occasion d'un angélus dominical, Jean-Paul II en parle ainsi, rappelant la figure de Catherine de Sienne :

On connaît le cri par lequel Catherine s'adresse au pape Grégoire XI, pour l'encourager à promouvoir la paix entre les chrétiens : « Paix, paix, paix, mon doux père, et plus de guerre ! » [*Lettera* 218]... Certes, il faut reconnaître qu'elle était également fille de son temps au moment où, animée d'un juste zèle pour la défense des lieux saints, elle faisait sienne la mentalité qui dominait alors, et selon laquelle une telle mission pouvait parfois exiger le recours aux armes. Nous devons aujourd'hui être reconnaissants à l'esprit de Dieu, qui nous a conduits à comprendre plus clairement que la meilleure manière, et en même temps la plus conforme à l'Évangile, d'affronter les problèmes qui peuvent naître dans les rapports entre peuples, religions et cultures, est celle d'un dialogue patient, aussi ferme que respectueux. Le zèle de Catherine reste, toutefois, un exemple d'amour courageux et fort, un encouragement à s'investir dans toutes les stratégies possibles de dialogue constructif, afin d'édifier une paix de plus en plus stable et de plus en plus vaste. (Angélus dominical, 12 décembre 1995.)

On a là des paroles mesurées, aucun jugement direct sur l'aventure des croisés, qui put être, qui fut également une aventure des chrétiens, mais un net retournement de perspective au nom de l'Évangile. Ce retournement paraît encore plus évident si l'on tient compte du fait que ce furent précisément les papes qui prêchèrent les croisades, essayant pendant des siècles d'y entraîner les princes chrétiens.

Ce que Jean-Paul II ne dit pas (et l'on comprend pourquoi : un pape ne critique jamais un autre pape, il peut le contredire par des actes, jamais par des mots), c'est que Catherine s'acquitta de sa mission en faveur de la croisade pour obéir à Grégoire XI, qui l'avait décidée, et au chapitre général de l'ordre dominicain (auquel elle appartenait), qui le lui avait ordonné. De 1376 à 1380, année où elle mourut à seulement trente-trois ans, Catherine affirma que, par la croisade, on pouvait obtenir « trois biens » : « la paix des chrétiens, la pénitence de ces soldats, et le salut de nombreux Sarrasins » (le « salut éternel » : en les capturant et en les baptisant de force [1]). Voici donc ce qui risque d'arriver à une chrétienne qui consacre toute son énergie à obéir à l'ordre d'un pape : qu'un autre pape arrive, six siècles plus tard, qui plaindra en elle la « fille de son temps » !

Le thème des croisades semble lié à ceux de l'islam, de la guerre et de la paix, et des guerres de Religion. Dans le scrupule particulier avec lequel Jean-Paul II aborde ce sujet, prenant garde d'appliquer de façon rétroactive Vatican II au Moyen Âge, on perçoit un effet de l'insistance avec laquelle imams et intellectuels du monde islamique reprochent aux papes ces « pèlerinages armés » (comme l'historien Cardini[2] nous invite à appeler les croisades à l'état naissant) d'il y a plusieurs siècles, qui devinrent bientôt des expéditions militaires de conquête. Les croisades furent invoquées par les chefs musulmans qui refusèrent de rencontrer Jean-Paul II en février 1982 au Nigeria et en septembre 1995 au Kenya. Le Synode africain convoqué par le pape et qui se tint à Rome au printemps de 1994 fut qualifié, dans les milieux intégristes musulmans, de « croisade contre l'islam[3] ».

Mais un pape qui prend ses distances avec les croisades peut-il être compris d'un musulman ? La réponse est affirmative. Un intellectuel musulman, Khaled Fouad Allam, qui participa à la rencontre interreligieuse d'Assise en 1986, a ainsi commenté cette déclaration de Jean-Paul II sur les croisades : « L'appel du pape au dialogue "patient, aussi ferme que respectueux" entre les religions est objectivement un retournement de perspective sur les croisades. Cette nouvelle perspective, en non-chrétien, je la juge vraiment évangélique[4]. »

Et le monde chrétien peut-il comprendre cette autocritique du pape ? Je ne parle pas des savants, mais des prêtres, des catéchistes ? Là encore, la réponse est affirmative, si l'on se concentre moins sur la question spécifique des croisades que sur la question plus générale, et à laquelle la première renvoie inévitablement, du rapport entre monde musulman et monde chrétien. Car la question des croisades est limitée, abstraite, si on l'isole de l'ensemble des rapports entre chrétiens et musulmans ; mais, quand on la situe correctement, elle est immense et n'a rien de loin-

tain : il existe encore aujourd'hui des formes de désaccord entre l'islam et le monde chrétien (ou post-
chrétien), qui semblent pousser vers des solutions violentes.

Le *Catéchisme des adultes,* publié en 1995 par la
Conférence épiscopale italienne, fait allusion aux croisades en les situant dans « la difficulté du dialogue »
avec l'islam : « Le souvenir du passé pèse encore : dix
siècles de violente opposition ont vu les Arabes et les
Turcs tenter à plusieurs reprises d'envahir l'Europe,
et l'Occident prêcher les croisades médiévales ou
entreprendre la colonisation moderne par la force.
Aujourd'hui, la civilisation occidentale, sécularisée,
individualiste, consumériste, s'introduit dans le
monde islamique et le ronge de l'intérieur, suscitant
la réaction de l'intégrisme musulman, impliquant également le christianisme dans une même aversion[5]. »
Ce jugement sur les croisades fait écho à celui du
pape, de même que le souci de ne plus donner à l'islam l'occasion de considérer le monde chrétien
comme une coalition armée qui ne se met en branle
que pour le repousser.

2

Dictatures

Le chapitre des dictatures reste à écrire. Il concerne les communautés catholiques nationales, plus que les papes. Jean-Paul II a le mérite d'avoir imposé ce thème comme sujet de réflexion, d'y avoir engagé les épiscopats locaux, et d'avoir soulevé, à propos de l'Allemagne nazie, une question essentielle, à laquelle tout le monde devrait répondre. Le titre qu'a donné le pape à cette réflexion invite à s'interroger, à l'approche du nouveau millénaire, sur le consentement des chrétiens devant les régimes dictatoriaux : « de nombreux chrétiens », précise Jean-Paul II, et il veut dire : trop de chrétiens. Il ne parle pas de Dieu sait quels chrétiens : il dit « de notre époque ». L'élément essentiel de l'examen de conscience qui doit être entrepris est le suivant : jusqu'à quel point la communauté chrétienne s'est-elle opposée aux violations des droits humains fondamentaux par tel ou tel régime dictatorial ? Le pape a fourni une indication à Berlin, en juin 1996, en affirmant que l'Église catholique avait « trop peu » fait contre le régime nazi. Il avait déjà indiqué la direction à suivre dans ce passage d'un document datant de 1994 et consacré à la préparation du Grand Jubilé :

> Quant au témoignage de l'Église à notre époque, comment ne pas ressentir de la souffrance devant le manque de discernement, qui devient parfois un véritable consentement, de nombreux chrétiens devant la violation des droits humains fondamentaux de la part de régimes totalitaires ? *(Tertio millennio adveniente, 36).*

Le pape établit une distinction entre manque de discernement et consentement, tout en considérant que la première forme de faiblesse, qui n'implique aucune adhésion, mais peut se combiner avec une certaine neutralité, est déjà coupable. On imagine combien devrait être exigeant un examen du comportement de la communauté catholique italienne face au régime fasciste, conduit avec une telle grille de lecture ; il conviendrait également d'étudier l'élément antichrétien qui s'introduisit dans le fascisme à la suite de l'alliance avec Hitler et de la promulgation des lois raciales. Ce n'est donc pas un piètre défi que le pape polonais, qui a vécu dans sa chair l'occupation nazie et le régime communiste, a lancé aux communautés chrétiennes, à l'approche de l'an 2000.

Dans cette provocation du pape, ce ne sont pas les régimes dictatoriaux en tant que tels qui sont montrés du doigt, mais les violations des droits fondamentaux de l'homme perpétrées par ces régimes. C'est le critère défini par Vatican II dans la Constitution pastorale *Gaudium et spes* (1965), et c'est l'argumentation qui a permis à Jean-Paul II de se prononcer contre tous les systèmes dictatoriaux au cours de ses voyages (en Pologne, mais aussi au Brésil et aux Philippines, au Guatemala et en Haïti, au Chili et au Paraguay, et même au Soudan), sans jamais s'exprimer directement sur la forme du gouvernement, mais en rappelant sans cesse les droits fondamentaux que tout régime devrait respecter.

L'expérience polonaise et le contact direct, que les

voyages ont rendu possible, avec les communautés catholiques aux prises avec des régimes dictatoriaux, sont à l'origine de cet appel pontifical en vue du Grand Jubilé. Et alors que, pendant plus de cinquante ans, le siècle a dû s'accommoder de souverains pontifes, de curies, d'épiscopats et de communautés catholiques qui préféraient les régimes dictatoriaux (à condition qu'ils soient favorables ou tolérants envers l'Église) aux régimes démocratiques, ce n'est pas un mince avantage que de le voir se clore avec un pape qui pose la question des dictatures[6].

Mais comment devrait se traduire l'opposition d'une communauté catholique à un régime qui viole les droits ? Dans sa lettre apostolique, le pape ne donne aucune indication, mais, en d'autres occasions, il a noté que l'Église catholique allemande avait « trop peu » fait contre le nazisme. Karol Wojtyla a lancé cette affirmation tranchante, d'autant plus significative qu'elle sortait de la bouche d'un Polonais parlant en territoire allemand, à Berlin, en juin 1996, lors d'une rencontre avec le Conseil central des juifs, quelques heures après qu'il eut proclamé bienheureux le P. Bernhard Lichtenberg*, qui, « à cause de sa foi, s'opposa à l'idéologie inhumaine du national-socialisme et y sacrifia sa vie » :

> Même si de nombreux prêtres et laïcs, comme les historiens l'ont montré depuis lors, se sont opposés à ce régime de terreur et même si de nombreuses formes d'opposition se sont manifestées jusque dans la vie quotidienne, cela fut cependant trop peu. (Berlin, 23 juin 1996, allocution lors de la rencontre avec la communauté juive.)

---

* Ancien curé de la cathédrale de Berlin à l'époque du nazisme, il a été béatifié et proclamé martyr par Jean-Paul II en 1996. (*N.d.E.*)

Ce furent des individus, « nombreux », dit le pape, qui s'opposèrent en prenant des risques pour prendre la défense des juifs (et il avait auparavant cité Bernhard Lichtenberg, Margarete Sommer, le cardinal Konrad von Preysing, Maria Terwiel) et il y eut des formes originales et anonymes de résistance dans la vie quotidienne. Que manqua-t-il donc ? Le pape ne le dit pas, mais le contexte suggère une réponse : il manqua une position officielle qui eût engagé toute l'Église.

Cette autocritique pontificale était facilitée par un document dramatique publié un an plus tôt, en janvier 1995, par la Conférence des évêques d'Allemagne, à l'occasion du cinquantième anniversaire de la libération des prisonniers du camp d'Auschwitz. Les « défaillances et les fautes » des catholiques y étaient reconnues, et l'on rappelait que « beaucoup [s'étaient] laissé entraîner par l'idéologie du national-socialisme et [étaient] restés indifférents devant les agressions contre les biens et la vie des juifs. D'autres [avaient] prêté main-forte aux accapareurs des propriétés juives, ou [étaient] devenus eux-mêmes des voleurs [7] ».

Mais les évêques allemands avaient fourni à l'autocritique pontificale une proposition plus directe avec une déclaration du secrétariat de l'épiscopat, remontant à 1979, qui contient un résumé détaillé de ce que les évêques et les catholiques firent et ne firent pas pour s'opposer au nazisme ; la déclaration conclut que, au moins durant les phases décisives de la persécution anti-juive, c'est-à-dire en 1933, en 1935 et en 1939, « l'Église n'a pas adopté une position suffisamment claire et pertinente [8] ».

Peut-on raisonnablement envisager que l'invitation du pape à repenser le rapport entre l'Église et les dictatures soit prise en compte par les communautés catholiques qui ont le moins exercé jusqu'à présent cet indispensable discernement ? Nous en percevons quelques signes : cette invitation a déjà produit un fruit important, sous la forme d'un document émanant des évêques d'Argentine, et qui porte la date du 27 avril 1996 :

> Tout au long de notre histoire nationale, fréquemment et de diverses manières, on a dissocié l'annonce de l'Évangile de l'influence qu'elle aurait dû avoir sur la vie politique. Cette séparation s'est manifestée de façon cruelle dans les décennies 60 et 70, qui ont été caractérisées par le terrorisme de la guérilla et la terreur répressive de la part de l'État. Ses profondes blessures ne sont pas encore cicatrisées.
> Sans admettre des responsabilités que l'Église n'a pas eues dans ces faits, nous devons reconnaître que des catholiques ont justifié et ont participé à la violence systématique comme moyen de « libération nationale », recherchant la prise du pouvoir politique et l'établissement d'une forme nouvelle de société, inspirée de l'idéologie marxiste, convainquant malheureusement de nombreux jeunes. D'autres groupes, où se sont retrouvés beaucoup de fils de l'Église, ont répondu illégalement à la guérilla d'une manière immorale et atroce, qui nous fait honte à tous. Aussi est-il opportun de répéter ce que nous avons dit alors : « Si un membre de l'Église, quelle que soit sa condition, a cautionné par son approbation ou sa complicité certains de ces faits, il a agi sous sa responsabilité personnelle, se trompant ou péchant gravement contre Dieu, l'humanité et sa conscience. » [...]
> Solidaires de notre peuple et des péchés de tous, nous demandons pardon à Dieu Notre-Seigneur pour les crimes qui ont été commis alors, spécialement pour ceux qui ont eu pour protagonistes des fils de l'Église, qu'ils aient été enrôlés dans la guérilla révolutionnaire, qu'ils aient détenu le pouvoir de l'État ou qu'ils aient appartenu aux forces de sécurité. Il en va de même pour tous ceux qui, déformant l'enseignement du Christ, ont

poussé à la violence de la guérilla ou à une répression immorale.

À cette époque, l'épiscopat a pensé qu'il devait à la fois dénoncer fermement les mauvais traitements et intervenir fréquemment auprès de l'autorité, par l'intermédiaire du Bureau exécutif de la CEA, la commission chargée de ces affaires, et par l'action individuelle des évêques. Il s'est efforcé de trouver des solutions pratiques et d'éviter des maux encore plus grands pour les détenus. Nous devons avouer que, malheureusement, nous nous sommes heurtés à l'attitude irréductible de nombreuses autorités, qui se dressaient comme un mur infranchissable.

Ils sont assez nombreux ceux qui estiment que, à cette époque, les évêques auraient dû rompre toute relation avec les autorités, considérant que cette rupture aurait été un geste efficace pour obtenir la libération des détenus. Dieu seul sait ce qui se serait passé si nous avions pris ce chemin. Mais, sans aucun doute, tout ce qui a été fait n'a pas réussi à empêcher une si grande horreur.

Nous regrettons profondément de n'avoir pas pu atténuer davantage la souffrance causée par un si grand drame. Nous sommes solidaires de tous ceux qui se sentent blessés par ce drame, et nous regrettons sincèrement que des fils de l'Église aient participé à la violation des droits de l'homme[9].

Avant d'approuver ce texte, les évêques en avaient discuté un autre, plus franc, nous dirions presque plus « wojtylien », en ce qui concerne la reconnaissance de la faute, mais qui n'obtint pas la majorité :

Si l'on examine à présent, à une certaine distance de ces années et à la lumière de la lettre jubilaire de Jean-Paul II, notre action pastorale dans les graves et douloureuses crises de notre passé récent, nous devons reconnaître que nous, évêques, n'avons pas su discerner avec clarté les événements auxquels nous étions mêlés. Nous n'avons pas réussi à comprendre ni à évaluer la gravité du mal qui rongeait le corps social, notamment dans les injustices aberrantes à l'encontre de la dignité des personnes perpétrées par ceux-là mêmes qui eussent dû garantir l'encadrement juridique de la nation. En vertu des responsabilités qui nous incombent, pour tout ce que nous avons omis et tu, pour ce que nous n'avons pas su faire par indécision, faiblesse ou appréciation fautive des événements, pour ce que nous n'avons pas fait en temps voulu, pour ce que nous avons fait avec tiédeur ou d'une façon peu appropriée, pour tout cela, du fond du cœur, nous demandons pardon à Dieu [10].

3

Divisions entre Églises

Nous sommes là au cœur de l'examen de conscience de la fin du millénaire proposé par le pape Jean-Paul II : la première faute à confesser est celle de la division. La confession est complète, et son expression exemplaire. Ce chapitre est lié à ceux qui concernent les guerres de Religion, Luther et le schisme d'Orient, dans chacun desquels on lira des déclarations spécifiques ; nous donnons ici les déclarations générales et de méthode. Nous disposons, pour l'essentiel, de trois sources :

— le document pro memoria adressé aux cardinaux en prévision du Consistoire extraordinaire du printemps 1994 ;

— la lettre *Tertio millennio adveniente* de novembre de la même année ;

— l'encyclique *Ut unum sint* de mai 1995.

Ces trois textes constituent un corps unitaire et caractérisent la phase de maturité du pontificat. Ils sont précédés, dans notre inventaire, de trois discours précurseurs, prononcés à l'occasion de rendez-vous œcuméniques qui se sont déroulés, en 1980 et 1983, à Paris, à Mayence et à Vienne, et de deux autres, plus intentionnels et spécifiques, à l'ouverture et à la clôture du Synode européen de 1991.

Cette série montre que, dès l'origine, Jean-Paul II avait conçu l'idée du pardon réciproque comme la voie royale de l'œcuménisme : cette conviction devait beaucoup aux déclarations du Concile et de Paul VI. Cette idée se personnalise et se précise avec les grandes déceptions œcuméniques auxquelles se heurte le pontificat à la fin des années 80 (et dont nous traiterons dans le chapitre sur le schisme d'Orient). Enfin, elle est devenue dominante dans la perspective du Jubilé de l'an 2000 et elle est probablement destinée à constituer l'héritage le plus fécond du pontificat.

PURIFIER LA MÉMOIRE. L'idée de « purification de la mémoire historique » est devenu, au fil des ans, une des devises du pontificat. Il fut formulé, pour la première fois, à propos des luttes entre chrétiens :

> Tout d'abord, et dans la dynamique du mouvement vers l'unité, il faut purifier notre mémoire personnelle et communautaire du souvenir de tous les heurts, les injustices, les haines du passé. [...] Je me réjouis particulièrement de la qualité de la collaboration qui existe entre vous, notamment en ce qui concerne le service de l'homme, service compris dans toute sa dimension et qui requiert de manière urgente et dès maintenant un témoignage de tous les chrétiens sur la nécessité duquel j'ai déjà insisté dans l'encyclique *Redemptor hominis*. (Paris, 31 mai 1980, rencontre œcuménique.)

RECONNAÎTRE SES FAUTES. La purification de la mémoire prend corps dans la reconnaissance de ses fautes :

> Le fait que nous nous trouvions ensemble dans votre patrie, en Allemagne, nous conduit à évoquer l'affaire de la Réforme. Nous devons penser à ce qui l'a précédée et à ce qui s'est passé depuis lors. Si nous n'esquivons

117

pas les faits, nous nous rendons compte que les fautes des hommes nous ont conduits à la malheureuse division des chrétiens et notre faute continue d'empêcher de nouveaux pas possibles et nécessaires vers l'unité. C'est avec vigueur que je fais miennes les paroles de mon prédécesseur Adrien VI, en 1523, devant la Diète de Nuremberg : « Assurément, la main du Seigneur ne s'est pas affaiblie au point de ne plus pouvoir nous sauver, mais c'est le péché qui nous éloigne de Lui... Nous tous, prélats et prêtres, nous avons quitté le bon chemin et je n'en vois pas un qui n'ait point fait de mal (cf. Ps, 14, 4). Aussi devons-nous tous rendre grâce à Dieu et nous humilier devant Lui. Chacun de nous doit se demander pourquoi il a chuté et se juger lui-même plutôt que d'être jugé par Dieu au jour de la colère. » Comme le dernier pape allemand et hollandais, je dis : « La maladie s'est profondément enracinée et développée ; il faut donc avancer pas à pas, et combattre les maux les plus graves et les plus périlleux en employant des remèdes adaptés, pour ne pas créer une confusion plus grande encore par une réforme hâtive. » Aujourd'hui comme alors, le pas le plus important vers l'unité, c'est le renouveau de la vie chrétienne. (Mayence, 17 novembre 1980, rencontre avec les représentants des autres Églises.)

Nous retrouverons Adrien VI dans le chapitre sur Luther, mais nous avions déjà rencontré ces allusions du premier pape non italien de l'époque moderne au dernier pape non italien de la Renaissance dans le premier chapitre de la première partie. Une autre expression synthétique de cette attitude autocritique est devenue, avec les années, un mot d'ordre du pontificat :

Il ne faut pas nier les fautes dont les chrétiens se sont réellement rendus coupables. (Vienne, 11 septembre 1983, rencontre œcuménique.)

PARDONNER TOUJOURS. Seul le pardon purifie vraiment la mémoire historique des fautes qui ont été reconnues :

> À la fin de ce siècle dramatique, la question de Pierre semble prendre une importance particulière : « Combien de fois devrai-je pardonner ? » *Nous devons pardonner toujours,* nous souvenant que nous avons besoin nous aussi de pardon. Nous en avons besoin beaucoup plus souvent que nous n'avons nous-mêmes à pardonner. (Basilique Saint-Pierre au Vatican, 28 novembre 1991, homélie d'ouverture du Synode des évêques d'Europe.)
>
> Le message salvifique, dont nous sommes les hérauts, ne sera accueilli par nos contemporains que s'il s'accompagne d'un témoignage cohérent. Le concile Vatican II affirme qu'« il n'y a pas de véritable œcuménisme sans conversion intérieure. En effet, c'est du renouveau de l'âme, du renoncement à soi-même et d'une libre effusion de charité que partent et mûrissent les désirs de l'unité » *(Unitatis redintegratio,* 7). À la lumière de ce principe, il convient que nous nous interrogions sur l'éthique du dialogue suivant les exigences de l'Évangile.
>
> Ce sont les exigences de la vérité et de l'amour. Elles supposent que l'on reconnaisse loyalement les faits, en étant disponible au pardon et à la réparation des torts respectifs. Elles empêchent de s'enfermer dans des préjugés, souvent source d'amertume et de récriminations stériles ; elles amènent à ne pas lancer des accusations non fondées contre son frère, en lui attribuant des intentions et des desseins qu'il n'a pas. Ainsi, lorsqu'on est animé du désir de comprendre réellement la position de l'autre, les conflits s'apaisent grâce à un dialogue patient et sincère, sous la conduite de l'Esprit Paraclet. (Basilique Saint-Pierre au Vatican, 7 décembre 1991, célébration œcuménique pour la clôture du Synode européen.)

La force de ces deux appels au pardon entre chrétiens vient de ce qu'ils furent prononcés à l'ouverture et à la clôture du Synode européen, qui marqua le moment où la difficulté du rapport entre l'Église catholique et les Églises de l'orthodoxie fut à son comble. La « célébration œcuménique » à laquelle se réfère le second texte avait eu un précédent décisif avec une autre célébration, elle aussi présidée par le pape, qui s'était déroulée dans la salle synodale le 5 décembre 1985, en conclusion d'un Synode extraordinaire convoqué vingt ans après la fin du concile Vatican II et qui, à son tour, mettait à profit l'expérience des célébrations œcuméniques devenues très fréquentes lors des voyages papaux. Après l'homélie du pape, il y eut « un acte de réconciliation et de paix », que rapporte le jésuite Giovanni Caprile, chroniqueur du Concile et des Synodes : « Le célébrant invita l'assistance à reconnaître ses péchés, et tout spécialement ceux qui ont provoqué et entretenu la division entre les chrétiens. Un lecteur adressa trois invocations au Seigneur Jésus : pour qu'il nous aide à nous réconcilier, à guérir nos blessures et les péchés de division, en nous guidant tous vers la vie éternelle. Le célébrant conclut en implorant son pardon et son aide afin que nous aussi soyons sincères en nous pardonnant les uns les autres. Puis ce fut le baiser de paix entre le pape et les frères non catholiques [11]. »

LE MEA-CULPA DEVIENT UN PROGRAMME. Avec le document pro memoria adressé aux cardinaux au printemps 1994, l'examen des responsabilités catholiques dans les divisions de l'Église devient un programme proposé à tous :

Dans leur attitude d'entière disponibilité à l'action de l'Esprit, l'Église et les chrétiens doivent se fixer cette mission ensemble en renouvelant leur engagement face à l'an 2000. L'approche de la fin du IIe millénaire invite chacun à un examen de conscience et à des initiatives œcuméniques opportunes, de manière à ce que nous nous retrouvions tous ensemble au moment du Grand Jubilé, sinon complètement réconciliés, du moins dans un etat d'opposition et de division moindre que celui observé au cours de ce IIe millénaire. (Message pro memoria adressé aux cardinaux, printemps 1994[12].)

LE PREMIER DEVOIR. À l'ouverture du Consistoire extraordinaire de 1994, le pape propose à nouveau cet engagement au mea-culpa qu'il avait déjà avancé dans le document pro memoria et qui avait éveillé un vaste écho dans l'opinion publique, et certaines critiques à l'intérieur de l'Église, comme celles déjà citées dans le chapitre 8 de la première partie :

Dans la perspective de l'an 2000, c'est peut-être là la plus grande tâche. *Nous ne pouvons nous présenter devant le Christ, Seigneur de l'histoire, divisés comme nous le sommes, alors que nous nous sommes pourtant retrouvés au cours du IIe millénaire.* Ces divisions doivent céder le pas au rapprochement et à la concorde. Les blessures sur le chemin de l'unité des chrétiens doivent être cicatrisées. Devant ce Grand Jubilé, l'Église a besoin de la *metanoia, c'est-à-dire du discernement des manquements historiques et des négligences de ses fils* à l'égard des exigences de l'Évangile. Seule la reconnaissance courageuse des fautes et aussi des omissions dont les chrétiens se sont rendus d'une certaine manière responsables, comme aussi l'intention généreuse d'y remédier avec l'aide de Dieu, peuvent donner un élan efficace à la nouvelle évangélisation et rendre plus facile la marche vers l'unité. (Consistoire extraordinaire, 13 juin 1994, discours d'ouverture.)

LE PREMIER PÉCHÉ. En conclusion de cette phase d'instruction du mea-culpa, le pape indique, dans la lettre en vue du Grand Jubilé, que le péché de division est le premier pour lequel il faut faire amende honorable :

> Parmi les péchés qui requièrent un plus grand effort de pénitence et de conversion, il faut évidemment compter ceux qui ont porté atteinte à l'unité voulue par Dieu pour son peuple. Au cours des mille ans qui arrivent à leur terme, plus encore qu'au premier millénaire, la communion ecclésiale, « parfois par la faute de l'une et de l'autre des parties », a connu de douloureux déchirements qui s'opposent ouvertement à la volonté du Christ et sont pour le monde un objet de scandale. Malheureusement, ces péchés du passé font encore sentir leur poids et demeurent, même à l'heure actuelle, comme des tentations. Il est nécessaire d'en faire amende honorable, en invoquant avec force le pardon du Christ. *(Tertio millennio adveniente,* 34.)

ENSEMBLE POUR RÉPARER. De l'engagement à faire amende honorable pour ses péchés personnels, à l'appel pour le pardon réciproque, le dernier état de la réflexion autocritique de Jean-Paul II est formulé dans l'encyclique *Ut unum sint* :

> Tous les péchés du monde ont été portés dans le sacrifice salvifique du Christ et donc aussi ceux qui ont été commis contre l'unité des chrétiens, les péchés des chrétiens, des pasteurs non moins que des fidèles. Même après les nombreux péchés qui ont entraîné les divisions historiques, l'unité des chrétiens est possible, à condition que nous soyons humblement conscients d'avoir péché contre l'unité et convaincus de la nécessité de notre conversion. Ce ne sont pas seulement les péchés personnels qui doivent être remis et surmontés, mais aussi les péchés sociaux, pour ainsi dire les « structures » mêmes du péché, qui ont entraîné et peuvent entraîner la division et la confirmer. [...] L'Église catholique doit entrer dans ce qu'on pourrait appeler le « dialogue de la

conversion », où se situe le fondement spirituel du dialogue œcuménique. Dans ce dialogue, conduit en présence de Dieu, chacun doit rechercher ses propres torts, confesser ses fautes et se remettre dans les mains de Celui qui est l'Intercesseur auprès du Père, Jésus-Christ. *(Ut unum sint, 34, 82.)*

On note l'heureuse expression synthétique « dialogue de la conversion », de même que l'audace de la référence aux « péchés sociaux » et aux « structures du péché » en matière de divisions entre les Églises. On remarque également que l'application de ces catégories, élaborées par le Synode de 1983 sur la pénitence, à la vie même de l'Église n'a pas de précédent et intervient après la mise en garde du Consistoire sur l'Église qui est « sans péchés » (voir le chapitre 8, première partie). Et c'est une nouvelle réponse à l'avertissement du Consistoire, dans laquelle se détache le dernier paragraphe sur la « purification » de l'Église :

Nous ne pouvons rester inertes face à la division qui accable le monde chrétien depuis des siècles. Catholiques et non-catholiques ne peuvent pas manquer d'éprouver une souffrance intime en constatant leur séparation, qui contraste si fortement avec les paroles empreintes de tristesse du Christ à la dernière Cène (cf. Jn 17, 20-23). Certes, l'unité constitutive de l'Église voulue par son fondateur n'a jamais fait défaut. [...] Mais on ne peut nier que, dans sa réalisation historique, dans le passé comme dans le présent, l'unité de l'Église ne manifeste pleinement ni la vigueur ni l'étendue que, selon les exigences évangéliques dont elle dépend, elle pourrait et devrait avoir.

Aussi, la première attitude des chrétiens qui poursuivent cette unité, et qui se rendent compte de la distance qui sépare l'unité voulue par le Christ et celle qui a concrètement été réalisée, ne peut être que de tourner les yeux

vers le ciel pour demander à Dieu de nouveaux encoura-
gements à l'unité, sous l'inspiration du Saint-Esprit.

Pour être authentique et fructueux, l'œcuménisme
demande en outre aux fidèles catholiques *certaines dispo-
sitions fondamentales*. Tour d'abord, la charité, avec un
regard plein de sympathie et un vif désir de coopérer,
chaque fois que c'est possible, avec les frères des autres
Églises ou communautés ecclésiales. En second lieu, la
fidélité à l'Église catholique, sans pour autant ignorer ni
même nier les manques manifestés par le comportement
de certains de ses membres. En troisième lieu, l'esprit
de discernement, pour apprécier ce qui est bon et digne
d'éloge.

Enfin, une sincère volonté de purification et de renouveau est exigée, tant par l'intermédiaire de l'engagement
personnel orienté vers la perfection chrétienne, qu'en
s'efforçant, « chacun dans sa sphère, de faire en sorte que
l'Église, portant dans son corps l'humilité et la mortification de Jésus, se purifie et se renouvelle de jour en jour,
jusqu'à ce que le Christ se la présente à lui-même, glo-
rieuse, sans tache ni ride (cf. Ép 5, 27) » [*Unitatis redintegratio*, 4]. (Audience générale, 26 juillet 1995.)

4

Femmes

Les plus belles paroles prononcées par Jean-Paul II sur les femmes sont la demande de pardon contenue dans la *Lettre aux femmes* (juin 1995). Les plus touchantes sont un passage de *Vita consecrata* (mars 1996), qui nous présente la femme comme « un signe de la tendresse de Dieu pour le genre humain ». Et on lit des paroles poétiques dans *Mulieris dignitatem* (septembre 1988) : « L'exclamation du premier homme à la vue de la femme créée est une exclamation d'admiration et d'enchantement, qui a traversé toute l'histoire de l'homme sur la terre. »

Les paroles les plus audacieuses figurent encore dans *Mulieris dignitatem*, qui esquissent une relecture de la Bible au féminin, et en viennent à réviser deux mille ans d'interprétation des textes de Paul qui placent l'homme au-dessus de la femme. Et elles corrigent Paul en personne, ou du moins ce qu'il y a chez lui d'« ancien », en établissant que « les motivations de la "soumission" de la femme à l'homme dans le mariage doivent être interprétées dans le sens d'une "soumission mutuelle" de l'un à l'autre ».

Les gestes ont ensuite témoigné de la tendresse particulière qu'éprouve ce pape pour les femmes. Une tendresse qui s'est librement exprimée, représentant une révision radicale de la gestuelle pontificale : jamais on n'avait vu (et, espérons-le, on continuera à le voir) un pape embrasser des jeunes filles, les serrer dans ses bras, les prendre par la main et presque danser avec elles. Cette nouveauté gestuelle, aussi, constitue, à sa façon, une révision historique.

Mais il est bon de ne rien cacher en ce qui concerne Jean-Paul II et le thème des femmes : et nous ajouterons alors que ce pape, si généreux de mots et de gestes, n'a entrepris, jusqu'à ce jour, aucune réforme pour ouvrir de nouveaux domaines à la responsabilité des femmes. Il aurait pourtant eu la possibilité de le faire, sans trahir son souci de ne pas aller de l'avant en matière de sacerdoce : le diaconat de la femme, par exemple, ne présente pas les mêmes difficultés.

Si l'on tente de diviser en périodes les interventions autocritiques de Jean-Paul II sur la femme, on s'aperçoit que celles qui contiennent une demande explicite de pardon ou une invitation à la réparation datent toutes de 1995, et sont liées à l'année internationale de la femme que l'on célébrait alors, et à la phase de naissance de l'examen de conscience de la fin du millénaire, proposé dans la lettre *Tertio millennio adveniente* (novembre 1994) ; alors que *Mulieris dignitatem*, qui date de 1988, ne contient aucun mea-culpa explicite, mais propose déjà une révision au niveau de la doctrine et du comportement.

IL CORRIGE SAINT PAUL. Dans certains passages de *Mulieris dignitatem* (1988), Karol Wojtyla en vient à corriger saint Paul (aucun pape ne l'avait fait auparavant) et toute l'histoire ecclésiastique, au sujet de l'homme « chef de la femme » et du péché d'Ève :

D'une certaine façon, la description biblique du péché originel dans la Genèse (chap. 3) « répartit les rôles »

qu'y ont tenus la femme et l'homme. Plus tard, certains passages de la Bible s'y référeront encore, par exemple la Lettre de saint Paul à Timothée : « C'est Adam qui fut formé le premier, Ève ensuite. Et ce n'est pas Adam qui se laissa séduire, mais la femme » (1 Tm 2, 13-14). Mais il n'y a pas de doute que, indépendamment de cette « répartition des rôles » dans la description biblique, ce premier péché est le péché de l'être humain, créé homme et femme par Dieu. C'est aussi le péché des « premiers parents », auquel est lié son caractère héréditaire. En ce sens, nous l'appelons « péché originel ». [...]
L'auteur de la Lettre aux Éphésiens ne voit aucune contradiction entre une exhortation ainsi formulée et la constatation que « les femmes doivent se soumettre à leurs maris, comme au Seigneur ; en effet, pour la femme, le mari est la tête » (cf. 5, 22-23). L'auteur sait que cette attitude, si profondément enracinée dans les mœurs et la tradition religieuse du temps, doit être comprise et vécue d'une manière nouvelle, comme une « soumission mutuelle dans la crainte du Christ » (cf. Ép 5, 21) [...] Par rapport à l'« ancien », c'est là évidemment une « nouveauté » ; c'est la nouveauté évangélique. Nous rencontrons plusieurs textes où les écrits apostoliques expriment cette nouveauté, même si l'on y entend aussi ce qui est « ancien », ce qui s'enracine dans la tradition religieuse d'Israël [...]
La conscience que dans le mariage il y a la « soumission mutuelle des conjoints dans la crainte du Christ », et pas seulement celle de la femme à son mari, doit imprégner les cœurs, les consciences, les comportements, les mœurs. C'est un appel qui depuis lors ne cesse d'être pressant pour les générations qui se succèdent, un appel que les hommes doivent sans cesse accueillir de nouveau. [...] Toutes les motivations de la « soumission » de la femme à l'homme dans le mariage doivent être interprétées dans le sens d'une « soumission mutuelle » de l'un à l'autre « dans la crainte du Christ ». *(Mulieris dignitatem*, septembre 1988, 9, 24.)

L'audace de cette réinterprétation de Paul, reconnue par les mouvements féministes, avait été réclamée par des théologiens qui leur sont favorables. Voici, par exemple, en quels termes cette demande était formulée dans la quatrième des seize thèses sur la « femme dans l'Église », publiées par Hans Küng* en 1976 (douze ans avant la lettre de Jean-Paul II) : « Dans certains écrits ultérieurs du Nouveau Testament, nous retrouvons cette place inférieure faite à la femme, mais cela s'explique en partie par tout un contexte socioculturel et nous devons rester très critiques quand nous essayons de le replacer dans le présent[13]. » C'est exactement ce qu'a fait Jean-Paul II.

IL REGRETTE. La première reconnaissance explicite d'une responsabilité historique de l'Église à l'égard de la femme a lieu au printemps de 1995 :

> L'égalité entre l'homme et la femme est affirmée dès les premières pages de la Bible, dans le superbe récit de la création. [...] Ce message biblique originel a reçu sa pleine expression dans les paroles et dans les actes de Jésus. À son époque pesait sur les femmes l'héritage d'une mentalité qui exerçait contre elles une profonde discrimination. L'attitude du Seigneur est une protestation cohérente contre ce qui offense la dignité de la femme. [...] Sur les traces de son divin fondateur, l'Église se fait le relais convaincu de ce message. Si parfois, au cours des siècles et sous le poids de l'époque, certains de ses fils n'ont pas su le vivre avec la même cohérence, cela est hautement regrettable. Mais le message évangélique sur la femme n'a rien perdu de son actualité. (Angélus dominical, 10 juin 1995.)

---

* Théologien né en 1928, professeur à l'université de Tübingen. Depuis lors, Hans Küng a été interdit d'enseignement par l'Église catholique. *(N.d.E.)*

Jean-Paul II se révèle décidément surprenant ! Trois ans à peine avant les excuses qu'il présente aux femmes, des paroles identiques avaient été placées dans la bouche d'un pape imaginaire du futur, dans le petit volume d'un anonyme espagnol intitulé *Écrits confidentiels de S.S. Jean-Paul III*. Ayant convoqué un Concile œcuménique à Mexico, ce Jean-Paul du futur annonce qu'il démissionne en pleine session d'ouverture et, parmi d'autres affirmations utopiques, déclare : « Ma voix vous demande pardon, femmes de toute la terre, pour la brutalité, l'incompréhension, le mépris, la violence et les discriminations que, pendant tant de siècles, jusqu'à nos jours, nous avons exercés contre vous, mères, épouses, filles, sœurs et collaboratrices familières [14]. »

Ce regret du pape, qui avait été suggéré comme un « songe » en 1994, est accompagné d'une confession des péchés parfaitement identique, formulée par le principal organe de gouvernement de l'ordre des Jésuites. Au printemps de 1995, la 34ᵉ Congrégation générale de la Compagnie de Jésus approuve un document sur la femme dans lequel les Jésuites reconnaissent, en tant qu'hommes et en tant qu'hommes d'Église, avoir « offensé » les femmes : « En réponse à de telles responsabilités, nous, Jésuites, demandons d'abord à Dieu la grâce de la conversion. Nous avons participé à une tradition civile et ecclésiale qui a offensé les femmes. Et, comme beaucoup d'hommes, nous avons tendance à considérer que le problème n'existe pas. Même si nous ne l'avons pas voulu, nous avons souvent été complices d'une forme de cléricalisme qui a renforcé la domination masculine en la marquant du sceau de l'approbation divine. En reconnaissant cela, nous voulons réagir personnellement et communautairement, et nous entendons faire tout notre possible pour changer cette situation inacceptable [15]. »

IL EST PEINÉ. Ce regret s'exprime en termes peinés dans la lettre aux femmes publiée peu après :

> Merci à toi, femme, pour le seul fait d'être femme ! Par la perception propre à ta féminité, tu enrichis la compréhension du monde et tu contribues à la pleine vérité des relations humaines.
>
> Mais, je le sais, le merci ne suffit pas. Nous avons malheureusement hérité d'une histoire de très forts conditionnements qui, en tout temps et en tout lieu, ont rendu difficile le chemin de la femme, fait méconnaître sa dignité, dénaturer ses prérogatives, l'ont souvent marginalisée et même réduite en esclavage. [...] Mais si, dans ce domaine, on ne peut nier, surtout dans certains contextes historiques, la responsabilité objective de nombreux fils de l'Église, je le regrette sincèrement. Puisse ce regret se traduire, pour toute l'Église, par un effort de fidélité renouvelée à l'inspiration évangélique qui, précisément sur le thème de la libération de la femme par rapport à toute forme d'injustice et de domination, contient un message d'une permanente actualité venant de l'attitude même du Christ. Celui-ci, dépassant les normes en vigueur dans la culture de son temps, eut à l'égard des femmes une attitude d'ouverture, de respect, d'accueil, de tendresse. Il honorait ainsi chez la femme la dignité qu'elle a toujours eue dans le dessein et dans l'amour de Dieu. En nous tournant vers lui en cette fin du IIe millénaire, nous nous demandons spontanément à quel point son message a été reçu et mis en pratique.
>
> Oui, il est temps de regarder avec le courage de la mémoire et la sincère reconnaissance des responsabilités la longue histoire de l'humanité, à laquelle les femmes ont apporté une contribution qui n'est pas inférieure à celle des hommes, et la plupart du temps dans des conditions bien plus difficiles. [...] L'humanité a une dette

incalculable à l'égard de cette grande, immense, « tradition » féminine. Combien de femmes ont été et sont encore jugées sur leur aspect physique plus que sur leur compétence, leur valeur professionnelle, leur activité intellectuelle, la richesse de leur sensibilité et, en définitive, sur la dignité même de leur être ! *(Lettre aux femmes,* 29 juin 1995.)

À la publication de *Mulieris dignitatem* (1988), des critiques s'étaient élevées de plusieurs parts : « Il manque des paroles d'autocritique et de confession, et cela est bien typique des documents catholiques officiels », ou encore : « Le pape remercie mais oublie de demander pardon [16]. » Grâce à Jean-Paul II, personne aujourd'hui ne peut définir l'absence d'autocritique comme « typique » des documents catholiques. Et, depuis ces critiques, moins de dix ans se sont écoulés !

RÉÉCRIRE L'HISTOIRE D'UNE MANIÈRE MOINS UNILATÉRALE. Comme dans le domaine œcuménique (nous en parlerons dans le chapitre sur le schisme d'Orient), la reconnaissance des responsabilités historiques à l'égard de la femme débouche sur l'exigence d'une réécriture de l'histoire :

Dans le message que, le 26 mai dernier, j'ai remis à Mme Gertrude Mongella, secrétaire général de la prochaine Conférence de Pékin, je faisais remarquer que, pour mieux apprécier la mission de la femme dans la société, il serait opportun de réécrire l'histoire d'une manière moins unilatérale. Hélas, une certaine historiographie a davantage prêté attention aux événements extraordinaires et sensationnels qu'au rythme quotidien de la vie, et l'histoire qui en ressort est presque exclusivement l'œuvre des hommes. Il faut inverser cette tendance. Il reste beaucoup à dire et à écrire sur la dette énorme qu'a contractée l'homme envers la femme, dans tous les domaines du progrès social et culturel ! Dans l'intention de contribuer à combler ces lacunes, je voudrais, au nom de l'Église, rendre hommage à la contribution multiple, immense, quoique souvent silencieuse, de la femme dans tous les domaines de l'existence humaine. (Angélus dominical, 30 juillet 1995.)

FAVORISER LA PARTICIPATION DES FEMMES. Le texte suivant est révélateur de la nouveauté et des limites de l'attitude de Jean-Paul II à l'égard des femmes. Il reconnaît qu'il est nécessaire de mieux les valoriser, et admet donc que la situation actuelle est en leur défaveur, mais il n'éprouve pas le besoin d'y remédier par des réformes, car il lui suffit de demander qu'on fasse un plein usage des « vastes espaces » qui existent déjà :

Je fais aujourd'hui appel à toute la communauté ecclésiale, pour qu'elle favorise par tous les moyens la participation des femmes en son sein. [...] L'Église ressent l'urgence de les mettre plus en valeur. [...] Le Synode de 1987 sur les laïcs se fit justement l'interprète d'une telle aspiration, en demandant que les femmes participent à la vie de l'Église sans aucune discrimination, y compris au niveau des consultations et de l'élaboration des décisions *(Propositio* 47 ; cf. *Christifideles laici*, 51).
Telle est la route sur laquelle il faut s'engager avec courage. Il s'agit en grande partie de mettre pleinement en valeur les vastes espaces que la loi de l'Église accorde à la présence physique laïque et féminine : je pense, par exemple, à l'enseignement de la théologie, aux formes autorisées de ministère liturgique, y compris le service de l'autel, aux conseils pastoraux et administratifs, aux synodes diocésains et aux conciles particuliers, aux diverses institutions ecclésiales, aux curies et aux tribunaux ecclésiastiques, à bien des activités pastorales et jusqu'aux nouvelles formes de participation à la vie des paroisses, dans le cas où les prêtres ne sont pas en

nombre suffisant, à l'exclusion des missions sacerdotales proprement dites. Qui peut imaginer quels grands avantages l'instruction pastorale en retirera, quelle beauté nouvelle prendra le visage de l'Église, quand le génie de la femme se sera pleinement exercé dans les différents domaines de sa vie ? (Angélus dominical, 3 septembre 1995.)

QUAND LA FEMME EST UNE SŒUR. Le dernier texte affirme que la pleine acceptation de la femme dans l'Église contribuera à libérer celle-ci de ses « visions unilatérales ». L'autocritique transparaît ici dans le vocabulaire employé :

Il convient également de remarquer que la nouvelle conscience que les femmes ont d'elles-mêmes aide aussi les hommes à revoir leurs schémas mentaux, leur façon de se comprendre eux-mêmes, de se situer dans l'histoire et de l'interpréter, d'organiser la vie sociale, politique, économique, religieuse et ecclésiale. [...] La femme consacrée peut, à partir de son expérience de l'Église et sa vie de femme dans l'Église, contribuer à éliminer certaines conceptions unilatérales, qui entravent la pleine reconnaissance de sa dignité, de son apport spécifique à la vie et à l'action pastorale et missionnaire de l'Église. De la sorte, il est légitime que la femme consacrée aspire à voir reconnaître plus clairement son identité, sa compétence, sa mission et sa responsabilité, aussi bien dans la conscience ecclésiale que dans la vie quotidienne. [...] Il est donc urgent de faire quelques pas concrets, en commençant par ouvrir aux femmes des espaces de participation dans divers secteurs et à tous les niveaux, y compris dans les processus d'élaboration des décisions, surtout pour ce qui les concerne. (Exhortation apostolique *Vita consecrata*, mars 1996.)

5

Juifs

À l'égard des juifs, Jean-Paul II s'est souvent exprimé et en a dit davantage encore par ses gestes, mais il n'est jamais parvenu à une véritable demande de pardon. Cependant, cette démarche paraît imminente.

Il les a appelés « nos frères aînés ». Il a rendu visite à la synagogue de Rome. Il a mené à bien la reconnaissance de l'État d'Israël par le Vatican.

Il a également reconnu, en plusieurs occasions, les responsabilités historiques de l'Église dans la persécution des juifs. Dans son intervention à la synagogue de Rome, il a « déploré », comme nous le verrons, les discriminations contre les juifs dont les papes qui l'ont précédé se sont rendus responsables. Il a autorisé, nous le verrons aussi, une prière à Saint-Pierre, dans laquelle il demandait pardon à Dieu de l'indifférence des chrétiens face à l'Holocauste.

Mais il n'a jamais présenté aucune demande de pardon explicite et directe. Pas plus que n'en avait formulé Vatican II. Pourtant, cette demande a été suggérée et réclamée à plusieurs reprises. Les documents rassemblés dans ce chapitre montrent que cet acte est désormais proche : tout semble indiquer qu'il revient à Jean-Paul II de l'accomplir — comme un droit, puis comme un devoir.

AUX FRÈRES AÎNÉS. En visite à la synagogue de Rome, en avril 1986, Jean-Paul II, citant Vatican II, a déploré toutes les manifestations d'antisémitisme, « quels que soient leurs auteurs » et il répète « quels que soient leurs auteurs » : cette répétition, qui ne figurait pas dans le texte qu'il avait préparé et qui fut prononcée d'un ton résolu, doit être interprétée comme une allusion aux responsabilités des papes :

> Cette rencontre conclut, d'une certaine manière, après le pontificat de Jean XXIII et le concile Vatican II, une longue période sur laquelle il ne faut pas cesser de réfléchir pour en tirer les enseignements opportuns. Certes, on ne peut pas, et on ne doit pas, oublier que les circonstances historiques du passé furent bien différentes de celles qui ont fini par mûrir difficilement au cours des siècles. Nous sommes parvenus avec de grandes difficultés à la commune acceptation d'une légitime pluralité sur le plan social, civil et religieux. La prise en considération des conditionnements culturels séculaires ne doit pas toutefois empêcher de reconnaître que les actes de discrimination, de limitation injustifiée de la liberté civile, à l'égard des juifs, ont été objectivement des manifestations gravement déplorables. Oui, encore une fois, par mon intermédiaire, l'Église, avec les paroles de la Déclaration bien connue *Nostra ætate* (n. 4) « déplore les haines, les persécutions et toutes les manifestations d'antisémitisme qui, quels que soient leur époque et leurs auteurs, ont été dirigées contre les juifs » ; je répète : « quels que soient leurs auteurs ».
> Je voudrais encore une fois exprimer mon horreur pour le génocide décrété au cours de la dernière guerre contre le peuple juif, qui a mené à l'Holocauste de millions de victimes innocentes. [...]

La communauté juive de Rome a payé elle aussi un lourd tribut de sang.

Et ce fut certainement un geste significatif que, dans les années sombres de la persécution raciale, les portes de nos couvents, de nos églises, du séminaire romain, d'édifices du Saint-Siège et même de la Cité du Vatican, se soient ouvertes toutes grandes pour offrir refuge et salut à tant de juifs de Rome, traqués par les persécuteurs.

Ma visite aujourd'hui veut être une contribution décisive à la consolidation des bons rapports entre nos deux communautés, dans le sillage des exemples offerts par tant d'hommes et de femmes qui se sont efforcés et s'efforcent encore, d'un côté comme de l'autre, de faire en sorte que soient surmontés les vieux préjugés et que l'on fasse place à la reconnaissance toujours plus profonde de ce « lien » et de ce « patrimoine commun » qui existent entre juifs et chrétiens.

C'est déjà le souhait qu'exprimait le paragraphe 4, que je viens de rappeler, de la Déclaration conciliaire *Nostra ætate* sur les rapports entre l'Église et les religions non chrétiennes. Avec ce bref mais lapidaire paragraphe, c'est un tournant[17] décisif qui s'est produit dans les rapports entre l'Église catholique et le judaïsme, et tous les juifs pris individuellement. (Visite à la synagogue de Rome, 13 avril 1986.)

COMMENT NE PAS ÊTRE PRÈS DE VOUS ? C'est place Saint-Pierre que Jean-Paul II, cinquante ans après, évoque cette « nuit de l'histoire » que furent les jours de la Shoah, et assure les juifs qu'ils ne sont pas seuls à connaître le chagrin de ce souvenir. L'idée sous-jacente, selon laquelle, à cette époque, les chrétiens abandonnèrent les juifs face à ces « terribles événements », est forte, palpitante :

La joie de ce jour ne doit pas nous empêcher de tourner notre attention vers un événement, lourd de souffrance inhumaine, qui s'est produit voici cinquante ans : l'insurrection du ghetto de Varsovie.

Je ressens vivement le besoin de saluer tous ceux, chrétiens et juifs, qui sont venus aujourd'hui sur cette place pour commémorer ce fait et les crimes perpétrés contre le peuple juif au cours du dernier conflit mondial.

Dans une profonde solidarité avec ce peuple et en communion avec toute la communauté des catholiques je voudrais faire mémoire de ces terribles événements, désormais lointains, mais gravés dans la mémoire de beaucoup d'entre nous : les jours de la Shoah ont été une véritable nuit de l'histoire, y inscrivant des crimes inouïs contre Dieu et contre l'homme.

Comment ne pas être à vos côtés, frères juifs bien-aimés, pour rappeler dans la prière et la méditation un anniversaire si douloureux ? Soyez-en certains : vous ne portez pas seuls la peine de ce souvenir ; nous prions et nous veillons avec vous, sous le regard de Dieu, Saint et Juste, riche en miséricorde et en pardon. (Place Saint-Pierre, 18 avril 1993.)

DOULEUR POUR L'INDIFFÉRENCE DU PASSÉ. Dans ces paroles datant de l'été 1987, on trouve l'expression la plus ouverte d'un repentir face aux persécutions du passé.

Il ne fait pas de doute que les souffrances endurées par les juifs sont aussi pour l'Église catholique un motif de douleur sincère, spécialement quand on pense à l'indifférence et parfois au ressentiment qui, dans ces circonstances historiques particulières, ont divisé juifs et chrétiens. Oui, ceci suscite en nous une résolution plus ferme de coopérer pour la justice et une paix véritable. (Lettre au président de la Conférence épiscopale des États-Unis, 19 août 1987.)

Neuf ans plus tard, dans un autre texte, le pape reprend, sans la dépasser, cette confession des péchés :

La Déclaration *Nostra ætate* accorde une attention spéciale à nos frères juifs, avec lesquels le christianisme entretient une relation particulièrement intime. En effet, la foi chrétienne prend sa source dans l'expérience religieuse du peuple hébreu, auquel le Christ appartient par la chair. Partageant avec les juifs cette partie de l'Écriture connue sous le nom d'Ancien Testament, l'Église continue à vivre de ce même patrimoine de vérité, qu'elle relit à la lumière du Christ. Les temps nouveaux qu'il a inaugurés, grâce à la nouvelle et éternelle alliance qu'il a scellée, ne détruisent pas les anciennes racines, mais leur assurent une fécondité universelle. Eu égard à tout cela, on ne peut manquer d'éprouver une grande douleur en songeant aux tensions qui ont si souvent marqué les relations entre chrétiens et juifs. (Angélus dominical, 14 janvier 1996.)

PASSIVITÉ FACE À L'HOLOCAUSTE. Il est assuré que les chrétiens furent responsables ou coresponsables des persécutions du passé ; mais la part de responsabilité qui leur incombe dans l'Holocauste hitlérien est plus controversée. Dans ce cas, toutefois, ils ont sûrement commis la faute de rester passifs, et le pape l'a reconnu dans un texte. Il s'agit d'une prière de la célébration œcuménique qui s'est déroulée à Saint-Pierre de Rome, en clôture du Synode européen de 1991. Elle demande pardon pour la passivité des chrétiens face à l'Holocauste, et c'est peut-être le texte le plus explicite de Jean-Paul II sur ce sujet :

Seigneur, notre libérateur, dans nos communautés chrétiennes d'Europe, nous n'avons pas toujours respecté ton commandement, mais, comptant sur les seules force humaines, nous avons poursuivi des logiques mondaines avec nos guerres de Religion, avec nos luttes opposant des chrétiens à des chrétiens, avec notre passivité face aux persécutions et à l'Holocauste des juifs, avec notre acharnement contre tant d'hommes justes. Pardonne-nous et prends pitié de nous. (Basilique Saint-Pierre de Rome, 7 décembre 1991, célébration œcuménique pour la clôture du Synode européen.)

L'opportunité d'une demande de pardon aux juifs a été affirmée plusieurs fois par des voix autorisées. La première, et la plus éminente, est celle du cardinal Bea, qui s'est exprimé sur le sujet dans une conférence, en janvier 1964 : « Nous devrions peut-être ici confesser de nombreuses fautes, dont certaines ont été commises par l'Église elle-même. Vous savez ce qu'a dit le pape Paul VI à propos de la division des chrétiens : "Si quelque faute dans l'origine de cette séparation devait nous être imputée, nous en demandons humblement pardon à Dieu et aussi aux frères qui penseraient que nous les avons offensés." Ces paroles produisirent une vive impression sur les protestants. Mais cela vaut également pour les juifs. L'Église, et particulièrement les fils de l'Église, les chrétiens, ont commis des injustices contre le peuple juif. On peut l'avouer sans offenser la vérité[18]. »

Vingt ans plus tard, pendant le Synode de 1985, le cardinal hollandais Johannes Willebrands a fait, avec une rare intensité dramatique, le point sur les « nouvelles relations » entre catholiques et juifs inaugurées par le Concile (« Il a réclamé un changement radical : ce fut comme un miracle »). Willebrands, désolé, a reconnu que deux décennies ne suffisaient pas à « surmonter l'ignorance réciproque et la méfiance sociale et religieuse accumulées pendant des siècles », surenchéri dans l'autocritique et esquissé la demande de pardon : « Parmi les persécuteurs, on trouvait également des chrétiens, et certains croyaient même parfois agir pour des raisons religieuses[19]. »

Pendant une conférence de presse, on a demandé au courageux cardinal pourquoi le Synode ne demandait pas pardon aux juifs pour le comportement passé de l'Église à leur égard. Il a répondu avec honnêteté, parlant de la nécessité d'une telle demande, qui n'est pas encore mûre : « Une déclaration de repentir n'a de sens que dans un climat de confiance mutuelle entre les chrétiens et les juifs. Nous avons accru la confiance entre les juifs et nous, mais il reste encore trop de méfiance pour qu'une initiative de ce genre ait quelque chance d'être proposée et acceptée [20]. »

Le cardinal Willebrands, héritier du cardinal Bea, a été un valeureux combattant sur tous les fronts de l'œcuménisme : sur Luther, sur les juifs et sur l'Église orthodoxe russe. Mais son successeur actuel, le cardinal Edward Cassidy, n'est pas en reste. Il a lui aussi affirmé (dans une occasion solennelle : le 6 septembre 1990, à Prague, en conclusion d'une rencontre du Comité international de liaison entre les catholiques et les juifs) que l'objectif de la réflexion catholique en matière de rapports avec le judaïsme est d'aboutir à une demande de pardon : « Le fait que l'antisémitisme ait trouvé place dans la conscience et dans la pratique chrétienne appelle un acte de *teshuva* (repentir et conversion) et de réconciliation [21]. »

Aujourd'hui, au Vatican, le cardinal Etchegaray a adopté une attitude proche de celle des cardinaux Willebrands et Cassidy. Il n'était pas encore membre de la Curie lorsque, en tant qu'archevêque de Marseille, il a prononcé les paroles les plus engagées sur les juifs : il s'agit d'une proposition explicite de pardon, au Synode de 1983 sur la pénitence. Il a conclu son intervention en demandant pardon à l'assemblée pour l'« audace » avec laquelle il formulait le problème juif : « Tant que le judaïsme restera extérieur à notre histoire du salut, nous serons à la merci de réflexes antisémites. [...] Après avoir défini jusqu'où devrait aller notre mission de réconciliation avec le peuple juif, il nous faut tout autant prendre au sérieux notre mission de pénitence, de repentance, pour notre attitude séculaire à son égard. [...] Que nous sachions demander pardon au Seigneur et à nos frères. [...] Que nous mettions tout en œuvre pour que soit réparé ce qui doit être réparé[22]. » Le cardinal Etchegaray a prononcé ces mots en 1983 ; sept mois plus tard, il était appelé à la Curie, et dix ans plus tard, on lui a confié la présidence du Comité pour le Grand Jubilé : j'aime à croire que la confiance que lui témoigne le pape s'explique aussi par ces paroles*.

Les évêques espagnols, quant à eux, ont prononcé des mots ressemblant fort à une demande de pardon aux juifs. C'est sous le titre « Déclaration de Mgr Torella Cascante à la Conférence des rabbins américains à Tolède » que *L'Osservatore Romano* a publié, en mars 1992, un texte que l'archevêque de Tarragone (qui dirigeait alors la commission des évêques espagnols pour les rapports interconfessionnels et qui fut, jusqu'en 1983, numéro deux du dicastère œcuménique du Vatican) avait lu le 26 mars à cette conférence. « Il n'est pas douteux que ce que les chrétiens firent aux juifs et aux musulmans d'Espagne en 1492 est exactement le contraire de ce qui devait être fait d'après les principes de notre foi chrétienne. Les gens, alors, avaient une autre façon de penser. Nous n'avons pas à juger, mais nous pouvons et devons déplorer ce qui fut fait. 1492 fut une époque de persécutions, de rejets, d'expulsions, de conversions forcées, d'exil et de mort. Le fait que la même année marque le début de la grande aventure des Temps

---

* Voir en annexe la « Déclaration de repentance » des évêques de France du 30 septembre 1997. Ce jour-là, le cardinal Etchegaray envoyait un message aux chrétiens et aux juifs rassemblés à Drancy.

modernes, l'ouverture de l'Europe au continent américain, ne change pas grand-chose à ce tableau. Au contraire, il le rend plus douloureux. Ce sont les mêmes hommes, les mêmes femmes qui ont, en partie du moins, accompli ces deux choses [23]. »

L'autocritique sur l'Holocauste a été plus courageuse dans les milieux protestants que chez les catholiques. Parmi les nombreux documents que nous avons cités, émanant du Vatican ou des épiscopats, nous n'avons pas trouvé de confession des péchés aussi franche et nette que celle, extraite d'une déclaration du Synode de l'Église évangélique de Rhénanie, publiée en janvier 1980 sous le titre *Vers un renouveau des rapports entre chrétiens et juifs* : « Nous confessons que nous sommes, nous aussi, en tant que chrétiens allemands, coresponsables et coupables de l'Holocauste [24]. »

Sur aucun autre chapitre, pas même sur celui de l'affaire Galilée, la révision historique n'a accumulé autant de matériaux que sur celui des juifs : pourtant, on n'en est pas encore arrivé à la conclusion. L'ampleur du problème et le retard avec lequel arrivera cette demande de pardon impliqueront assurément un acte d'une particulière importance*.

---

* À l'heure où le présent ouvrage est mis sous presse, on ne sait encore si la publication prochaine d'un document (annoncé depuis 1987) sur les responsabilités des chrétiens à l'époque de la Shoah sera confirmée au cours du symposium sur « Christianisme et antisémitisme » qui aura lieu à Rome du 30 octobre au 2 novembre 1997. Ce symposium organisé par le P. Georges Cottier à la demande du pape réunira des cardinaux, des théologiens, des historiens et experts du monde entier, et devrait peut-être contribuer à finaliser le document attendu. *(N.d.E.)*

6

Galilée

Le cas Galilée est capital : il fut à l'origine des heurts entre l'Église et la modernité, et sa révision a été le début de la réflexion qui a conduit à l'examen de conscience de la fin du millénaire. Rappelons les trois textes fondamentaux de ce réexamen : celui dans lequel le pape le demande, en novembre 1979, un an après son élection au pontificat ; celui du cardinal Poupard qui, treize ans plus tard, en résume les résultats, précisant les torts que l'Église reconnaît ; celui du pape qui, en réponse au cardinal Poupard, va de l'avant et applique la leçon de cette affaire à d'éventuels nouveaux dangers dans le rapport entre la foi et la science.

QU'ON RÉEXAMINE LA QUESTION. Le pape annonce le réexamen de l'affaire Galilée en commémorant Albert Einstein, dans une rencontre avec l'Académie pontificale des sciences, en novembre 1979. Aucun des mea-culpa rassemblés dans ce volume n'est antérieur à cette date. Vatican II s'est déjà occupé du cas Galilée, et a fait amende honorable, mais sans citer le nom du savant, dans un passage de *Gaudium et spes* (1965). En décidant de revenir sur cette affaire, Jean-Paul II indique qu'il n'est pas satisfait par ce repentir et par le faible écho qu'il a recueilli, mais il témoigne en même temps qu'il est assuré que toute la lumière pourra être faite et que tous les malentendus pourront être dissipés :

> La grandeur de Galilée est connue de tous, comme celle d'Einstein ; mais à la différence de celui que nous honorons aujourd'hui devant le Collège cardinalice dans le palais apostolique, le premier eut beaucoup à souffrir — nous ne saurions le cacher — de la part d'hommes et d'organismes de l'Église. Le concile Vatican II a reconnu et déploré certaines interventions indues : « Qu'on nous permette de déplorer — est-il écrit au numéro 36 de la Constitution conciliaire *Gaudium et spes* — certaines attitudes qui ont existé parmi les chrétiens eux-mêmes, insuffisamment avertis de la légitime autonomie de la science. Sources de tensions et de conflits, elles ont conduit beaucoup d'esprits jusqu'à penser que science et foi s'opposaient. » La référence à Galilée est exprimée clairement dans la note jointe à ce texte, laquelle cite le volume *Vita e opere di Galileo Galilei*, de Mgr Pio Paschini, édité par l'Académie pontificale des sciences.
>
> Pour aller au-delà de cette prise de position du Concile, je souhaite que des théologiens, des savants et des historiens, animés par un esprit de sincère collaboration, approfondissent l'examen du cas Galilée et, dans une reconnaissance loyale des torts de quelque côté qu'ils viennent, fassent disparaître les défiances que cette affaire oppose encore, dans beaucoup d'esprits, à une concorde fructueuse entre science et foi, entre Église et monde. Je donne tout mon appui à cette tâche qui pourra honorer la vérité de la foi et de la science et ouvrir la porte à de futures collaborations. (Palais apostolique, 10 novembre 1979, commémoration d'Albert Einstein.)

LE RAPPORT POUPARD. Il s'agit d'un texte important, que nous reproduisons *in extenso*. Il fut lu en français, par le cardinal Paul Poupard, président du Conseil pontifical pour la culture et responsable de la commission d'étude sur le cas Galilée, durant l'audience papale à l'Académie pontificale des sciences, le 31 octobre 1992. *L'Osservatore Romano* du 1er novembre l'a publié sous ce titre : « Présentation au pape des conclusions de la commission d'étude pour l'examen du cas Galilée. Les résultats d'une recherche interdisciplinaire [25]. »

Les critiques ont remarqué que, dans le texte qui termine le paragraphe 5, en italique dans l'original, il emploie l'expression « les juges de Galilée », là où il aurait dû dire « le Saint-Office ». Et des observations analogues ont été faites à propos du texte du pape que nous reproduisons à la suite, à cause des expressions « ses adversaires théologiens » ou « les théologiens de l'époque », là où il eût été juste de dire « l'autorité de l'Église [26] ». Il est vrai qu'on retrouve cette même prudence chez le cardinal et chez le pape. Mais cela ne change rien au fond de la question. Au premier paragraphe, le cardinal explique clairement que « les rapports difficiles de Galilée avec l'Église » sont le sujet de la recherche, et, au quatrième paragraphe du texte que nous reproduisons à la suite, le pape formule la question pastorale que pose l'affaire Galilée et réfléchit à ce que « l'Église » aurait dû faire, alors, et à ce que devraient faire, aujourd'hui, tous les « pasteurs ».

Le second alinéa du paragraphe 5 ci-après, en italique dans l'original, se présente comme une sentence et pourrait servir de modèle à de nouvelles éventuelles reconnaissances de responsabilités. L'expression qui y figure (« eut beaucoup à souffrir ») est reprise du texte du pape que nous avons reproduit plus haut :

Voici treize ans déjà, en recevant l'Académie pontificale des sciences, dans cette même Salle royale, pour les premiers centenaire d'Albert Einstein, vous rameniez l'attention du monde de la culture et de la science sur un autre savant, Galileo Galilei.

1. *Vous souhaitiez qu'une recherche interdisciplinaire soit entreprise sur les rapports difficiles de Galilée avec l'Église.* Et vous avez institué, le 3 juillet 1981, une Commission pontificale pour l'étude de la controverse ptoléméo-copernicienne aux XVI ᵉ et XVII ᵉ siècles, dans laquelle s'insère le cas Galilée, dont vous aviez confié au cardinal Garrone le soin de coordonner les recherches. Vous m'avez demandé de vous en rendre compte.

Cette Commission était constituée en quatre groupes de travail, avec pour responsables : S. Em. le cardinal Carlo Martini, pour la section exégétique ; moi-même pour la section culturelle ; le professeur Carlos Chagas et le R.P. George Coyne pour la section scientifique et épistémologique ; Mgr Michele Maccarrone pour les questions historiques et juridiques ; le R.P. Enrico di Rovasenda, secrétaire.

Le but de ces groupes devait être de répondre aux attentes du monde de la science et de la culture au sujet de la question Galilée, de repenser toute cette question, en pleine fidélité aux faits historiquement établis et en conformité aux doctrines et à la culture du temps, et de reconnaître loyalement, dans l'esprit du Concile œcuménique Vatican II, les torts et les raisons, de quelque côté qu'ils proviennent. Il ne s'agissait pas de réviser un procès, mais d'entreprendre une réflexion sereine et objective, en tenant compte de la conjoncture historico-culturelle. L'enquête fut large, exhaustive, et conduite dans tous les domaines concernés. Et l'ensemble des études, mémoires et publications de la Commission ont suscité par ailleurs de nombreux travaux en divers milieux.

2. *La Commission s'est posé trois questions : Que s'est-il passé ? Comment cela s'est-il passé ? Pourquoi les faits se sont-ils passés ainsi ? À ces trois questions, les réponses fondées sur l'examen*

critique des textes mettent plusieurs points importants en lumière.

L'édition critique des documents et en particulier des pièces émanant de l'*Archivio Segreto Vaticano*, permet de consulter facilement et avec toutes les garanties souhaitables le dossier complet des deux procès et en particulier les comptes rendus détaillés des interrogatoires auxquels Galilée fut soumis. La publication de la déclaration du cardinal Bellarmin à Galilée, jointe à celle d'autres documents, éclaire l'horizon intellectuel de ce personnage clé de toute l'affaire. La rédaction et la publication d'une série d'études ont mis en lumière le contexte culturel, philosophique et théologique du xvII[e] siècle, et conduisent à une meilleure compréhension des prises de position de Galilée par rapport aux décrets du concile de Trente, et aux orientations exégétiques de son temps, rendant possible une appréciation mesurée de l'immense littérature consacrée à Galilée, du siècle des Lumières à nos jours.

Le cardinal Robert Bellarmin avait déjà exposé dans une lettre du 12 avril 1615 adressée au carme Foscarini les deux vraies questions soulevées par le système de Copernic : l'astronomie copernicienne est-elle *vraie*, au sens où elle serait *appuyée par des preuves réelles et vérifiables*, ou repose-t-elle seulement sur des conjectures ou des vraisemblances ? Les thèses coperniciennes *sont-elles compatibles* avec les énoncés de la Sainte Écriture ? Selon Robert Bellarmin, aussi longtemps qu'il n'y avait pas de preuve de l'orbitation de la Terre autour du Soleil, il fallait *interpréter avec une grande circonspection* les passages bibliques déclarant la Terre immobile. Si jamais l'orbitation terrestre venait à être démontrée comme certaine, alors les théologiens devraient, selon lui, *revoir leurs interprétations* des passages bibliques apparemment opposés aux nouvelles théories coperniciennes, de façon à ne pas traiter de fausses des opinions dont la vérité aurait été prouvée : « Je dis que, s'il était vraiment démontré que le Soleil est au centre du monde et la Terre au 3e ciel, et que ce n'est pas le Soleil qui tourne autour de la Terre, mais la

Terre autour du Soleil, il faudrait alors procéder avec beaucoup de circonspection dans l'explication des Écritures qui paraissent contraires à cette assertion, et plutôt dire que nous ne les comprenons pas, que de dire que ce qui est démontré est faux. »

3. *En fait, Galilée n'avait pas réussi à prouver de façon irréfutable* la double mobilité de la Terre, son orbitation annuelle autour du Soleil et sa rotation journalière autour de l'axe des pôles, alors qu'il avait la conviction d'en avoir trouvé la preuve dans les marées océaniques, dont Newton seulement devait démontrer la véritable origine. Galilée proposa une autre esquisse de preuve dans l'existence des vents alizés, mais personne ne possédait alors les connaissances indispensables pour en tirer les éclaircissements nécessaires.

Il fallut plus de cent cinquante ans encore pour trouver les preuves optiques et mécaniques de la mobilité de la Terre. De leur côté, les adversaires de Galilée n'ont, ni avant lui ni après lui, rien découvert qui pût constituer une réfutation convaincante de l'astronomie copernicienne. Les faits s'imposèrent et firent bientôt apparaître le caractère relatif de la sentence donnée en 1633. Celle-ci n'avait pas un caractère définitif. En 1741, devant la preuve optique de l'orbitation de la Terre autour du Soleil, Benoît XIV fit donner par le Saint-Office l'*imprimatur* à la première édition des Œuvres complètes de Galilée.

4. *Cette réforme implicite de la sentence de 1633 s'explicita* dans le décret de la Sacrée Congrégation de l'Index qui retirait de l'édition de 1757 du *Catalogue des livres interdits* les ouvrages en faveur de la théorie héliocentrique. En fait, malgré ce décret, nombreux furent ceux qui demeurèrent réticents à admettre l'interprétation nouvelle. En 1820, le chanoine Settele, professeur à l'Université de Rome « La Sapienza », s'apprêtait à publier ses *Éléments d'optique et d'astronomie*. Il se heurta au refus du père Anfossi, maître du Sacré-Palais, de lui concéder l'*imprimatur*. Cet incident donna l'impression que la sentence de 1633 était bien restée irréformée parce que irréformable. L'auteur injuste-

ment censuré interjeta appel auprès du pape Pie VII, dont il reçut en 1822 une sentence favorable. Fait décisif, le père Olivieri, ancien maître général des Frères prêcheurs et commissaire du Saint-Office, rédigea un rapport favorable à la concession de l'*imprimatur* aux ouvrages qui exposaient l'astronomie copernicienne comme une *thèse*, et non plus seulement comme une hypothèse.

La décision pontificale devait trouver son application pratique en 1846, lors de la publication d'un nouvel Index mis à jour des livres prohibés.

5. *En conclusion, la relecture des documents d'archives* le montre encore une fois : tous les acteurs d'un procès, sans exception, ont droit à être considérés de bonne foi, en l'absence de preuves contraires. Les qualifications philosophiques et théologiques abusivement données aux théories alors nouvelles sur la centralité du Soleil et la mobilité de la Terre furent la conséquence d'une *situation de transition* dans le domaine des connaissances astronomiques, et d'une *confusion exégétique* concernant la cosmologie. Héritiers de la conception unitaire du monde, qui s'imposa universellement jusqu'à l'aube du XVII e siècle, certains théologiens contemporains de Galilée n'ont pas su déceler la signification profonde, non littérale, des Écritures, lorsqu'elles décrivent la structure physique de l'univers créé, ce qui les conduisit à transposer indûment une question d'observation factuelle dans le domaine de la foi.

C'est dans cette conjoncture historico-culturelle, bien éloignée de notre temps, que les juges de Galilée, incapables de dissocier la foi d'une cosmologie millénaire, crurent, bien à tort, que l'adoption de la révolution copernicienne, par ailleurs non encore définitivement prouvée, était de nature à ébranler la tradition catholique, et qu'il était de leur devoir d'en prohiber l'enseignement. Cette erreur subjective de jugement, si claire pour nous aujourd'hui, les conduisit à une mesure disciplinaire dont Galilée « eut beaucoup à souffrir ». Il faut loyalement reconnaître ces torts, comme vous l'avez demandé, Très Saint-Père.

Tels sont les fruits de l'enquête interdisciplinaire que vous avez demandé à la Commission d'entreprendre.

Tous ses membres, par mon intermédiaire, vous remercient de l'honneur et de la confiance que vous leur avez témoignés, en leur laissant toute latitude d'explorer, de rechercher et de publier, dans la totale liberté qu'exigent les études scientifiques.
Daigne Votre Sainteté en agréer le fervent et filial hommage.
Card Paul. Poupard. Vatican, 31 octobre 1992.

JEAN-PAUL II RECONNAÎT LES ERREURS QUI ONT ÉTÉ COMMISES. Nous avons déjà souligné l'importance de la question pastorale posée par le pape au quatrième paragraphe de ce texte, qu'il lut en réponse au rapport du cardinal Poupard, à l'occasion de la session solennelle de l'Académie pontificale des sciences. Les expressions « tragique incompréhension réciproque » et « douloureux malentendu », au cinquième paragraphe, et « l'erreur des théologiens d'alors », au septième, sont tout aussi explicites :

On s'étonnera peut-être qu'au terme d'une semaine d'études de l'Académie sur le thème de l'émergence de la complexité dans les diverses sciences, je revienne sur le cas Galilée. Ce cas n'est-il pas depuis longtemps classé et les erreurs commises n'ont-elles pas été reconnues ?
Certes, cela est vrai. Cependant, *les problèmes sous-jacents à ce cas touchent à la nature de la science comme à celle du message de la foi.* Il n'est donc pas à exclure que l'on se trouve un jour devant une situation analogue, qui demandera aux uns et aux autres une conscience avertie du champ et des limites de ses propres compétences. L'approche du thème de la complexité pourrait en fournir une illustration.
Une double question est au cœur du débat dont Galilée fut le centre.
La première est d'ordre épistémologique et concerne l'herméneutique biblique. [...]
Le problème que se posèrent donc les théologiens de

l'époque est celui de la compatibilité de l'héliocentrisme et de l'Écriture.

Ainsi la science nouvelle, avec ses méthodes et la liberté de recherche qu'elles supposent, obligeait les théologiens à s'interroger sur leurs propres critères d'interprétation de l'Écriture. La plupart n'ont pas su le faire.

Paradoxalement, Galilée, croyant sincère, s'est montré plus perspicace sur ce point que ses adversaires théologiens. « Si l'Écriture ne peut errer, écrit-il à Benedetto Castelli, certains de ses interprètes et commentateurs le peuvent et de plusieurs façons. »

[...] Nous pouvons déjà ici émettre une première conclusion. L'irruption d'une manière nouvelle d'affronter l'étude des phénomènes naturels impose une *clarification de l'ensemble des disciplines du savoir*. Elle les oblige à mieux délimiter leur champ propre, leur angle d'approche, leurs méthodes, ainsi que la portée exacte de leurs conclusions. En d'autres termes, cette apparition oblige chacune des disciplines à prendre une conscience plus rigoureuse de sa propre nature.

Le bouleversement provoqué par le système de Copernic a ainsi exigé un effort de réflexion épistémologique sur les sciences bibliques, effort qui devait porter plus tard des fruits abondants dans les travaux exégétiques modernes et qui a trouvé dans la Constitution conciliaire *Dei Verbum* une consécration et une nouvelle impulsion.

La crise que je viens d'évoquer n'est pas le seul facteur à avoir eu des répercussions sur l'interprétation de la Bible. Nous touchons ici au *deuxième aspect du problème, l'aspect pastoral.*

En vertu de sa mission propre, l'Église a le devoir d'être attentive aux incidences pastorales de sa parole. Qu'il soit clair, avant tout, que cette parole doit correspondre à la vérité. Mais il s'agit de savoir comment prendre en considération une donnée scientifique nouvelle quand elle semble contredire des vérités de foi. Le jugement pastoral que demandait la théorie copernicienne était difficile à porter dans la mesure où le géocentrisme semblait faire partie de l'enseignement lui-même de l'Écriture. Il aurait fallu tout ensemble vaincre des habitudes de pensée et inventer une pédagogie capable d'éclairer le peuple de Dieu. Disons, d'une manière générale, que le pasteur doit se montrer prêt à une authentique audace, évitant le double écueil de l'attitude timorée et du jugement précipité, qui l'un et l'autre peuvent faire beaucoup de mal. [...]

À partir du siècle des Lumières et jusqu'à nos jours, *le cas Galilée* a constitué une sorte de mythe, dans lequel l'image que l'on s'était forgée des événements était passablement éloignée de la réalité. Dans cette perspective, le cas Galilée était le symbole du prétendu refus par l'Église du progrès scientifique, ou bien de l'obscurantisme « dogmatique » opposé à la libre recherche de la vérité. Ce mythe a joué un rôle culturel considérable, il a contribué à ancrer de nombreux scientifiques de bonne foi dans l'idée qu'il y avait incompatibilité entre, d'un côté, l'esprit de la science et son éthique de recherche et, de l'autre, la foi chrétienne. *Une tragique incompréhension réciproque* a été interprétée comme le reflet d'une opposition constitutive entre science et foi. Les élucidations apportées par les récentes études historiques nous permettent d'affirmer que ce douloureux malentendu appartient désormais au passé.

On peut tirer de l'affaire Galilée *un enseignement qui reste d'actualité* par rapport à des situations analogues qui se présentent aujourd'hui et peuvent se présenter demain. Au temps de Galilée, il était inconcevable de se représenter un monde qui fût dépourvu d'un point de référence physique absolu. Et comme le cosmos alors connu était pour ainsi dire contenu dans le seul système solaire, on ne pouvait situer ce point de référence que sur la Terre ou sur le Soleil. Aujourd'hui, après Einstein et dans la perspective de la cosmologie contemporaine, aucun de ces deux points de référence n'a plus l'importance qu'ils présentaient alors. Cette remarque ne vise pas, cela va de soi, la validité de la position de Galilée dans le débat ; elle entend indiquer que souvent, au-delà de deux

visions partiales et contrastées, *il existe une vision plus large qui les inclut et les dépasse l'une et l'autre.*
Un autre enseignement qui se dégage est le fait que les *diverses disciplines du savoir appellent une diversité de métho-des.* Galilée, qui a pratiquement inventé la méthode expérimentale, avait compris, grâce à son intuition de physicien de génie et en s'appuyant sur divers argu-ments, pourquoi seul le Soleil pouvait avoir fonction de centre du monde, tel qu'il était alors connu, c'est-à-dire comme système planétaire. L'erreur des théologiens d'alors, quand ils soutenaient la centralité de la Terre, fut de penser que notre connaissance de la structure du monde physique était, d'une certaine manière, imposée par le sens littéral de l'Écriture sainte. (Palais apostoli-que, 31 octobre 1992, rencontre avec l'Académie pontifi-cale des sciences.)

Pour éclaircir la définition du cas Galilée comme « une sorte de mythe », définition que donne le pape au cinquième paragraphe, on citera cette remarque faite par le théologien personnel du pape, le P. Georges Cottier :

On ne peut pas parler de contre-témoignage à propos d'un fait de mémoire comme la persistance tenace d'un mythe tendancieux. Prenons l'exemple de l'affaire Gali-lée. Les responsables ecclésiastiques ont commis des erreurs et des manquements, qui ont ensuite été éclaircis et reconnus. Mais, sur cette question elle-même est venu se greffer, après le siècle des Lumières, un mythe d'inspi-ration scientiste : l'obscurantisme « dogmatique » de l'Église s'opposant au héros de la liberté de la pensée. Or, de tels mythes, dans la mesure où ils perdurent, acquièrent une sorte d'autonomie, comme s'ils pou-vaient, à la limite, se libérer de la réalité des faits qui leur donnent naissance. À cet égard, il faut rester vigilant face à l'imaginaire pseudo-historique véhiculé par les mass media[27].

UNE OUVERTURE À L'ÉVOLUTIONNISME. « Il convient de bien cerner le sens propre de l'Écriture, et d'écarter les interprétations induites qui lui font dire ce qu'il n'est pas dans ses intentions de signifier. » Ce principe, affirmé par Jean-Paul II dans son développement sur le cas Galilée, a trouvé une nouvelle application, à l'automne de 1996, au sujet de la théorie de l'évolution. « Les origines et la première évolution de la vie. Réflexions sur la science, à l'aube du troisième millénaire », tel était le thème de l'assemblée plénière de l'Académie pontificale des sciences à laquelle le pape a envoyé un message actualisant la position de l'Église en matière de doctrine de l'évolution :

> Compte tenu de l'état des recherches à l'époque et aussi des exigences propres de la théologie, l'encyclique *Humani generis* considérait la doctrine de l'« évolutionnisme » comme une hypothèse sérieuse, digne d'une investigation et d'une réflexion approfondies à l'égal de l'hypothèse opposée. [...] Aujourd'hui, près d'un demi-siècle après la parution de l'encyclique, de nouvelles connaissances conduisent à reconnaître dans la théorie de l'évolution plus qu'une hypothèse. Il est en effet remarquable que cette théorie se soit progressivement imposée à l'esprit des chercheurs, à la suite d'une série de découvertes faites dans diverses disciplines du savoir. La convergence, nullement recherchée ou provoquée, des résultats de travaux menés indépendamment les uns des autres, constitue par elle-même un argument significatif en faveur de cette théorie. [...] Et, à vrai dire, plus que de *la* théorie de l'évolution, il convient de parler *des* théories de l'évolution. [...] Il existe ainsi des lectures matérialistes et réductionnistes, et des lectures spiritualistes. Le jugement ici est de la compétence propre de la philosophie et, au-delà, de la théologie. [...] En conséquence, les théories de l'évolution qui, en fonction des philosophies qui les inspirent, considèrent l'esprit

comme émergeant des forces de la matière vivante ou comme un simple épiphénomène de cette matière, sont incompatibles avec la vérité de l'homme. (Message à l'assemblée plénière de l'Académie pontificale des sciences, 23 octobre 1996.)

7

Guerre et paix

Jamais, peut-être, un pape n'avait prêché la paix avec la force de Jean-Paul II : sûrement aucun, en tout cas, à l'époque moderne. Et aucun pape n'a, autant que lui, confessé le péché de la guerre commis par les chrétiens et demandé pardon pour lui. Quitte à exagérer parfois dans la confession et dans la demande de pardon, comme si les chrétiens étaient également responsables des guerres décidées par d'autres, pour ne pas les avoir empêchées ou, en tout cas, pour y avoir participé. Nous reproduisons les cinq textes les plus vivants de cette confession. Ils vont de 1983 à 1995 ; ils partent de Vienne, l'une des grandes capitales responsables de tant de guerres entre les nations chrétiennes ; ils passent par les deux journées d'Assise (1986 et 1993), patrie symbolique de la vocation chrétienne pour la paix ; ils culminent dans deux documents publiés un demi-siècle après le début (1989) et la fin (1995) de cette Deuxième Guerre mondiale qui, parce qu'elle a fait rage sur un continent à tradition chrétienne, apparaît à Jean-Paul II comme le plus cruel scandale de l'histoire.

LA GUERRE, SOMME DE TOUS LES PÉCHÉS. La guerre résume tout le mal que l'homme a fait à l'homme dans l'histoire de l'Europe et il est « affligeant », dit le pape, que « nous autres chrétiens » n'ayons pas été, en cela, différents des autres :

> On ne saurait passer sous silence — et c'est là un fait qui nous choque tous profondément — que l'histoire commune de l'Europe ne présente pas seulement des traits resplendissants, mais présente aussi des *points noirs, terribles*, qui sont incompatibles avec l'esprit d'humanisme et la Bonne Nouvelle annoncée par Jésus-Christ. À maintes reprises, les États et les partis se sont confrontés dans des *guerres* sanglantes et haineuses. À maintes reprises, les hommes ont été privés de leur patrie ; ils ont été expulsés ou ont été réduits à l'exode en raison de la misère, de la discrimination et des persécutions. Des millions d'hommes ont été assassinés en raison de leur appartenance à une race, en raison de leur nationalité, de leurs convictions ou tout simplement parce qu'ils se trouvaient sur le chemin de quelqu'un. Il est affligeant de savoir, que parmi ceux qui opprimaient et persécutaient leurs prochains, il y avait aussi des chrétiens croyants. Si nous pouvons à bon droit nous réclamer de Notre-Seigneur Jésus-Christ et de son message, nous devons, d'un autre côté, reconnaître nos fautes et implorer le pardon, car nous autres chrétiens, nous sommes devenus coupables — par pensées, paroles et par actions et parce que nous ne sommes pas intervenus pour empêcher l'injustice. [...]
> Mais avant toutes choses, nous savons parfaitement que *Jésus-Christ n'a jamais parlé par les armes*, ni lui ni sa Mère à laquelle on s'est adressé jadis comme aujourd'hui en l'invoquant comme le « secours des chrétiens ». La lutte armée est, le cas échéant, un mal inéluctable auquel les chrétiens, pris dans un engrenage tragique, ne sauraient se soustraire. Mais là également, le commandement chrétien de l'amour de l'ennemi, de la miséricorde, est pour nous une obligation. (Heldenplatz, Vienne, 10 septembre 1983, « Vêpres européennes ».)

Pour commenter l'incise sur la lutte armée comme « mal inéluctable » et sur l'amour de l'ennemi qui doit l'accompagner, nous rappellerons l'une des confessions des péchés les plus inattendues du pontificat : celle à laquelle il s'est livré en Vendée, en septembre 1996, à propos de la résistance armée des catholiques vendéens contre les troupes de la Convention (1793) :

> Dans de terribles affrontements, bien des actions ont pu être marquées par le péché, de part et d'autre. (Saint-Laurent-sur-Sèvre, 19 septembre 1996, discours à la population et aux jeunes des collèges et lycées.)

LA CONFESSION D'ASSISE. Au centre de la journée pour la paix d'Assise (1986) figure cette confession solennelle sur les responsabilités des catholiques et des hommes de toute foi comme fauteurs de guerre :

> Je redis humblement ma propre conviction : la paix porte le nom de Jésus-Christ. Mais, en même temps et de la même voix, je suis prêt à reconnaître que les catholiques n'ont pas toujours été fidèles à cette affirmation de foi. Nous n'avons pas toujours été des « artisans de paix ». Pour nous-mêmes, par conséquent, mais aussi peut-être pour tous, en un sens, cette rencontre à Assise est un acte de *pénitence.* (Assise, 27 octobre 1986, discours de clôture de l'assemblée unitaire.)

EUROPE CHRÉTIENNE ? Dans le premier des textes recueillis dans ce chapitre, le Saint-Père estimait affligeant que de nombreux chrétiens aient été responsables, au fil de l'histoire, des guerres d'Europe. Mais il s'agissait des guerres de toute notre histoire. Dans ce nouveau texte, l'attention se concentre sur la Deuxième Guerre mondiale et, devant sa monstruosité, la mortification du chrétien Karol Wojtyla atteint son comble, allant jusqu'à reconnaître que, avec une telle histoire derrière soi, il devient difficile de poursuivre son chemin. Que ceux qui persistent à répéter que ce pape de l'identité catholique est incapable d'autocritique méditent ce passage :

> Nous venons de nous souvenir d'une des guerres les plus meurtrières de l'histoire, née sur un continent de tradition chrétienne. [...] Une telle constatation ne peut que nous inciter à un *examen de conscience* sur la qualité de l'évangélisation de l'Europe. La chute des valeurs chrétiennes qui a favorisé les errements d'hier doit nous rendre vigilants sur la manière dont, aujourd'hui, l'Évangile est annoncé et vécu. (Lettre apostolique à l'occasion du 50e anniversaire du début de la Deuxième Guerre mondiale, 26 août 1989.)

PARDON POUR NOUS ET POUR TOUT LE MONDE. La demande de pardon à Dieu pour les guerres d'aujourd'hui, et non plus seulement pour les guerres du passé, est formulée lors de la seconde journée d'Assise et découle de cette interrogation : comment la violence du monde est-elle possible si le Christ l'a « détruite », et comment est-il possible de « s'entre-tuer » au cœur de l'Europe (allusion à l'ex-Yougoslavie), à la veille du IIIe millénaire :

> À cette question, il n'y a pas d'autre réponse que celle de l'humble demande de pardon au pied de la Croix sur laquelle le Seigneur est crucifié pour nous et pour tous. C'est justement pour cela que notre veillée de prière est aussi une veillée de *pénitence* et de conversion. (Assise, 9 janvier 1993, veillée de prière pour la paix en Europe.)

MEA-CULPA POUR LA GUERRE PROVOQUÉE PAR LE NAZISME. Ce ne sont certes pas les chrétiens qui ont voulu la folie de la Deuxième Guerre mondiale, mais c'est en terre chrétienne que le conflit a fait rage, et ils n'ont pas su s'y opposer, ils y ont même pris part ; ils doivent donc également demander pardon pour cette guerre. Ces paroles dénotent un courage élevé : le Polonais qui les prononce avait dix-neuf ans lorsque sa vie fut bouleversée par la tourmente du nazisme :

> À l'occasion du cinquantième anniversaire de la fin de la Deuxième Guerre mondiale, les voix qui se lèvent sont nombreuses, cherchant à dépasser les divisions entre les vainqueurs et les vaincus. Le courage et le sacrifice de millions d'hommes et de femmes sont évoqués. En ce qui la concerne, l'Église se met surtout à l'écoute du cri de toutes les victimes. C'est un cri qui aide à mieux comprendre le scandale de ce conflit qui a duré six ans. C'est un cri qui porte à réfléchir sur ce que ce scandale a comporté pour l'humanité. C'est un cri qui constitue une dénonciation des idéologies qui conduisirent à cette catastrophe terrible. Face à toutes les guerres, nous sommes tous appelés à méditer sur nos responsabilités, en demandant pardon et en pardonnant. En tant que chrétiens, nous sommes amèrement touchés, en considérant que les monstruosités de cette guerre se sont produites sur un continent qui se faisait gloire d'une floraison particulière de la culture et de la civilisation ; sur le continent qui est demeuré le plus longtemps sous l'influence de l'Évangile et de l'Église. Pour cela, les chrétiens d'Europe doivent demander pardon, tout en reconnaissant que les responsabilités dans la construction de la machine de guerre furent diverses. (Message à l'occasion du cinquantième anniversaire de la fin de la Deuxième Guerre mondiale en Europe, 16 mai 1995.)

Pour établir une comparaison œcuménique (mais, cette fois-ci, les mots du pape sont peut-être plus libres et plus précis que ceux de tout organisme collégial interconfessionnel), nous citerons une confession de péché concernant les guerres, ratifiée par toutes les

Églises d'Europe et figurant dans le document final de l'assemblée œcuménique de Bâle sur « Justice et paix » (20 mai 1989) : « Nous avons causé des conflits et nous n'avons pas toujours été capables de mettre à profit toutes les occasions de dialogue et de réconciliation, nous avons accepté et souvent justifié les guerres avec trop de facilité [28]. »

8

Guerres de Religion

La demande de pardon pour les guerres de Religion est la plus belle de celles qu'a prononcées Jean-
Paul II. C'est elle qui nous a inspiré le titre du présent
volume. Dans le choix des mots, déjà, transparaît l'intention de formuler un texte exemplaire : « Aujour-
d'hui, moi, pape de l'Église de Rome, au nom de tous
les catholiques, je demande pardon pour les torts qui
ont été causés aux non-catholiques dans le cours de
leur histoire mouvementée. » Ainsi s'est exprimé Jean-
Paul II à Olomouc, en République tchèque, en mai
1995, au cours de l'homélie pour la canonisation du
père Sarkander (1576-1620). Deux autres textes peuvent accompagner cette déclaration fondamentale. Le
premier fut lu un mois plus tard en Slovaquie ; le
second, en revanche, l'avait précédée de sept ans, et
avait été lu à Salzbourg : une nouvelle preuve que,
dans cette histoire des demandes de pardon, chaque
mot a une source et chaque geste a des antécédents.

JE DEMANDE ET JE PROPOSE LE PARDON. Avec le
texte d'Olomouc, Jean-Paul II a dû affronter le durcis-
sement, qui n'avait rien de déraisonnable, de l'Église
protestante (qui se sentait accusée par la canonisation
d'un martyr qui fut mis à mort par les autorités protes-

tantes), montrant que, même dans le domaine œcuménique, il est possible, si le pape n'a pas peur, de changer le plomb en or :

Presque quatre siècles plus tard, nous rencontrons la figure de Jan Sarkander, prêtre et martyr. Il est surtout vôtre, bien chers Moraves qui, depuis toujours, l'aimez et le vénérez comme votre protecteur, spécialement aux heures les plus difficiles de votre histoire. [...] Cette canonisation ne doit, en aucun cas, rouvrir les douloureuses blessures qui, dans le passé, ont marqué dans ces régions le corps du Christ. Et même, aujourd'hui, moi, pape de l'Église de Rome, au nom de tous les catholiques, *je demande pardon* pour les torts causés aux non-catholiques au cours de l'histoire tourmentée de ces peuples, et dans le même temps *je me porte garant du pardon* de l'Église catholique pour tous les maux dont ses fils ont souffert. Puisse cette journée être un nouveau commencement dans notre effort commun pour suivre le Christ, son Évangile, sa loi d'amour, son aspiration suprême à l'unité de tous ceux qui croient en lui. (Olomouc, République tchèque, 21 mai 1995, canonisation de Jan Sarkander.)

L'HOMMAGE AUX MARTYRS PROTESTANTS. Cette demande de pardon a inspiré une autre importante révision historique en matière de guerres de Religion, formulée un mois et demi plus tard, au cours de la visite en Slovaquie, à l'occasion de la béatification de trois martyrs mis à mort par les autorités protestantes, en 1619, à Kosice :

La liturgie de ce jour nous invite à réfléchir sur les faits tragiques du début du XVIIᵉ siècle, en mettant en lumière d'une part l'absurdité de la violence et de l'autre le splendide exemple de tant de disciples du Christ qui surent affronter des souffrances de tout genre pour ne pas renier ce que leur dictait leur conscience. À côté des trois martyrs de Kosice, en effet, de nombreuses personnes, appartenant aussi à d'autres confessions chrétiennes, furent soumises à des tortures et subirent de lourdes condamnations : certaines furent même tuées. Comment ne pas reconnaître par exemple la grandeur spirituelle des vingt-quatre fidèles, appartenant aux Églises protestantes, tués à Presov ? À ceux-ci et à tous ceux qui ont accepté les souffrances et la mort pour demeurer en conscience cohérents avec leurs propres convictions, l'Église rend la louange qu'ils méritent et exprime son admiration. (Kosice, Slovaquie, 2 juillet 1995, homélie pour la béatification de trois martyrs.)

Reconnaître la « grandeur spirituelle » de vingt-quatre protestants tués par les catholiques, c'est sans doute bien davantage que de demander pardon pour les « torts infligés par les catholiques aux non-catholiques ». Cette reconnaissance, l'équivalent *ad extra* de ce qu'est, *ad intra*, la béatification, complète la demande de pardon d'Olomouc. L'une et l'autre ont ensuite été couronnées par un geste génial et inattendu : l'hommage au monument des martyrs protestants, que Jean-Paul II a accompli durant l'après-midi de ce 2 juillet, à Presov.

Jean-Paul II se tient sous la pluie, en silence, dans un coin de la place de la vieille ville de Presov, devant le monument des martyrs calvinistes tués par les catholiques en 1687. C'est le plus humble et le plus surprenant des actes œcuméniques accomplis par ce pape. Il n'était pas programmé, il l'a décidé au dernier moment. Il prie en silence devant cette pierre, peut-être demande-t-il pardon à ces pauvres chrétiens qui sont morts pour leur foi, refusant de se soumettre à la papauté, et tués, au nom de la foi, par d'autres chrétiens qui défendaient la papauté.

L'évêque luthérien de Presov, Jan Midriak, est présent à ses côtés : après la prière silencieuse, il salue le pape et le remercie d'être venu ici. Ils récitent ensemble le Notre-Père. « Nous avons été vraiment très sensibles à ce geste, jamais nous n'aurions imaginé qu'une telle chose se produirait », déclarera par la suite Midriak aux journalistes [29].

Le pape lui-même a évoqué ce geste, de retour à Rome, pendant une audience générale :

> Cette canonisation a été aussi un important événement œcuménique, comme cela est apparu, aussi bien lors de ma rencontre avec les représentants des confessions protestantes que lors de ma visite aux lieux qui rappellent la mort d'un groupe de fidèles de la Réforme, condamnés au XVIIe siècle au nom du principe *Cujus regio, ejus religio*. Un monument érigé dans la ville de Presov, devant lequel je me suis arrêté en prière, fait mémoire de ce fait.

INJUSTE EXPULSION DES PROTESTANTS. Le troisième texte est plus ancien et moins explicite, mais, comme les deux premiers, il accepte de porter le fardeau du ressentiment de l'autre partie, de ceux qui, lors des guerres de Religion, étaient des adversaires. Et, en définitive, il contient en germe ces deux déclarations plus explicites, il les anticipe dans leur sens le plus essentiel. Le pape a prononcé ces mots à Salzbourg, pendant un office œcuménique dans l'Église de la communauté protestante. Grâce à l'habileté diplomatique de l'archevêque Pâris Lodron (1619-1653), Salzbourg n'avait pas connu les guerres de Religion. Mais la ville en subit tout de même les conséquences, un siècle plus tard, lorsque l'archevêque Léopold de Firmian décrétait, en 1731, l'expulsion de trente mille protestants, soit 15 % de la population de la principauté, qui n'étaient coupables que de résister, dans leurs vallées alpines, aux missions qu'on organisait périodiquement pour les convertir [30]. C'est sur cette plaie que, deux cent cinquante-sept ans plus tard, en 1988, Jean-Paul II applique le baume de ses paroles :

165

Mais à Salzbourg nous rencontrons aussi la *Réformation*. Nous sommes amenés ici à nous rappeler l'expulsion abusive des protestants locaux au XVIIIe et au XIXe siècle, dont on croyait alors qu'il fallait l'exiger dans l'application du malheureux principe *Cujus regio, ejus religio*. Il y a des années déjà, l'archevêque de Salzbourg a demandé, au nom de tout le diocèse, le pardon des frères et sœurs protestants pour l'injustice qui leur a été faite ainsi. L'événement d'aujourd'hui, qui nous permet d'entendre la Parole de Dieu et de prier ensemble au nom de Jésus à l'Église évangélique du Christ, est une preuve tangible du fait que cette demande de pardon a été acceptée par le cœur et a conduit à la réconciliation. (Salzbourg, Autriche, 26 juin 1988, rencontre dans l'Église de la communauté protestante.)

Le scandale des guerres de Religion a conduit l'Europe à l'athéisme. L'Église doit donc se montrer d'autant plus résolue à faire amende honorable que leur effet a été négatif. Le P. Georges Cottier, théologien du pape, en parle ainsi :

Certains chrétiens ont accepté, surtout en certains siècles, d'employer des méthodes d'intolérance, et même de violence, dans l'intention de servir la vérité. Nous savons que, dans la genèse de l'incroyance moderne, les sentiments d'hostilité réciproque que, à l'époque des guerres de Religion, les chrétiens divisés ont nourris les uns envers les autres, ont pesé d'un grand poids et scandalisé les esprits qui n'avaient pas perdu le sens de la mesure et du respect du prochain. Comment était-il possible de défendre l'Évangile en usant de moyens radicalement opposés à l'esprit évangélique? Le lien intrinsèque, que certains veulent établir, entre esprit de tolérance et agnosticisme de principe, n'a été qu'une triste réponse au fanatisme des luttes religieuses[31].

9

Hus, Calvin et Zwingli

Une « loyale reconnaissance des faits » conduit à réécrire l'histoire et à distinguer la « grandeur spirituelle » des adversaires d'autrefois. Nous l'avons vu au chapitre sur les guerres de Religion, nous le verrons au chapitre sur Luther, le plus diffamé des ennemis, mais celui auquel on a le mieux, à ce jour, rendu justice. Jean-Paul II a invité à considérer d'un œil neuf les ennemis d'antan, parmi lesquels les réformateurs Hus, Calvin et Zwingli occupent une place primordiale. Il a parlé d'eux lors de la visite dans les pays qui les virent jouer un rôle dans la Réforme, et où vivent encore les communautés qu'ils ont fondées.

JAN HUS. C'est en avril 1990, lors d'une visite dans l'ex-Tchécoslovaquie, que Jean-Paul II a révisé le jugement sur le réformateur tchèque Jan Hus, excommunié en 1411, condamné au bûcher par le concile de Constance, et brûlé vif en 1415. Dans cette révision, il se réfère à une intervention conciliaire du cardinal Beran, nous indiquant ainsi l'un des maîtres dont s'inspire son projet de réviser l'histoire à la lumière de l'Évangile :

Je me rappelle qu'au concile Vatican II, le cardinal Josef Beran, archevêque tchèque, intervint avec force pour défendre les principes de la liberté religieuse et de la tolérance, évoquant en termes douloureux le sort de Jean Hus, prêtre de Bohême, et déplorant les excès auxquels on s'était laissé aller à cette époque et par la suite. J'ai encore présentes à l'esprit ces paroles du cardinal-archevêque de Prague au sujet de ce prêtre qui a eu tant d'importance dans l'histoire religieuse et culturelle du peuple de Bohême. Il reviendra aux experts — en premier lieu aux théologiens tchèques — de définir plus exactement la place qu'occupe Jean Hus parmi les réformateurs de l'Église, aux côtés d'autres figures célèbres de réformateurs médiévaux en Bohême, comme Thomas de Stitny et Jean Milic de Kromeriz. Cependant, au-delà des convictions théologiques qu'il a défendues, on ne peut dénier à Jean Hus l'intégrité de sa vie personnelle ni ses efforts pour l'instruction et l'éducation morale de la nation. (Prague, 21 avril 1990, rencontre avec le monde de la culture.)

En effet, l'intervention du cardinal Beran au Concile, lors du débat sur la Déclaration sur la liberté religieuse, le 20 septembre 1965, avait été extraordinaire :

Toujours et partout, la violation de la liberté de conscience engendre l'hypocrisie chez beaucoup. Et peut-être peut-on affirmer que l'hypocrisie dans la profession de la foi est plus nuisible à l'Église que l'hypocrisie pour cacher la foi, laquelle est aujourd'hui plus répandue.
Ainsi, dans ma patrie, l'Église semble expier aujourd'hui les fautes et les péchés qui ont été commis en son nom autrefois contre la liberté religieuse, comme ce fut le cas au xve siècle pour le bûcher du prêtre Jean Hus, ou au xviie siècle pour le retour forcé à la foi catholique d'une grande partie du peuple de Bohême, en vertu du principe : *Cujus regio, ejus religio.*
Ce recours au bras séculier, voulant ou prétendant servir

l'Église catholique, a, en réalité, laissé une blessure certaine dans le cœur de la population. Ce traumatisme a mis obstacle au progrès religieux. Il a fourni encore aux ennemis de l'Église un argument facile pour l'attaquer. L'histoire nous avertit donc que ce Concile doit proclamer le principe de la liberté religieuse et de la liberté de conscience en des paroles bien claires et sans aucune restriction qui serait inspirée par des motifs d'opportunisme. Si nous le faisons, également dans un esprit de réparation pour les péchés du passé, l'autorité morale de l'Église y gagnera grandement, pour le plus grand bien des peuples[32].

Dans un premier temps, le nom de Hus, avec ceux de Savonarole et de Bartolomé de Las Casas, avait été cité dans le cadre de la Commission Théologie et Histoire chargée par Jean-Paul II de préparer cet examen de conscience de la fin du millénaire qui devrait conduire à des reconnaissances de fautes et à des demandes de pardon ; nous en avons parlé au chapitre 9 de la première partie et nous avons vu que la Commission a renoncé à l'idée d'étudier des cas isolés de personnages historiques pour se consacrer à deux questions principales : l'antisémitisme et les Inquisitions. Et peut-être est-il juste que ce ne soit pas un organisme central qui s'occupe des cas isolés, notamment de ceux où prédominent des caractéristiques locales ; peut-être est-il raisonnable de les laisser aux communautés ecclésiales nationales.

De fait, les catholiques et les protestants de Bohême s'occupent actuellement de l'affaire Hus. Le cardinal Vlk, archevêque de Prague, en a parlé en ces termes : « Nous avons installé une commission œcuménique pour analyser la personne et la vie de Jan Hus : nous avons ainsi créé une base de collaboration, de vie et d'échange qui est un modèle, car il y règne une atmosphère très fraternelle[33]. »

Ce dialogue a déjà porté ses fruits. Le 6 juillet 1995, dans la chapelle de Bethléem (d'où partit, en 1400, la prédication réformatrice de Hus), le cardinal Vlk a participé à la commémoration du réformateur tchèque : c'était la première fois qu'un représentant de l'Église catholique prenait part à une telle cérémonie. Une « première fois » favorisée par les prises de position et les gestes de réconciliation de Jean-Paul II lors de sa visite en République tchèque et en République slovaque durant les semaines précédentes.

CALVIN ET ZWINGLI. Jean-Paul II a parlé des deux réformateurs suisses lors de sa visite dans la Confédération helvétique de juin 1984, lors d'une rencontre œcuménique, leur reconnaissant « l'intention de rendre l'Église plus fidèle à la volonté de son Seigneur » :

> Cette année, nous avons présent à notre esprit le souvenir du zèle qui animait deux personnalités religieuses marquantes de l'histoire suisse : l'une, Huldrych Zwingli, dont vous célébrez le cinquième centenaire par diverses manifestations en l'honneur de sa personne et de son œuvre ; l'autre, Jean Calvin, qui est né il y a quatre cent soixante-quinze ans.
> Nous trouvons l'impact historique de leur témoignage, non seulement dans la sphère de la théologie et de la structure ecclésiale, mais aussi dans le domaine culturel, social et politique. L'héritage de la pensée et des options éthiques propres à chacun de ces deux hommes continue d'être présent, avec force et dynamisme, en diverses parties de la chrétienté. D'une part, nous ne pouvons oublier que l'œuvre de leur Réforme reste un défi permanent entre nous et rend nos divisions ecclésiales toujours actuelles ; mais d'autre part nul ne peut nier que des éléments de la théologie et de la spiritualité de chacun d'eux maintiennent des liens profonds entre nous. Le fait que nous jugeons différemment les événements

complexes de l'histoire d'alors, ainsi que les différences qui persistent dans des questions centrales de notre foi, ne doivent pas nous diviser pour toujours. Surtout, le souvenir des événements du passé ne doit pas limiter la liberté de nos efforts actuels en vue de réparer les dégâts provoqués par ces événements. La purification de la mémoire est un élément capital du progrès œcuménique. Elle comporte la franche reconnaissance des torts réciproques et des erreurs commises dans la manière de réagir les uns envers les autres, alors que tous avaient l'intention de rendre l'Église plus fidèle à la volonté de son Seigneur. Peut-être viendra le jour, et je l'espère proche, où catholiques et réformés de Suisse seront en mesure d'écrire ensemble l'histoire de cette époque troublée et complexe avec l'objectivité que donne une profonde charité fraternelle. Une telle réalisation permettra de confier sans réticence le passé à la miséricorde de Dieu et d'être, en toute liberté, tendus vers l'avenir pour le faire plus conforme à sa volonté (cf. Ph 3, 13), qui veut que les siens n'aient qu'un cœur et qu'une âme (cf. Ac 4, 24) pour s'unir dans la louange et la proclamation de la gloire de sa grâce (cf. Ép 1, 6). (Kehrsatz, Suisse, 14 juin 1984, rencontre avec la Fédération des Églises protestantes.)

10

Indiens d'Amérique

Avec les Indiens d'Amérique, Jean-Paul II a agi plus qu'il n'a parlé : il a rencontré plus de quarante fois les Indiens des deux Amériques et les populations autochtones de chaque continent, et il a reconnu par cinq fois les torts historiques des chrétiens envers eux.

Une fois, il a déclaré que ces chrétiens « n'ont pas su voir dans les indigènes des frères » : c'était le 13 octobre 1992, pour le cinquième centenaire de la découverte de l'Amérique, et le pape s'était rendu à Saint-Domingue pour célébrer le début de l'évangélisation de ces peuples. En cette occasion, la plus importante dans ce domaine, il a dit également qu'« il fallait se livrer à une confession des péchés commis il y a cinq siècles ». De retour à Rome, il a défini ce pèlerinage comme un « acte d'expiation », et c'est le deuxième texte de cette confession, plus fort que le premier.

Les troisième, quatrième et cinquième sont antérieurs aux deux premiers, d'une expression moins solennelle, mais désignent avec davantage de précision les responsabilités des chrétiens et de l'Église. Le premier, qui date de 1984, fut prononcé au Canada et concerne les « erreurs » des missionnaires et les « dommages » qu'ils causèrent. Un autre, en 1986, est adressé aux aborigènes d'Australie et reconnaît le retard avec lequel les « chrétiens de bonne volonté » de notre époque se sont rendu compte des vexations auxquelles ils les ont soumis hier et qu'ils continuent de leur faire subir aujourd'hui. Le dernier, en 1987, fut prononcé à l'occasion d'une rencontre avec les Amérindiens des États-Unis et reconnaît que certains membres de l'Église figuraient parmi les personnes qui réalisèrent l'« oppression culturelle » et « l'éclatement » de leur vie.

SOUFFRANCES ÉNORMES. Voici le premier des quatre textes :

> Comment l'Église, qui par ses religieux, ses prêtres et ses évêques, a toujours été au côté des indigènes, pourrait-elle oublier, en ce cinquième centenaire, les énormes souffrances infligées aux populations du continent à l'époque de la conquête et de la colonisation ? Il faut reconnaître en toute vérité les abus qui ont été commis, par suite du manque d'amour de ces personnes qui n'ont pas su voir dans les indigènes des frères et des fils de Dieu le Père lui-même. (Message aux Indiens d'Amérique, Saint-Domingue, 13 octobre 1992.)

ACTE D'EXPIATION. De retour à Rome, durant une audience générale, Jean-Paul II a évoqué cette rencontre (et il nous semble que c'est là l'unique occasion où il ait qualifié un de ses gestes d'« acte d'expiation ») :

> Par le pèlerinage au lieu où commença l'évangélisation, pèlerinage qui a eu le caractère d'action de grâces, nous avons voulu, en même temps, accomplir un acte d'expiation devant l'infinie sainteté de Dieu, pour tout ce qui, dans cet élan vers le continent américain, a été marqué par le péché, l'injustice et la violence. À cet égard, il n'a pas manqué de missionnaires, pour nous offrir des

témoignages impressionnants. Rappelons seulement les noms de Montesinos, Las Casas, Cordoba, Fra Juan del Valle et tant d'autres.

Cinq cents ans plus tard, nous nous présentons devant le Christ, qui est le Seigneur de l'histoire de toute l'humanité, pour prononcer les paroles de la prière au Père qu'il nous a lui-même enseignée : « *Pardonne-nous nos offenses, comme nous pardonnons aussi* » (cf. Mt 6, 12).

La prière du Rédempteur s'adresse au père et en même temps aux hommes qui ont été les victimes de diverses injustices.

À ces hommes, nous ne cessons de demander : « Pardon. » Cette demande de pardon s'adresse surtout *aux premiers habitants des terres nouvelles*, aux « Indios », et également à ceux qui, depuis *l'Afrique*, y furent déportés comme *esclaves* pour y accomplir les travaux les plus durs. (Audience générale, 21 octobre 1992.)

LES FAUTES DES MISSIONNAIRES. Au Canada, huit ans plus tôt, Jean-Paul II avait fait une rare allusion aux responsabilités historiques des missionnaires, qu'il avait complétée par un engagement solennel pour le présent, qui ressemble fort à une correction formelle de l'enseignement du passé.

L'histoire prouve qu'au fil des siècles, vos peuples ont à maintes reprises été victimes d'injustices de la part de nouveaux venus qui, dans leur aveuglement, considérèrent souvent toute votre culture comme inférieure. [...] Quelles qu'aient été leurs fautes et leurs imperfections, tout autant que les erreurs commises et les dommages qui en résultèrent bien involontairement, [les missionnaires] s'efforcent à présent de les réparer. [...] Aujourd'hui, je veux proclamer cette liberté qui est requise pour une juste et équitable mesure d'autodétermination dans votre vie de peuples autochtones. Avec l'appui de toute l'Église, je proclame tous vos droits et les obligations qui en découlent. Et aussi je condamne l'oppression physique, culturelle et religieuse, et tout ce qui vous priverait, vous ou tout autre groupe, de qui lui appartient de droit. (Yellow Knife, Canada, 18 septembre 1984, rencontre avec des Indiens et des Inuits.)

Quelques jours plus tôt, à l'occasion d'un premier rendez-vous avec les indigènes, toujours au Canada, il avait dit :

Votre rencontre avec l'Évangile non seulement vous a enrichis, mais elle a enrichi l'Église. Nous savons bien que cela ne s'est pas fait sans difficultés, et parfois même sans maladresses. (Sainte-Anne de Beaupré, Canada, 10 septembre 1984, rencontre avec les autochtones.)

Dans l'autocritique du pape missionnaire, on entend l'écho des propos que, un an plus tôt, en septembre 1993, à la Conférence Tekakwitha, le délégué apostolique à Washington, Mgr Pio Laghi, avait tenus devant les délégués des populations indiennes de toute l'Amérique du Nord : « Beaucoup de missionnaires, vous enseignant le christianisme, ont transmis le sentiment que les institutions culturelles des autochtones étaient inférieures. Pour cela, nous n'exprimons pas seulement notre regret, mais nous demandons pardon [35]. »

CHRÉTIENS TRISTES. Le message que Jean-Paul II adresse aux aborigènes d'Australie, en novembre 1986, rend caduque l'accusation d'insensibilité devant le drame des indigènes qu'on adresse à bien des chrétiens :

Les chrétiens de bonne volonté sont tristes de constater — et beaucoup d'entre eux récemment encore — *à quel point, pendant bien longtemps, les aborigènes ont été transportés loin de leur territoire,* pour être installés dans de petites zones, ou réserves, où les familles étaient brisées, les tribus écartelées, les enfants rendus orphelins et les gens obligés de vivre comme des exilés dans un pays étranger. (Alice Springs, Australie, 29 novembre 1986, discours aux aborigènes.)

TIRER LES LEÇONS DES ERREURS DU PASSÉ. C'est aux États-Unis que l'insensibilité à l'égard des Indiens d'Amérique a peut-être été la plus emblématique et la responsabilité des catholiques la moins évidente. Mais, désormais, Jean-Paul II ne s'arrête plus à de telles distinctions, et lorsqu'il parle de responsabilités des chrétiens, il veut dire tous les chrétiens, prêt à endosser les péchés même de ceux qui n'accepteraient pas de le considérer comme leur représentant :

La première rencontre entre vos cultures traditionnelles et le mode de vie européen a été un événement d'une telle importance et a apporté un si grand changement qu'elle continue d'influencer profondément votre vie actuelle aujourd'hui encore. Cette rencontre a été une dure et douloureuse réalité pour vos peuples. L'oppression culturelle, les injustices, l'éclatement de votre vie et de vos sociétés traditionnelles doivent être reconnues. [...] Malheureusement, tous les membres de l'Église ne furent pas à la hauteur de leurs responsabilités de chrétiens. Mais n'insistons pas de manière excessive sur les erreurs et les torts, même si nous sommes engagés dans la suppression de leurs effets actuels. [...] Aujourd'hui, *nous sommes appelés à tirer les leçons des erreurs du passé, et il nous faut travailler ensemble à la réconciliation et à la guérison des blessures, comme des frères et des sœurs dans le Christ.* (Phoenix, États-Unis, 14 septembre 1987, rencontre avec les Indiens d'Amérique du Nord.)

Le mea-culpa envers les Indiens et les aborigènes de tous les pays est donc généreux. Mais la confession des péchés est un des sujets les plus controversés dans l'Église catholique. Si le pape reconnaît les erreurs des missionnaires, il est des missionnaires qui, en toute bonne foi, sont vexés. Et s'il parle des fautes générales des chrétiens, il donne raison, involontairement, à tel courant de tel épiscopat, à tel groupe ecclésial radical ou à tel historien anticlérical, et il se peut qu'il blesse les courants majoritaires et les groupes les plus fidèles. Et il peut également se produire qu'il soit amené à corriger ou à compléter cette autocritique par une revendication de ce qui fut bien fait.

Voici l'exemple le plus évident d'une telle apologétique rétrospective, à propos des Indiens : il s'agit d'un discours à un groupe d'évêques brésiliens en visite *ad limina*, qui est de trois ans postérieur à la confession de Saint-Domingue et semble prendre en compte l'avis de ceux qui, parmi les évêques, ne l'avaient pas complètement partagée :

> Naturellement, vous le savez bien, les ombres n'ont pas manqué dans l'histoire de votre passé : des décisions et des comportements qui, même si l'on tient compte de la différence des conceptions philosophiques et culturelles de l'époque, apparaissent déplorables. Cependant, cela ne doit pas nous conduire à dédaigner les résultats extraordinaires obtenus par l'effort généreux de nombreux pionniers qui, au prix d'énormes sacrifices, ont contribué à la diffusion de la semence évangélique dans le pays. [...]
> L'Église considère ce passé avec la sérénité du devoir accompli, en dépit des difficultés que, dans ce contexte social et historique, cette évangélisation dut affronter.
> Face aux populations indigènes, la voix de l'Église ne cessa jamais de s'élever, ferme et sereine, à travers les paroles de mon prédécesseur Paul III qui condamna avec véhémence les tentatives visant à réduire ces hommes en esclavage (cf. Bulle *Sublimis Deus*, 1537). Dans la pratique et dans la discipline ecclésiastique, malgré

l'obstacle que représentait le milieu culturel, les Indiens d'Amérique du Sud se virent reconnaître leur dignité humaine et les droits qui en découlaient. À cet égard, l'expérience de foi réalisée par l'institution des missions est significative, qui a reconnu et assumé tous les aspects les plus positifs de la culture indigène, encourageant ses talents, ses arts et ses activités, guidant par sa pédagogie les Indiens jusqu'à la connaissance de la Vérité révélée, et les défendant contre ceux qui voulaient les exploiter. Nous ne pouvons manquer d'admirer aujourd'hui l'intuition pastorale des premiers missionnaires qui accueillirent avec sympathie ce qu'ils trouvèrent de plus noble dans cet univers culturel, tel que le caractère sacré attribué à la création, le respect pour la mère nature et l'intégration de l'homme en son sein, l'esprit communautaire de solidarité entre les générations, l'équilibre entre le travail et le repos, la loyauté et l'amour pour la liberté ; en éclairant tout cela de l'explicite enseignement évangélique, et en l'intégrant, sublimé, dans le patrimoine chrétien, ces annonciateurs de l'Évangile aboutirent ainsi à une synthèse vivante et originale, en favorisant une véritable acculturation de la foi. (À un groupe d'évêques brésiliens, 1er avril 1995.)

Il est probable que le pape parlera de nouveau des aborigènes et complétera sa relecture historique. Les Nations-Unies ont décrété une décennie internationale pour les peuples indigènes (10 décembre 1994-10 décembre 2004), dans laquelle s'insère l'an 2000, et l'on sait que Jean-Paul II est très attentif aux campagnes de l'ONU. On a l'impression qu'en la matière il a déjà donné beaucoup, mais pas tout.

Comme nous l'avons noté dans d'autres chapitres de cette autocritique, les Églises non catholiques se montrent capables, à propos des peuples indigènes aussi, d'une plus grande liberté de parole. Ainsi, dans le document final de l'Assemblée œcuménique mondiale de Séoul (5-12 mars 1990), on peut lire : « Scellons une alliance afin de mettre à profit le 500ᵉ anniversaire de la découverte des Amériques comme une occasion non pas d'exaltation mais de confession, de réparation et de repentir pour le génocide brutal et l'exploitation des peuples indigènes [36]. »

Mais, à l'intérieur même de l'Église catholique, des voix ont appelé à une autocritique radicale sur la colonisation-évangélisation de l'Amérique latine : Jean-Paul II n'a pas voulu, et ne pourrait peut-être jamais, les reprendre à son compte, mais il n'est pas exclu qu'il puisse un jour en tenir compte. Il suffira d'en citer une, cette vertigineuse méditation accomplie, sur son lit de mort en 1988, par l'évêque de Riobamba (Équateur), Leonidas Proano : « Soudain, je suis assailli par une pensée, une idée fixe : et si l'Église était la seule responsable de tout ce fardeau écrasant que, depuis des siècles, doivent porter les Indiens ! Quelle douleur, quelle douleur ! Je porte sur mes épaules ce fardeau des siècles [37]. » Peut-être, un jour, un pape métis ira-t-il plus loin que la demande de pardon de Jean-Paul II et prononcera-t-il des paroles qui puissent tenir compte de ce testament de Mgr Leonidas.

11

Injustices

Le chapitre des injustices est incomplet : Jean-Paul II n'a encore que peu parlé des responsabilités des chrétiens et de l'Église dans ce vaste domaine. Comme pour les dictatures, il a inscrit le titre, a indiqué le sujet, mais ne l'a pas encore développé. La question est ainsi présentée dans la lettre apostolique présentant le projet du Grand Jubilé :

> Et ne faut-il pas déplorer, parmi les ombres du présent, la coresponsabilité de tant de chrétiens dans des formes graves d'injustice et de marginalisation sociale ? On peut se demander combien d'entre eux connaissent à fond et pratiquent d'une manière cohérente les directives de la doctrine sociale de l'Église. (Lettre apostolique *Tertio millennio adveniente*, 14 novembre 1994, 36.)

Deux ans plus tôt, le pape avait déjà précisé ce qu'il appelle ici « coresponsabilité » dans des formes d'injustice sociale, et qui était alors un « péché contre la charité » :

> Nous devons le reconnaître : l'Église étant une communauté composée également de pécheurs, les transgressions au commandement de l'amour n'ont pas fait défaut au cours de son histoire. Il s'agit de manquements

d'individus et de groupes qui se paraient du nom de chrétiens, sur le plan des rapports réciproques, que ce soit sur le plan interpersonnel ou sur le plan social et international. C'est la douloureuse réalité que l'on découvre dans l'histoire des hommes et des nations, et aussi dans l'histoire de l'Église. Conscients de leur propre vocation à l'amour à l'exemple du Christ, les chrétiens confessent avec humilité et repentir ces fautes contre l'amour, sans pour cela cesser de croire en l'amour qui, selon saint Paul, « supporte tout », et « n'aura pas de fin » (I Co 13, 7-8). Mais si l'histoire de l'humanité et de l'Église elle-même abonde en péchés déplorables contre la charité, on doit en même temps reconnaître avec joie et gratitude que, dans tous les siècles chrétiens, il ne manque pas de témoignages merveilleux qui confirment l'amour et sont souvent, comme nous l'avons rappelé, des témoignages héroïques. (Audience générale, 3 juin 1992.)

Coresponsabilité dans les injustices, péché contre la charité, absence de dénonciation de l'injustice : le pape a également reconnu une fois ce dernier péché d'omission, en parlant aux jeunes de Strasbourg, en octobre 1988 :

La terre appartient à Dieu, mais elle a été donnée à *l'ensemble des hommes*. Dieu ne veut pas le gaspillage des uns et la famine des autres, l'abondance des uns parce que leur sol est généreux, et le dénuement des autres parce qu'ils n'ont pas cette chance. Il ne doit pas y avoir des privilèges pour les riches et les forts, et l'injustice pour les pauvres et les handicapés. [...] L'Église le dit-elle assez fort ? Peut-être pas. Les membres de l'Église ont aussi leurs faiblesses. *Nous sommes l'Église, vous et moi.* (Strasbourg, 8 octobre 1988, rencontre avec les jeunes.)

On dit toujours que Jean-Paul II reconnaît les péchés des chrétiens, mais jamais ceux de l'Église :

dans ce texte, il dit bien « l'Église ». Trois ans plus tôt, en mai 1985, il avait reconnu, en parlant devant la CEE, à Bruxelles, la coresponsabilité des chrétiens dans l'injustice internationale que représente le colonialisme :

> Nos devanciers, cependant, ont aussi ouvert les voies vers d'autres terres habitées. Poussés par le désir de connaître ce monde confié à l'homme, ayant progressé dans les techniques, ils partent à la découverte de continents pour eux nouveaux. Surprenante aventure ! Ils vont planter la croix, faire partager l'espérance chrétienne, diffuser leur progrès intellectuel et technique. Mais ils sont aussi conquérants, ils vont implanter leur culture, ils s'approprient les richesses d'autres groupes ethniques dont trop souvent ils dédaignent les traditions propres et que trop souvent ils soumettent cruellement à leur pouvoir. (Bruxelles, 20 mai 1985, discours au siège de la Communauté économique européenne à Bruxelles.)

On peut, sur ce sujet, citer un cinquième texte de Jean-Paul II, peut-être le plus important, qui concerne les trésors des églises et qui n'a pas été développé. Il figure dans l'encyclique *Sollicitudo rei socialis* (1988), brûlante de passion pour la justice, et qui, entre autres, affirme le devoir de l'Église de « soulager la misère de ceux qui souffrent, et cela non seulement avec le "superflu" mais aussi avec le "nécessaire" » :

> C'est ainsi que fait partie de l'enseignement et de la pratique la plus ancienne de l'Église la conviction d'être tenue par vocation — elle-même, ses ministres et chacun de ses membres — à soulager la misère de ceux, proches ou lointains, qui souffrent, et cela non seulement avec le « superflu » mais aussi avec le « nécessaire ». En cas de besoin, on ne peut donner la préférence à l'ornementation superflue des églises et aux objets de culte précieux ; au contraire, il pourrait être obligatoire d'aliéner

ces biens pour donner du pain, de la boisson, des vête-
ments et une maison à ceux qui en sont privés. [...] Pour
ma part, je voudrais insister encore sur sa gravité et son
urgence, en demandant au Seigneur d'accorder à tous
les chrétiens la force de passer fidèlement à l'application
pratique. (Lettre encyclique *Sollicitudo rei socialis*,
19 février 1988.)

Cette invitation à vendre les trésors des églises pour
donner du pain aux pauvres contient, implicite mais
très forte, une autocritique sur les préférences et les
priorités du passé, de l'époque où ces trésors furent
amassés et où la faim était plus criante encore qu'aujourd'hui. C'est l'un des grands thèmes que Jean-
Paul II léguera à son successeur : en même temps que
se vident les églises où sont déposés les trésors du
Vieux Monde et que les communautés ecclésiales pauvres du Sud de la planète ne cessent de s'agrandir, la
vente de ces trésors au profit des pauvres s'imposera
comme une démarche naturelle. Et, déjà, le patriarche de Venise Albino Luciani, qui devait être pape
pendant un mois sous le nom de Jean-Paul I er, avait,
en février 1976, invité ses curés à pratiquer de telles
ventes. Peut-être se tiendront-elles, à l'aube du III e
millénaire, dans toutes les cathédrales.

Une prière approuvée par Jean-Paul II et insérée
dans la célébration œcuménique qui a clôturé le
Synode européen (1991) comporte une demande de
pardon pour les contre-témoignages en matière de
justice, qui prennent place ici avec d'autres péchés :

Seigneur, notre réconciliateur, dans les communautés
chrétiennes d'Europe, nos divisions, nos égoïsmes, les
contre-témoignages de qui, tout en se réclamant du
Christ, n'ont pas mis leur pouvoir et leur autorité au
service de la paix, de la justice de la liberté, ont affaibli,
dans la conscience des peuples, la confiance dans la vie

nouvelle que tu as apportée. Pardonne-nous et prends pitié de nous. (Basilique Saint-Pierre de Rome, 7 décembre 1991, célébration œcuménique.)

Nous n'avons pas trouvé d'autres textes de Jean-Paul II qui puissent figurer dans ce chapitre. On peut donc à bon droit s'attendre à ce que des paroles plus claires se fassent bientôt entendre. Il est légitime, en tout cas, de les attendre d'un chrétien polonais qui a connu l'injustice, d'un prêtre qui a été ouvrier, d'un pape qui a affirmé si souvent (par exemple à Medellín, en Colombie, le 6 juillet 1986) que personne ne « peut arracher le drapeau de la justice des mains de l'Église ».

On peut dire qu'il a conçu toute sa prédication comme « un défi véritablement chrétien lancé à ceux qui possèdent la terre et en ont la maîtrise » (comme il le dit aux Philippines, dans un discours aux travailleurs des plantations de canne à sucre, le 20 février 1981).

Il a exhorté les évêques du tiers monde à « dénoncer les violations de la justice comme contraires à l'Évangile » (aux évêques de Bolivie en mai 1988).

Il a rappelé une fois aux chrétiens du Nord le jugement de Dieu : « C'est ce Sud qui va juger le Nord riche » (à Edmonton, Canada, 17 septembre 1984).

Il ne lui reste donc plus qu'à appliquer ces prises de position aux péchés des chrétiens en matière de charité et de justice, en précisant les étapes et les lieux, comme il l'a fait dans d'autres domaines.

Du reste, si Jean-Paul II a peu parlé de ce sujet, personne n'en a dit plus que lui. « Nous n'avons pas toujours été fidèles à notre engagement envers les pauvres, et à l'option préférentielle pour les pauvres » : ainsi s'exprima le cardinal Danneels[*], rappor-

---

[*] Cardinal-archevêque de Malines-Bruxelles. (*N.d.E.*)

teur général au Synode spécial de 1985, répondant aux journalistes, le 25 novembre 1985, le jour même où il présenta son rapport à l'assemblée[38].

Mgr Castrillon Hoyos, secrétaire général du Conseil épiscopal latino-américain (CELAM), a employé le même ton dans une autre conférence de presse du même synode : « Après Medellín, l'Église essaye d'éliminer les causes du scandaleux phénomène des injustices énormes que l'on constate dans un continent traditionnellement catholique[39]. »

Seul, le cardinal brésilien Aloisio Lorscheider prononça, au cours de ce synode qui devait faire le point sur l'application de Vatican II, des mots plus passionnés, quand il invita l'Église entière à « un véritable processus de conversion de l'esprit, de la vie et de la pratique » qu'il convenait de réaliser dans le contact direct avec le « peuple pauvre », dans une « attitude d'écoute, d'humilité, de dépouillement[40] ».

Dans le domaine œcuménique, également, les autocritiques en matière sociale sont timides. Voici une « confession des péchés » concernant les injustices signée par toutes les Églises d'Europe et figurant dans le document final de l'assemblée œcuménique de Bâle « Justice et paix » (20 mai 1989) : « Dans les grands conflits sociaux, dans lesquels l'enjeu était la justice, les Églises sont souvent restées silencieuses[41]. »

Le document final de l'Assemblée œcuménique mondiale de Séoul (5-12 mars 1990) contient cette demande : « Les Églises reconnaissent qu'elles doivent se libérer de leur complicité avec des systèmes économiques injustes. » Et, plus largement : « Nous reconnaissons avec contrition que nous, en tant qu'Églises, nous n'avons pas été en première ligne dans la défense des droits humains et que très souvent nous avons justifié avec notre théologie des violations des droits humains[42]. »

Il est facile de prêcher la justice, plus difficile de reconnaître sa propre injustice. Et il est déjà remarquable que l'autocritique ait débuté. J'ai demandé une fois au préposé général des Jésuites, le père Peter Hans Kolvenbach, ce qu'il pensait de l'invitation du pape au mea-culpa ; il m'a répondu : « Je trouve cette proposition très juste, en particulier dans la mesure où elle concerne des erreurs qui ont encore une incidence, comme celles qui ont conduit à la division des Églises et celles commises contre les pauvres : car on n'a pas toujours pris la défense de ces derniers et les injustices sociales n'ont pas toujours été combattues [43]. » Tout est là : « les erreurs commises contre les pauvres », c'est-à-dire le péché contre la charité et la justice, durent encore, et ce sont elles qui étouffent la voix de l'Église.

12

Inquisition

Jean-Paul II a parlé à trois reprises des « erreurs » de l'Inquisition et une fois, même, il a réfuté « les méthodes d'intolérance et même de violence » qui l'ont caractérisée. Enfin, il a accepté que les Inquisitions fournissent, avec l'antisémitisme, le thème central de l'examen de conscience de la fin du millénaire : avant 1999, un des deux congrès internationaux programmés par la Commission Théologie et Histoire du Comité pour le Grand Jubilé leur sera consacré (nous en avons parlé au chapitre 9 de la première partie de ce volume).

INTOLÉRANCE ET VIOLENCE. Commençons par l'autocritique sur les « méthodes d'intolérance et même de violence » qui figure dans la lettre consacrée au Grand Jubilé :

> Il y a un autre chapitre douloureux sur lequel les fils de l'Église ne peuvent pas ne pas revenir en esprit de repentir : le consentement donné, surtout en certains siècles, à des méthodes d'intolérance et même de violence dans le service de la vérité.
> Il est vrai que pour juger correctement l'histoire, on ne peut se dispenser de prendre attentivement en considé-

ration les conditionnements culturels de l'époque : sous leur influence, beaucoup ont pu considérer en toute bonne foi que, pour porter authentiquement témoignage à la vérité, il fallait réduire au silence l'opinion d'autrui ou au moins la marginaliser. De multiples motifs concouraient souvent à la création d'un terrain favorable à l'intolérance, alimentant un climat passionnel auquel seuls de grands esprits vraiment libres et pleins de Dieu réussissaient d'une certaine manière à se soustraire. Mais la considération des circonstances atténuantes ne dispense pas l'Église du devoir de regretter profondément les faiblesses de tant de ses fils qui ont défiguré son visage et l'ont empêchée de refléter pleinement l'image de son Seigneur crucifié, témoin insurpassable d'amour patient et d'humble douceur. De ces attitudes douloureuses du passé ressort pour l'avenir une leçon qui doit inciter tout chrétien à s'en tenir fermement à la règle d'or définie par le Concile : « La vérité ne s'impose que par la force de la vérité elle-même, qui pénètre l'esprit avec autant de douceur que de puissance. » (Lettre apostolique *Tertio millennio adveniente*, 14 novembre 1994, 35.)

ERREURS ET EXCÈS. C'est au cours de son premier voyage en Espagne (1982) que Jean-Paul II a pour la première fois fait explicitement allusion aux erreurs de l'Inquisition :

Si, à des moments comme ceux de l'Inquisition, se sont produits des tensions, des erreurs et des excès — des faits que l'Église d'aujourd'hui évalue à la lumière objective de l'histoire —, il est nécessaire de reconnaître que l'ensemble des milieux intellectuels de l'Espagne avait su admirablement harmoniser les exigences d'une pleine liberté de la recherche avec un profond sentiment de l'Église. (Madrid, 3 novembre 1982, rencontre avec les représentants des universités espagnoles, des académies royales, des savants et des intellectuels.)

188

Cette allusion rapide, formulée sur un ton apologétique, n'a rien de négligeable : elle brise un tabou séculaire. Jamais un pape, pas même Jean XXIII, très proche de l'Évangile, ou le pape réformateur Paul VI, n'avait cité l'Inquisition dans un contexte défavorable. Du reste, jusqu'à la réforme de la Curie par Pie X, c'est-à-dire jusqu'en 1908, le mot « Inquisition » avait été à l'honneur : il faisait partie de la dénomination officielle de la Congrégation du Saint-Office, qui s'appelait Congrégation de l'Inquisition romaine et universelle[44].

Briser un tabou, cela ne signifie pas toujours traiter un sujet que ce tabou empêchait jusqu'alors de toucher. La première fois qu'il le traite, six ans plus tard, Jean-Paul II ne nomme pas l'Inquisition, mais définit avec exactitude la question qu'elle soulève, le problème qu'elle pose à la mémoire historique de la chrétienté : celui du primat de la conscience, que violaient ces tribunaux :

> L'Église affirme qu'il est en l'homme une conscience irréductible aux conditionnements qui pèsent sur elle, une conscience capable de connaître sa dignité propre et de s'ouvrir à l'absolu, une conscience qui est source des choix fondamentaux guidés par la recherche du bien pour les autres comme pour soi, une conscience qui est *le lieu d'une liberté responsable.* Il est vrai que bien des dérives se sont produites, et les chrétiens savent qu'ils y ont eu leur part ! (Strasbourg, 8 octobre 1988, discours à l'assemblée parlementaire du Conseil de l'Europe.)

VIOLENCE AU NOM DE LA FOI. Le troisième texte de Jean-Paul II traitant de l'Inquisition est contenu dans le message que le pape a adressé aux cardinaux au début de 1994, en prévision du Consistoire extraordinaire pour la préparation du Grand Jubilé :

Comment passer sous silence toutes les formes de violence qui ont été perpétrées au nom de la foi ? Guerres de Religion, tribunaux de l'Inquisition et autres formes de violation des droits de la personne. [...] Il est significatif que des méthodes coercitives, préjudiciables aux droits humains, aient été ensuite appliquées par les idéologies totalitaires du XXe siècle et soient encore employées par les intégristes islamiques. De ces méthodes coercitives sont nés les crimes du nazisme hitlérien et du stalinisme marxiste. La Déclaration des droits de l'homme et, dans l'Église, la Déclaration sur la liberté religieuse du concile Vatican II ont représenté de justes réactions à ces événements. Il faut que l'Église, à la lumière de ce qu'a dit le concile Vatican II, revoie de sa propre initiative les aspects sombres de son histoire, en les examinant à la lueur des principes de l'Évangile. (document pro memoria adressé aux cardinaux, printemps 1994[45].)

Ce texte est peut-être celui de Jean-Paul II qui situe le plus clairement la question de l'Inquisition comme chapitre essentiel de l'examen de conscience de la fin du millénaire. Elle concerne l'usage de la violence au nom et au service de la foi, non les erreurs ou les excès qui, ce faisant, ont été commis. Jean-Paul II avait parlé de ces erreurs et de ces excès dans l'autocritique partielle, prononcée sur un ton défensif, qu'il avait faite en 1982, en Espagne, et que nous avons reproduite plus haut. Douze ans plus tard, le pape n'est plus sur la défensive et la question ne concerne pas les excès, mais l'existence même de l'Inquisition. Les affirmations polémiques de ceux qui objectent que l'Inquisition était plus modérée et plus correcte que les autres tribunaux de l'époque n'ont donc pas lieu d'être[46]. Dans ce texte, comme dans celui cité dans la première partie de ce chapitre, il n'est pas question des modalités mais de l'essence même de l'Inquisition, que le pape cite parmi d'autres formes de « violence au nom de la foi ». Pour parvenir à une vision d'ensemble, ce chapitre doit être lu en même temps que ceux qui concernent les croisades, les guerres de Religion et l'intégrisme.

13

Intégrisme

Le pape n'a condamné « l'intégrisme religieux », qui, dit-il, était fautif hier, et qui est inacceptable aujourd'hui, que dans un seul texte. Mais il s'agit d'un discours d'une extraordinaire netteté, marquant une étape capitale du pontificat, et qu'il prononça en octobre 1988, à Strasbourg, devant le Parlement européen :

> Chez certains, la liberté civile et politique, jadis conquise par un renversement de l'ordre ancien fondé sur la foi religieuse, est encore conçue comme devant aller de pair avec la marginalisation, voire la suppression de la religion, dans laquelle on a tendance à voir un système d'aliénation. Pour certains croyants, en sens inverse, une vie conforme à la foi ne serait possible que par un retour à cet ordre ancien, d'ailleurs souvent idéalisé. Ces deux attitudes antagonistes n'apportent pas de solutions compatibles avec le message chrétien et le génie de l'Europe. Car, lorsque règne la liberté civile et que se trouve pleinement garantie la liberté religieuse, la foi ne peut que gagner en vigueur en relevant le défi que lui adresse l'incroyance, et l'athéisme ne peut que mesurer ses limites devant le défi que lui adresse la foi.
> Devant cette diversité des points de vue, la fonction la plus noble de la loi est de garantir également à tous les

citoyens le droit de vivre en accord avec leur conscience et de ne pas contredire les normes de l'ordre moral naturel reconnues par la raison.

À ce point, il me paraît important de rappeler que c'est dans l'humus du christianisme que l'Europe moderne a puisé le principe — souvent perdu de vue pendant les siècles de « chrétienté » — qui gouverne le plus fondamentalement sa vie publique : je veux dire le principe, proclamé pour la première fois par le Christ, de la distinction de « ce qui est à César » et « ce qui est à Dieu » (cf. Mt 22, 21). Cette distinction essentielle entre la sphère de l'aménagement extérieur de la cité terrestre et celle de l'autonomie des personnes s'éclaire à partir de la nature respective de la communauté politique à laquelle appartiennent nécessairement tous les citoyens et de la communauté religieuse à laquelle adhèrent librement les croyants. [...]

Notre histoire européenne montre abondamment que la frontière entre « ce qui est à César » et « ce qui est à Dieu » a été souvent franchie dans les deux sens. La chrétienté latine médiévale — pour ne mentionner qu'elle — qui a pourtant théoriquement élaboré, en reprenant la grande tradition d'Aristote, la conception naturelle de l'État, n'a pas toujours résisté à la tentation intégraliste d'exclure de la communauté temporelle ceux qui ne professaient pas la vraie foi. L'intégralisme religieux, sans distinction entre la sphère de la foi et celle de la vie civile, aujourd'hui encore pratiqué sous d'autres cieux, paraît incompatible avec le génie propre de l'Europe tel que l'a façonné le message chrétien. (Strasbourg, 11 octobre 1988, discours au Parlement européen.)

Cette autocritique sur l'intégrisme contient quatre affirmations principales :

1) l'intégrisme religieux, compris comme la tendance à rejeter de la communauté civile ceux qui ne professent pas la vraie foi, est en soi incompatible avec

la distinction chrétienne entre ce qui est à Dieu et ce qui est à César ;

2) la chrétienté médiévale a perdu de vue cette distinction et n'a donc su résister à la tentation intégriste de se livrer à des exclusions ;

3) certains croyants voudraient encore retourner à l'ordre ancien, sans se rendre compte qu'ils l'ont idéalisé et qu'il conduirait à des solutions incompatibles avec le message chrétien ;

4) du point de vue religieux, l'intégrisme religieux serait aujourd'hui aussi incompatible avec le génie de l'Europe, tel qu'il a été caractérisé par le message chrétien, que l'est l'intégrisme islamique (celui qui est « aujourd'hui encore pratiqué sous d'autres cieux ») et autant que l'a été l'intégrisme athée.

Ce texte est donc bien un document capital du pontificat. Que n'auraient donné Lamennais et Buonaiuti, Maritain et Urs von Balthasar, pour entendre un pape prononcer ces mots, à l'époque où ils mettaient l'Église en garde contre le risque d'intégrisme et se voyaient condamnés, ou en tout cas réprimandés, pour avoir employé le mot interdit ! Pour mieux comprendre l'importance de ce texte, on nous permettra de donner d'autres citations.

Au début de 1996, Jean-Paul II revient sur le sujet, à propos de la Déclaration de Vatican II sur la liberté religieuse, une liberté que nie l'intégrisme :

Chacun sait que, dans les relations entre les diverses cultures et religions, les attitudes des différentes communautés humaines, des États et des croyants eux-mêmes, n'ont pas toujours été empreintes de respect et de tolérance. Pour sa part, depuis le début de son histoire, l'Église a fait l'expérience des persécutions. D'autre part, le Concile a reconnu avec franchise que, même parmi les chrétiens, il y a eu « parfois des manières d'agir moins conformes, voire même contraires à l'esprit évangéli-que ». (Angélus dominical, 18 février 1996.)

Dans son message pour la journée de la paix, le 1ᵉʳ janvier 1991, le pape avait déjà reconnu que, « au cours des siècles », les chrétiens n'avaient pas été irré-prochables en matière de liberté religieuse :

> Pour ce qui est de l'intolérance religieuse, on ne peut nier que, malgré l'enseignement constant de l'Église catholique, selon lequel personne ne peut être amené par contrainte à la foi, bien des difficultés et même des conflits sont nés au cours des siècles entre les chrétiens et les membres d'autres religions. Le deuxième Concile du Vatican l'a reconnu formellement. (Message pour la journée mondiale de la paix 1991, publié le 18 décembre 1990.)

La dénonciation des liens entre « la croix et l'épée » figurait déjà dans l'autocritique pontificale. À Saint-Domingue, en octobre 1984, Jean-Paul II avait affirmé, avec « l'humilité de la vérité » :

> [L'Église] ne veut pas méconnaître l'interdépendance qui a existé entre la croix et l'épée au cours de la pre-mière pénétration missionnaire [du Nouveau Monde]. (Saint-Domingue, 12 octobre 1984, discours à l'épiscopat latino-américain.)

Le théologien de la Maison pontificale, le P. Georges Cottier, a analysé la situation intégriste de l'Église médiévale, dans une plaidoirie en faveur de l'examen de conscience de la fin du millénaire que propose Jean-Paul II : « On a longtemps affirmé que la qualité de chrétien était la condition pour l'apparte-nance à la société politique dans le cadre de l'État chrétien. Pour se défendre, celui-ci intervenait dans le domaine religieux avec des moyens de coercition qui lui étaient propres. Parallèlement, l'Église s'appuyait sur le pouvoir temporel. De la sorte, l'État, qui, pour défendre son intégrité, interférait dans les questions spirituelles, se livra à un grand nombre d'interventions, sous le signe de l'intolérance et de la violence. On assista, nul ne l'ignore, à de déplorables abus qui ont contaminé l'histoire chrétienne. Le principe sur lequel on s'était accordé à la fin des guerres de Religion, *Cujus regio, ejus religio*, est d'essence païenne [47]. »

Pour montrer à quel point le pape et son théologien dominicain sont en accord, il suffira de rappeler que, à plusieurs reprises, Jean-Paul II a exprimé un jugement identique à celui du P. Cottier sur le *Cujus regio, ejus religio* : dans un discours prononcé lors d'une audience générale en juillet 1995, que nous avons transcrit dans le chapitre sur les guerres de Religion, et dans son message à l'occasion d'une rencontre œcuménique à Salzbourg, en septembre 1983, cité dans le même chapitre.

Mais on pourrait se demander si le pape qui condamne l'intégrisme et son théologien qui lui fournit les arguments doctrinaux de cette condamnation (ne peut-on d'ailleurs voir une ironie de l'histoire dans le fait que ce rôle ait été confié à un dominicain, alors que les Dominicains furent précisément les principaux responsables de l'Inquisition et de la chasse intégriste aux hérétiques ?) représentent vraiment l'Église catholique d'aujourd'hui ou seulement une avant-garde qui a perdu le contact avec le corps profond de la communauté. En un mot, le catéchisme confirme-t-il leurs propos ? La réponse est affirmative. Les « ombres » de la chrétienté médiévale sont ainsi présentées par le *Catéchisme des adultes* publié en 1995 par la Conférence épiscopale italienne : « La présence de l'Église dans la société dégénère en confusion

entre la sphère religieuse et la sphère civile, compro-
mettant la pureté de la religion et l'autonomie de la
réalité temporelle. [...] Le droit à la liberté des
consciences n'est pas suffisamment reconnu : d'où
l'intolérance envers les juifs, l'Inquisition contre les
hérétiques, la conversion forcée de peuples entiers, les
guerres de Religion [48]. »

14

Islam

Pour Jean-Paul II, la frontière de l'islam est la plus difficile à franchir. En dépit de l'absence de réponse, il continue de s'en approcher avec trois messages principaux :

— chrétiens et musulmans sont frères en Dieu,

— ils doivent surmonter le passé de guerres qui les séparent,

— ils ne peuvent le faire qu'à travers un pardon réciproque.

Les trois messages étaient implicites dans l'appel au dialogue de Vatican II, mais ce fut un mérite spécifique de Jean-Paul II que de les avoir explicités et d'avoir tenté de les remettre à leurs destinataires.

Le nom de frères, qui n'avait jusqu'alors jamais été utilisé par un pape pour désigner les fidèles de l'islam, résonne comme la promesse d'un changement d'attitude. De fait, il s'est traduit par une invitation, adressée aux musulmans, à participer aux journées de prière d'Assise en 1986 et 1993. L'idée de les appeler frères et de les inviter à des rencontres de prières est probablement un choix personnel de Jean-Paul II, suggéré par son génie pratique : s'ils apprennent à prier ensemble, a-t-il dû penser, chrétiens et musulmans cesseront de se faire la guerre.

L'appel à surmonter le passé en purifiant la mémoire historique des deux « peuples de Dieu » reste pour l'instant un défi d'ordre général, qui n'a pas reçu d'applications significatives. Cependant, cette affirmation de principe a déjà débouché sur deux révisions historiques particulières : l'une concerne les croisades, l'autre a été réalisée par la Conférence épiscopale espagnole, à l'occasion du 5ᵉ centenaire de l'expulsion des Maures d'Espagne, et nous en reparlerons dans la troisième partie de ce chapitre.

C'est enfin l'appel au pardon réciproque. Mais, en ce domaine, nous n'avons encore assisté à aucun geste concret. Nous citerons cependant (dans la quatrième partie de ce chapitre) un document d'une force bouleversante : un martyr chrétien de notre époque pardonne à son assassin musulman en lui disant que ce n'est pas la foi qui le pousse à tuer. Ainsi, quand Jean-Paul II lance à l'islam ce défi du pardon, il n'est pas le porte-parole d'une foi affaiblie, rescapée de l'histoire et de ses conflits, mais le prédicateur de la foi chrétienne des origines, qui payait par son sang son message de fraternité universelle. Derrière l'obstination avec laquelle, en 1990-1991, Jean-Paul II s'opposa à la guerre du Golfe, il y avait tout cela : mais qu'est-ce que le monde pouvait bien comprendre de cette passion ?

FRÈRES MUSULMANS. Pour la première fois, Jean-Paul II appelle les musulmans des frères, c'est-à-dire qu'il leur donne le titre que la grande tradition chrétienne réserve aux frères dans la foi, aux autres baptisés. Et l'audace du geste du pape apparaît plus clairement lorsqu'on connaît les circonstances dans lesquelles il lut cette déclaration, figurant dans un discours préparé en vue d'une rencontre qui n'eut pas lieu, faute d'invités. Nous sommes dans le nord musulman du Nigeria, à Kaduna, en 1982, et Jean-Paul II est obligé de lire son texte, pourtant fort important, à l'aéroport, devant les personnalités venues le saluer, car le rendez-vous programmé avec les chefs musulmans n'a pas eu lieu : ils ne se sont pas présentés parce qu'ils n'étaient pas d'accord entre eux, paraît-il, mais quelques journaux accuseront le pape d'être, avec ses prédécesseurs, responsable des croisades du Moyen Âge [49]. Quoi qu'il en soit, les personnalités présentes à l'aéroport étaient de religion musulmane et le pape leur a parlé en ces termes :

> Tous, chrétiens et musulmans, nous vivons sous le soleil de l'unique Dieu de miséricorde. Les uns et les autres, nous croyons au Dieu unique créateur de l'homme. Nous proclamons la souveraineté de Dieu et défendons la dignité de l'homme en tant que serviteur de Dieu. Nous adorons Dieu et professons une totale soumission à son égard. Nous pouvons donc, au vrai sens du terme, nous appeler *frères et sœurs dans la foi au Dieu unique.* (Kaduna, Nigeria, 14 février 1982, rencontre avec les dignitaires musulmans.)

Sept ans plus tard, Jean-Paul II emploiera à deux reprises l'expression « frères musulmans » dans une *Lettre apostolique à tous les évêques de l'Église catholique sur la situation au Liban,* publiée le 26 septembre 1989. Ce même jour, il publie également un appel aux musulmans, auxquels il s'adresse comme à des frères dans la foi, en disant « nous, les croyants » :

> Comment pourrions-nous, nous, les croyants, fils de Dieu miséricordieux, notre Créateur, notre Guide, mais aussi notre Juge, rester indifférents en voyant tout un peuple mourir sous nos yeux ? (Appel à tous les musulmans en faveur du Liban, 26 septembre 1989.)

Le texte le plus important où Jean-Paul II traite les musulmans comme des frères dans la foi est une prière qu'il a fait insérer dans la liturgie pour la paix en Europe, qui s'est déroulée à Assise en janvier 1993, et où les musulmans sont cités, en même temps que les juifs et les chrétiens, comme des frères, en tant que descendants d'Abraham :

> Pour tous ceux qui reconnaissent Abraham comme leur père dans la foi, juifs, chrétiens, musulmans : pour que soient levés les incompréhensions et les obstacles, et pour que nous œuvrions tous ensemble à la construction de la paix. (Assise, 10 janvier 1993, veillée pour la paix.)

Cette prière est un cas unique dans la liturgie catholique. Les musulmans y sont cités en dernier, car ils sont, historiquement, par rapport aux chrétiens, des frères cadets nés en Abraham, de même que les juifs viennent en premier, car ce sont les frères aînés. Mais, d'une certaine façon, ce jour-là (les regards étant tournés vers la Bosnie et sur le sort de la population musulmane, assaillie par les Serbes et les Croates), les musulmans étaient les premiers dans la considération du pape. Et, en effet, la prière a été lue en langue arabe, car le pape voulait que, durant cette messe, l'Europe prie « dans toutes ses langues » ; or, quinze millions de musulmans vivaient déjà alors en Europe, dont la moitié étaient de langue arabe [50].

POUR EN FINIR AVEC LES GUERRES DU PASSÉ. Trois ans plus tard, à Casablanca, Jean-Paul II a lancé son plus important appel à l'islam. Il a été, en cette occasion, le premier pape de l'histoire à parler devant une foule de jeunes musulmans ; il les a invités à surmonter le passé, à rencontrer les autres croyants, et il a même fait allusion au pardon :

Chrétiens et musulmans, nous nous sommes généralement mal compris, et quelquefois, dans le passé, nous
nous sommes opposés et même épuisés en polémiques
et en guerres.

Nous avons à nous respecter et aussi à nous stimuler les
uns les autres dans les œuvres de bien sur le chemin de
Dieu.

Je crois que Dieu nous invite, aujourd'hui, à *changer nos
vieilles habitudes.* Dans un monde qui désire l'unité et la
paix et qui connaît pourtant mille tensions et conflits,
les croyants ne devraient-ils pas favoriser l'amitié et
l'union entre les hommes et les peuples qui forment sur
terre une seule communauté ? (Casablanca, Maroc,
19 août 1985, discours aux jeunes musulmans.)

Dans une invocation finale au « Dieu bon et infini-
ment miséricordieux » (formule qu'on retrouve tant
dans la Bible que dans le Coran), le souverain pontife
a demandé aux chrétiens et aux musulmans « des sentiments de miséricorde et de compréhension, de pardon et de réconciliation, de service et de
collaboration ».

NOUS DEVONS NOUS PARDONNER LES UNS LES
AUTRES. Il est encore question de « pardon réciproque » dans le message du cardinal Arinze pour la fin
du Ramadan de 1996, envoyé aux musulmans au nom
du pape et publié en italien, anglais, allemand, espagnol, portugais, arabe, ourdou, turc, indonésien, sous
le titre *Chrétiens et musulmans : au-delà de la tolérance* :

Les rapports entre nous, croyants du christianisme et de
l'islam, doivent aller au-delà de la tolérance, comprise
comme le simple fait de supporter l'autre. Car on ne
tolère pas un frère, on l'aime. Pour pouvoir aller beaucoup plus loin que la tolérance, c'est-à-dire jusqu'à la
réconciliation et à l'amour mutuels, nous avons, chré-

tiens et musulmans, un long chemin à parcourir. Et, tout en préparant l'avenir, nous ne pouvons ignorer ni le passé ni le présent. [...]

Le temps est venu de purifier notre mémoire des séquelles négatives du passé, si douloureuses soient-elles, et de regarder vers l'avenir. Celui qui a offensé l'autre doit se repentir et demander pardon. Nous devons nous pardonner mutuellement. Sans ce pardon, une vraie réconciliation n'aura pas lieu. Sans une vraie réconciliation, nous ne pouvons pas nous engager ensemble pour le bien de nos coreligionnaires et celui du monde entier. Musulmans et chrétiens peuvent devenir dans le monde d'aujourd'hui un exemple de réconciliation et des instruments de paix.

Mais il n'y a pas que le poids du passé. Le conflit douloureux en Bosnie-Herzégovine a été faussement interprété par certains comme un cas de confrontation islamo-chrétienne. La guerre au sud du Soudan, qui dure depuis des années, a sans doute beaucoup de causes mais l'état des relations entre musulmans et chrétiens peut être considéré comme un des éléments du conflit. Dans certains pays, les conditions dans lesquelles sont placées les différentes minorités religieuses sont parfois source de tensions. Voilà des situations douloureuses auxquelles nous sommes invités à réfléchir pour y remédier, sous le regard de Dieu.

Les rapports entre chrétiens et musulmans iront toujours en s'amplifiant. Pour l'avenir, que voulons-nous ? La confrontation, la simple coexistence, ou plutôt la connaissance et le respect mutuels, avec des collaborations fécondes ? N'est-ce pas là ce que Dieu veut de nous ? Cela suppose, comme je l'ai déjà dit, un pardon mutuel du fond du cœur, une réconciliation réelle et une volonté commune de construire un monde meilleur pour les générations futures. (Message du cardinal Arinze aux musulmans à l'occasion de la fin du Ramadan, 15 février 1996.)

« Nous ne pouvons oublier ce passé, mais nous devons l'assumer et le dépasser », dit le cardinal Arinze dans son message. Voici un exemple de ce dépassement. Mgr Torrella Cascante, archevêque de Tarragone et président de la commission des évêques espagnols « pour les rapports interreligieux » (jusqu'en 1983, il était numéro deux du dicastère œcuménique du Vatican), affirme le 26 mars 1992, dans une déclaration publique solennelle (dont nous avons déjà parlé dans le chapitre sur les juifs) : « Il n'est pas douteux que ce que les chrétiens firent aux juifs et aux musulmans d'Espagne en 1492 est exactement le contraire de ce qui devait être fait d'après les principes de notre foi chrétienne[51]. »

JUSQU'OÙ PEUT ALLER LE PARDON. Jean-Paul II parle souvent du « courage du pardon », et il applique également cette expression à l'extrémisme islamique. Utopie, divagation d'un homme qui cherche un réconfort dans les mots, quand les faits le meurtrissent ? Non, cela va plus loin ; le mot « pardon » employé par le pape à propos de l'islam n'a rien d'une folie : un épisode horrible du printemps 1996 a montré qu'il a acquis un sens sacré, au prix de plusieurs vies.

Le 24 mai 1996, en Algérie, le Groupe islamique armé annonçait avoir « égorgé » les sept moines de Notre-Dame de l'Atlas qu'il avait enlevés dans la nuit du 26 au 27 mars. Le 26 mai, dimanche de Pentecôte, le pape a commenté cette nouvelle :

Malgré notre profonde douleur, nous remercions Dieu pour le témoignage d'amour que ces religieux ont donné. Leur fidélité et leur cohérence font honneur à l'Église et constitueront assurément une semence de réconciliation et de paix pour le peuple algérien dont ils s'étaient faits solidaires. Notre prière rejoint également leurs familles, l'ordre cistercien et la petite communauté ecclésiale qui se trouve en Algérie : que dans cette tragique épreuve ne leur manque jamais le courage du pardon et la force de l'espérance, fondés sur le Christ qui a vaincu la mort.

Avec les paroles du Livre de la Genèse : «Je demande compte du sang de chacun de vous» (Gn 9, 5), j'adresse un appel à tous les hommes de bonne volonté, et encore plus à ceux qui se reconnaissent fils d'Abraham, afin que plus jamais en Algérie ou ailleurs ne se répètent de semblables actions.

Parler de pardon pour répondre aux crimes de l'intégrisme islamique pourrait passer pour insensé, voire provocateur, si le radicalisme évangélique du pardon n'était abondamment illustré, ces derniers temps, par les chrétiens qui vivent en terre d'islam. Un extraordinaire témoignage sur cette spiritualité du pardon a été dévoilé avec le massacre des moines algériens : prévoyant son destin, leur prieur, le père Christian-Marie de Chergé, avait envoyé à sa famille ce testament, qui porte la date du 1er janvier 1994 :

S'il m'arrivait un jour — et ça pourrait être aujourd'hui — d'être victime du terrorisme qui semble vouloir englober maintenant tous les étrangers vivant en Algérie, j'aimerais que ma communauté, mon Église, ma famille, se souviennent que ma vie était *donnée* à Dieu et à ce pays. [...]
J'ai suffisamment vécu pour me savoir complice du mal qui semble, hélas, prévaloir dans le monde, et même de celui-là qui me frapperait aveuglément.
J'aimerais, le moment venu, avoir ce laps de lucidité qui me permettrait de solliciter le pardon de Dieu et celui de mes frères en humanité, en même temps que de pardonner de tout cœur à qui m'aurait atteint.
Je ne saurais souhaiter une telle mort.

Il me paraît important de le professer.

Je ne vois pas, en effet, comment je pourrais me réjouir que ce peuple que j'aime soit indistinctement accusé de mon meurtre.

C'est trop cher payer ce qu'on appellera, peut-être, la « grâce du martyre » que de la devoir à un Algérien, quel qu'il soit, surtout s'il dit agir en fidélité à ce qu'il croit être l'islam.

Je sais le mépris dont on a pu entourer les Algériens pris globalement.

Je sais aussi les caricatures de l'islam qu'encourage un certain islamisme.

Il est trop facile de se donner bonne conscience en identifiant cette voie religieuse avec les intégrismes de ses extrémistes.

L'Algérie et l'islam, pour moi, c'est autre chose, c'est un corps et une âme. [...]

Et toi aussi, l'ami de la dernière minute, qui n'auras pas su ce que tu faisais. Oui, pour toi aussi je le veux ce *Merci*, et cet « À-Dieu » envisagé de toi.

Et qu'il nous soit donné de nous retrouver, larrons heureux, en paradis, s'il plaît à Dieu, notre Père à tous deux. Amen ! *Inch'Allah*[52].

Avec l'islam, la véritable question est celle de la réciprocité. J'ai cherché, sans en trouver, des exemples de révision historique de la part d'organismes et de personnalités du monde musulman. Mais, déjà, certains intellectuels reconnaissent cette difficulté. Ainsi, Khaled Fouad Allam a eu plusieurs fois l'occasion de réfléchir aux initiatives de dialogue de Jean-Paul II : « En 1986, j'ai participé avec la délégation musulmane à la prière interreligieuse d'Assise, et une phrase du pape m'a frappé : "Nous autres, catholiques, nous n'avons pas toujours apporté la paix." Dans toutes les interventions du souverain pontife, on décèle à la fois le dépassement de l'idée apologétique et une grande ouverture. Dans l'islam, nous n'en sommes pas encore là : les problèmes sont différents, nous devons d'abord affronter une effroyable crise économique et le radicalisme islamique, de l'Indonésie à l'Algérie[53]. »

15

Luther

Jean-Paul II considère comme une « faute » le fait que l'Église catholique n'ait pas répondu à l'appel de Luther en faveur d'une réforme de l'Église : c'est une position courageuse, à laquelle il est parvenu par étapes successives, au long de quinze ans de réflexion, stimulé par sa vocation de pape voyageur. C'est à Paderborn, le 22 juin 1996, au cours d'une célébration œcuménique avec les disciples de Luther, qu'il a prononcé sa déclaration la plus importante à cet égard. Mais il avait déjà fait le premier pas dans une circonstance similaire, à Mayence, le 17 novembre 1980 : il avait parlé avec admiration du réformateur allemand, reconnaissant que, des deux côtés, des fautes ont été commises qui ont abouti à la division de l'Église, à l'époque de la Réforme. Et d'autres pas avaient été accomplis lors de la visite à l'église luthérienne de Rome, le 13 décembre 1983, et lors d'un voyage riche en occasions de dialogue à travers les communautés luthériennes d'Europe du Nord en juin 1989. En cela, le cas de Luther est bien caractéristique du réexamen d'une question effectué en prévision de la rencontre du pape avec des interlocuteurs exigeants.

ÊTRE JUSTE AVEC LUI. Il convient de citer en premier le texte le plus abouti, celui prononcé à Paderborn en juin 1996 :

Aujourd'hui, quatre cent cinquante ans après sa mort, le temps qui s'est écoulé permet de mieux comprendre la personne et l'œuvre du réformateur allemand et d'être plus équitable à son égard. Ce ne furent pas seulement les recherches d'importants spécialistes protestants et catholiques qui ont contribué à la création d'une image plus complète et différenciée de la personnalité de Martin Luther. Le dialogue entre luthériens et catholiques a apporté lui aussi une contribution importante au dépassement des anciennes polémiques et au rapprochement vers une vision commune.

La pensée de Luther fut caractérisée par une accentuation notable mise sur l'individu, plutôt que sur la conscience des exigences de la communauté. La demande de réforme de l'Église, qui fut celle de Luther, dans son intention originelle, était un appel à la pénitence et au renouveau qui doivent commencer dans la vie de toute personne. Les motifs pour lesquels on en arriva à la scission sont nombreux. Parmi ceux-ci, il y a les refus de la part de l'Église catholique, dont s'attristait déjà le pape Adrien VI avec des paroles émouvantes ; l'intrusion d'intérêts politiques et économiques ; et aussi la passion même de Luther, qui le conduisit bien au-delà de ses intentions initiales, jusqu'à une critique radicale de l'Église catholique, de sa structure et de sa doctrine. Nous avons tous commis des fautes. Aussi sommes-nous appelés à la pénitence et nous avons tous besoin d'être toujours à nouveau purifiés par le Seigneur. (Paderborn, Allemagne, 22 juin 1996, célébration œcuménique.)

Avant cette célébration œcuménique, Jean-Paul II avait rencontré les représentants des Églises protestantes et, en cette occasion, avait précisé les raisons de son admiration pour l'œuvre de Luther, en dépit de ses limites personnelles et de ce qui, dans sa doctrine, n'avait pas encore été éclairci :

> Son souvenir, après des siècles de douloureux éloignement et de querelles, nous permet de reconnaître aujourd'hui plus clairement la grande valeur que revêtait son exigence d'une théologie proche des Saintes Écritures et sa volonté de renouveau spirituel de l'Église. (Paderborn, Allemagne, 22 juin 1996, rencontre avec les représentants des Églises protestantes.)

C'est précisément à propos de ce renouveau que l'Église catholique ne sut pas répondre à l'appel de Luther. À noter qu'ici, pour le pape, ce ne sont pas « les fils de l'Église catholique » qui ne répondirent pas, mais « l'Église catholique » elle-même.

PROFONDE RELIGIOSITÉ. Dans une lettre pour le cinquième centenaire de la naissance de Luther (1983), Jean-Paul II avait déjà reconnu la « profonde religiosité » du réformateur et la part de responsabilité qu'eurent les autorités de l'Église catholique dans la « rupture de l'unité ecclésiale » :

> En réalité, les efforts scientifiques des spécialistes protestants et catholiques, qui d'ailleurs se rejoignent largement dans les résultats de leurs travaux, ont conduit à une image plus complète et plus différenciée de la personnalité de Luther ainsi que de la trame complexe des données historiques de la société, de la politique et de l'Église dans la première moitié du XVIe siècle. Ainsi a été mis en lumière de manière convaincante le profond esprit religieux de Luther, animé d'une passion brûlante pour la question du salut éternel. On a bien montré également que la rupture de l'unité ecclésiale ne peut être attribuée uniquement, ni à une incompréhension de la part des pasteurs de l'Église catholique ni à une intelligence insuffisante du vrai catholicisme de la part de

Luther, encore que ces facteurs aient joué un rôle. Les décisions dont il s'agissait étaient plus profondes. Dans le débat sur les relations entre la foi et la tradition, des questions fondamentales étaient en jeu, sur la droite interprétation et la réception de la foi chrétienne, questions dont les effets divisant l'Église ne peuvent être surmontés par une compréhension purement historique.

C'est pourquoi, en ce qui concerne Martin Luther et dans la recherche du rétablissement de l'unité, un double effort est nécessaire. Tout d'abord, il est important de poursuivre avec soin la recherche historique. Il s'agit d'acquérir, par une recherche sans préjugé, uniquement guidée par la quête de la vérité, une image exacte du réformateur, ainsi que de l'époque tout entière de la Réforme et des personnes qui y ont été engagées. De quelque côté qu'elle se trouve, la faute doit être reconnue là où elle existe ; là où la polémique a déformé le regard, elle doit être rectifiée, encore une fois indépendamment du côté où elle s'est produite. À ce sujet nous ne pouvons nous laisser guider par l'intention de nous ériger en juges de l'histoire, mais le seul but que nous devons nous proposer est de mieux la connaître et ainsi de devenir des porteurs de vérité. C'est seulement en prenant une attitude qui se soumet à la purification par la vérité, que nous pouvons accéder à une compréhension commune du passé et donc aussi trouver de nouveaux points de départ pour le dialogue d'aujourd'hui. Mais c'est précisément là le deuxième point nécessaire : la clarification historique qui s'intéresse à un passé dont la signification perdure encore doit aller de pair avec un dialogue de la foi, où nous sommes à la recherche de l'unité ici et maintenant. Ce dialogue trouve son fondement solide, selon les textes confessionnels évangéliques luthériens, dans ce qui nous unit même après la séparation : à savoir la parole de l'Écriture, les confessions de foi, les Conciles de l'Église ancienne. J'ai donc confiance, monsieur le Cardinal, que le Secrétariat pour l'Unité, sous votre direction, continuera de mener ce dialogue engagé avec un grand sérieux en Allemagne, dès avant le concile Vatican II, dans l'esprit correspondant à ses fondements : dans la fidélité à la foi reçue en don, une foi qui comporte la pénitence et la disponibilité à apprendre en écoutant. (Lettre au cardinal Willebrands pour le cinquième centenaire de la naissance de Martin Luther, 5 novembre 1983.)

Il s'agit d'un texte capital, en raison des critères en fonction desquels le pape voudrait que soit conduite la « clarification historique », en vue d'une « compréhension commune du passé », qu'il convient d'entreprendre dans une « attitude de purification », en reconnaissant ses fautes et en modifiant « la direction de notre regard ». On peut dire qu'elle contient en germe toute la pédagogie de l'examen de conscience de la fin du millénaire qui ne sera développée que dix ans plus tard. Elle atteste donc que cette pédagogie a bien une origine œcuménique.

L'EXCOMMUNICATION PREND FIN AVEC LA MORT. En novembre 1980, à Mayence, Jean-Paul II avait déjà fait allusion aux fautes qu'il faudrait avouer, reconnaissant celles qui ont été commises par la partie catholique dans les événements qui ont conduit à la « malheureuse division des chrétiens » :

Je me souviens de cette heure où Martin Luther vint à Rome, en 1510-1511, visiter les tombeaux des princes des apôtres, comme pèlerin, mais aussi comme un homme qui cherchait et interrogeait. Aujourd'hui, je viens à vous, vers l'héritage spirituel de Martin Luther, je viens comme un pèlerin. Par cette rencontre dans un monde qui a changé, je viens poser un signe d'union dans le mystère central de notre foi. [...]
Permettez-moi, au début de notre entretien, d'exprimer ce qui m'émeut particulièrement. Je le fais en me reliant au témoignage de la lettre aux Romains, de cet écrit qui fut si décisif pour Martin Luther : « Cette lettre est le

vrai chef-d'œuvre du Nouveau Testament et le pur Évangile », écrivait-il en 1522.

À l'école de l'apôtre des nations, nous pouvons prendre conscience que nous avons tous besoin de conversion. « Nous ne voulons pas nous juger mutuellement » (Rm 2, 23). Nous voulons au contraire reconnaître ensemble notre faute. (Mayence, 17 novembre 1980, rencontre avec l'Église luthérienne.)

Ici, le pèlerin Wojtyla se compare au pèlerin Luther, et cite un texte que le réformateur publia en 1522, à l'époque où il avait déjà été excommunié : la bulle *Exsurge Domine* de Léon X, qui annonçait cette excommunication, date en effet de 1520. Ainsi, Jean-Paul II considère que Luther n'est plus excommunié, comme il le dira neuf ans plus tard, durant sa visite dans les pays scandinaves : « Toute excommunication prend fin avec la mort d'un homme [54]. »

À l'occasion de sa visite à l'église luthérienne de Rome, le 11 décembre 1983, Jean-Paul II avait également accompli un geste de reconnaissance à l'égard de Luther : il avait voulu que soit donnée lecture, à la fin de la célébration, d'une très belle prière pour l'unité des chrétiens écrite par Luther :

Nous te prions, ô Seigneur, et nous te supplions,
nous, pauvres pécheurs, de bien vouloir,
par l'action de ton Esprit,
rendre son unité à ce qui a été brisé,
réunir ce qui a été séparé et en faire une seule chose.
Fais que nous nous tournions vers ta seule vérité éternelle,
en renonçant à toutes les divisions,
de sorte qu'une seule pensée et qu'un seul sentiment
nous guident vers toi, Seigneur Jésus-Christ [55].

En résumé, Jean-Paul II ne demande pas pardon à Luther et il ne lève pas son excommunication, dont il considère qu'elle est désormais sans effet. Il recherche une « nouvelle évaluation des nombreuses questions qui ont été posées par Luther et sa prédication [56] ». Nous avons rapporté les éléments essentiels de cette « nouvelle évaluation ». Le plus important est la reconnaissance que la première cause de la rupture fut l'absence de réponse des catholiques à l'appel de Luther en faveur de la réforme de l'Église. Par ce geste, Jean-Paul II, premier pape non italien de l'histoire moderne, se rattache audacieusement à Adrien VI, dernier pape non italien de la Renaissance, qui, en 1522, avait tenté d'engager l'Église romaine dans un programme de réforme, en réponse au mouvement luthérien. Nous avons vu que, dans son discours de Paderborn, Jean-Paul II cite Adrien VI [57].

Le pape pourrait-il en dire davantage, aujourd'hui, sur Luther ? Peut-être pourrait-il dire, à la première personne, ce que Paul VI fit dire, en juillet 1970, au cardinal Willebrands, qui, parlant à la cinquième assemblée de la Fédération luthérienne mondiale, à Évian, avait affirmé que « Luther est notre maître commun dans le domaine de la doctrine de la justification [58] ».

De fait, Jean-Paul II a reconnu en Luther un « maître commun ». Il a cité et loué ses textes à plusieurs reprises. Il a voulu qu'une prière de Luther figure dans une célébration. Il a dit que sa passion religieuse, son exigence d'une théologie proche des Écritures et que son appel à la réforme de l'Église étaient providentiels et auraient été décisifs si l'absence de réponse de l'Église catholique ne les avait pas, d'abord, neutralisés. Il est bien possible, en effet, que Jean-Paul II dise lui-même ce que Paul VI avait fait dire à son porte-parole œcuménique. À la différence de son prédécesseur, il ne risque pas d'être soupçonné de faiblesse face au protestantisme, car les temps ont changé.

16

Mafia

Jean-Paul II a parlé deux fois de la Mafia ou, plutôt, des mafias, en faisant allusion aux responsabilités de l'Église : la première fois, en Calabre, en 1983, et la seconde à Rome, alors qu'il recevait les évêques siciliens, en 1995. En d'autres occasions, durant ses visites en Sicile de 1993 et de 1994, il a condamné la Mafia, en la qualifiant d'œuvre diabolique et en la mcnaçant du jugement de Dieu. Ces prises de position ont déterminé une modification de l'attitude de l'Église à l'égard de ce phénomène, modification que tout le monde a pu constater, y compris les mafieux. Nous nous contenterons ici de citer les deux interventions dans lesquelles il a invité l'Église à faire son examen de conscience et à se repentir.

L'ÉGLISE NE PEUT SE TAIRE. C'est avec des mots et sur un ton bibliques que le pape a parlé de la Mafia à Cosenza, en octobre 1983, au cours d'une homélie ayant pour thème un passage d'Isaïe, où le peuple élu est comparé à une vigne rebelle :

Nous, qui sommes la vigne du Seigneur, que de fruits sauvages nous avons produits, au lieu d'un bon raisin ! Que de haines, de vengeances, de sang répandu, de vols, de brigandages, d'enlèvements de personnes, d'injustices et de violences en tout genre ! [...] Confrontée à ces problèmes, l'Église ne peut se taire, elle ne peut rester absente ou indifférente. L'Église et les chrétiens ont le devoir d'être au premier rang dans la dénonciation des injustices, mais aussi dans la création d'une forte conscience morale, sociale et politique, qui débouche sur des initiatives concrètes. [...] L'Église de Calabre doit s'impliquer dans la réalité sociale de cette terre. Elle doit aider les hommes et les femmes de Calabre à fortifier en eux le sentiment de leur dignité, le sentiment de leurs droits et de leurs devoirs, le sentiment moral du respect des droits d'autrui, le sentiment de la justice et de la solidarité dans les rapports humains et sociaux. [...] La vigne du Seigneur, c'est notre très chère Calabre ! Puisse-t-elle être toujours aussi aimée de Dieu que le fut cette vigne dont parle le prophète Isaïe ! (Cosenza, 6 octobre 1983, homélie.)

Dans cet avertissement biblique, Jean-Paul II n'utilisait ni le mot « Mafia », ni le mot « N'dranghetta », qui est le nom de la Mafia calabraise, mais la liste des maux produits par la « vigne du Seigneur » qui s'appelle Calabre est un inventaire des activités de la N'dranghetta : « haines, vengeances, sang répandu, vols, brigandages, enlèvements de personnes, injustices et violences en tout genre ».

UN COURAGEUX EXAMEN DE CONSCIENCE. Le second texte est plus explicite, tant dans ses références à la Mafia que dans son appel à la révision du passé. Il s'agit d'un discours prononcé en juin 1995 devant des pèlerins siciliens qu'il invitait à un examen de conscience en vue du IIIe millénaire :

Si j'ai poussé ce cri du cœur à Agrigente, à la fin de la célébration eucharistique dans la vallée dite des Temples, c'est parce que j'ai considéré que, depuis trop longtemps, la Sicile, si riche d'humanité et de talent, de ressources et de foi, est montrée du doigt et dénigrée dans de vastes secteurs de l'opinion publique, comme si les organisations criminelles en étaient aujourd'hui l'expression la plus significative. Ce cri m'était inspiré par la confiance dans les qualités humaines et chrétiennes d'un peuple illustre, pour le très riche patrimoine de civilisation qui caractérise son passé, et digne de respect pour les nombreuses souffrances du présent, souffrances qui n'ont cependant pas réussi à briser sa volonté de rachat. Chers Siciliens, le moment est venu de faite appel à toutes les énergies saines. À l'approche du nouveau millénaire, j'ai plusieurs fois invité toute l'Église à se livrer à un courageux examen de conscience, afin que la puissance et la grâce de Dieu puissent écrire une nouvelle page de l'histoire. Je vous propose de faire la même chose, chers fidèles de Sicile. Vous devez prendre la résolution vigoureuse de ne pas relâcher votre effort pour donner un nouveau visage à votre terre, un visage digne de la culture et de la civilisation chrétiennes qui ont marqué votre île. Voilà ce que j'ai voulu crier à Agrigente.

La Mafia est engendrée par une société qui est spirituellement incapable de reconnaître la richesse dont le peuple de Sicile est porteur. C'est pourquoi je vous répète ce que j'ai dit lors de ma dernière visite en Sicile : « Sois heureuse, Sicile. Sois consciente de ta richesse, et notamment de celle, vraiment inestimable, de ta foi en Jésus-Christ. » Tu seras libre si tu as le courage de te ranger consciemment du côté du seul Seigneur de l'histoire. (Salle des audiences, 22 juin 1995, audience à un pèlerinage sicilien.)

Le cardinal Salvatore Pappalardo*, dont le monde entier a admiré le courageux combat contre la Cosa

---

* Archevêque de Palerme, il joua un rôle actif lors du conclave d'octobre 1978 et demeure un personnage clé de l'Église italienne. *(N.d.E.)*

nostra sicilienne, témoigne que, en matière de mafia, l'Église s'est bien rendue coupable d'une faute, que l'on peut définir, pour le moins, comme une « complicité en négatif » (c'est-à-dire passive) et comme une « ambiguïté » de comportement. Ainsi, le 10 avril 1985, lors du congrès national de l'Église italienne, à Lorette, le cardinal Pappalardo, vice-président de la Conférence épiscopale italienne, s'exprima en ces termes :

> En tant qu'évêque parmi les évêques d'Italie, je crois pouvoir parler au nom de tous quand j'implore la miséricorde du Seigneur qui est bon et qui aime les hommes, quand je confesse les fautes que nous avons pu commettre à l'égard du monde, et je crois pouvoir demander pardon, au nom de nos Églises, pour tout ce que nous aurions pu faire plus et mieux et que nous n'avons pas fait. [...] Qu'il s'agisse de petite délinquance, de criminalité organisée, de dérive politique, ou bien encore de terrorisme et de mafia, ce sont toujours des phénomènes qui impliquent l'Église bien au-delà des funérailles auxquelles l'histoire récente nous a désormais habitués ! Il convient de confesser les fautes, quand bien même elles ne seraient que de complicité, au moins en négatif, ou d'ambiguïté, que les communautés ecclésiales ont éventuellement pu commettre ou omettre [59].

Le texte du cardinal Pappalardo est d'autant plus important qu'il constitue le seul « aveu de faute » de toute l'histoire de la Conférence épiscopale italienne, qui en était donc venue d'elle-même à demander pardon, avant que le pape ne lance ce mot d'ordre, mais qui n'a plus osé le faire après l'intervention du pape. Elle ne l'a d'ailleurs pas refait lorsque, à Palerme, en novembre 1995, se tint le troisième congrès national de l'Église italienne, qui avait été annoncé comme une « occasion précieuse pour demander publiquement pardon des compromissions et des retards qui, à la lumière de l'Évangile de la charité, ne peuvent pas se justifier[60] ».

Dès 1982, toutefois, Mgr Vincenzo Fagiolo, qui devait devenir cardinal de Curie et qui était à l'époque président de la Caritas et vice-président de la Conférence épiscopale, adressait à l'Église italienne une invitation à se sentir « responsable » des crimes de la Mafia : « Les crimes de la Mafia et de la Camorra sont trop nombreux, appellent sur leurs auteurs le châtiment de Dieu et interpellent nos consciences. Toute l'Église d'Italie doit se sentir responsable de ces assassinats et faire en sorte que chacune de ses communautés ressente la honte d'accueillir en son sein des chrétiens qui ne sont pas même dignes d'être des hommes, afin de les rejeter moralement, de les exclure et de les mettre en situation de ne plus recevoir aucune aide, mais de connaître au contraire l'opposition et le refus, jusqu'à ce qu'ils s'amendent[61]. »

17

Racisme

Jean-Paul II parle souvent du racisme, qu'il condamne sous ses différentes formes de l'antisémitisme, de l'apartheid, des castes hindoues, de la discrimination à l'égard des Indiens d'Amérique, des luttes tribales, de l'oppression des indigènes de tous les continents, de la traite des Noirs. Et, pour chacune d'elles, il reconnaît les responsabilités catholiques, ou y fait au moins allusion. Nous en avons donné de nombreux exemples dans les chapitres sur les juifs et sur les Indiens d'Amérique, et nous en verrons d'autres dans ceux sur le Rwanda et sur la traite des Noirs. Il ne manque qu'une prise de position sur les responsabilités de l'Église catholique face au phénomène global du racisme, mais le Vatican a publié en 1989 un document qui constitue une véritable autocritique dans le domaine des comportements racistes au cours de l'histoire et dans le monde d'aujourd'hui :

Il ne s'agit pas de faire ici une histoire complète du racisme, ni de l'attitude de l'Église à son égard, mais seulement d'énumérer quelques points saillants de cette histoire, et de souligner la cohérence de l'enseignement magistériel face au phénomène raciste. On n'entend pas dissimuler pour autant les faiblesses et parfois aussi les connivences de certains hommes d'Église comme aussi de simples chrétiens. [...]

Le Moyen Âge chrétien distinguait de même les peuples selon des critères religieux, entre chrétiens, juifs et « infidèles ». Et a cause de cela, à l'intérieur de la « chrétienté », les juifs, témoins tenaces du refus de croire au Christ, ont connu souvent de graves humiliations, accusations et proscriptions. [...]

Si les grands navigateurs du XVe et du XVIe siècle étaient exempts de préjugés racistes, les soldats, les commerçants n'eurent pas le même respect : on tua pour s'installer, on réduisit en esclavage pour profiter du travail des « Indiens » puis des Noirs, et l'on commença à élaborer une théorie raciste pour se justifier.

Les papes ne tardèrent pas à réagir. Le 2 juin 1537, la bulle *Sublimis Deus* de Paul III dénonçait ceux qui soutenaient que « les habitants des Indes occidentales et des continents austraux... devraient être traités comme des animaux sans raison et utilisés exclusivement à notre profit et à notre service ». [...]

Telle était la clarté des directives du Saint-Siège même si, malheureusement, leur application connut aussitôt des vicissitudes. Plus tard, Urbain VIII devait aller jusqu'à excommunier les détenteurs d'esclaves indiens.

De leur côté, des théologiens et des missionnaires avaient déjà pris la défense des autochtones. [...]

Mais l'étroite dépendance dans laquelle le régime du Patronat tenait le clergé du Nouveau Monde n'a pas toujours permis à l'Église de prendre les décisions pastorales qui s'imposaient. [...]

Là où les missionnaires sont restés plus étroitement dépendants des pouvoirs politiques, il leur a été plus difficile de mettre un frein à l'entreprise de domination des colons ; ils les ont même parfois encouragés en ayant recours à des interprétations fallacieuses de la Bible.

Les oppositions tribales mettent parfois en péril, sinon la paix, du moins la poursuite d'un bien commun de l'ensemble de la société, et créent aussi des difficultés pour la vie des Églises et l'accueil des pasteurs d'autres ethnies. [...]

L'Église a la vocation sublime de réaliser, d'abord en elle-même, l'unité du genre humain au-delà des clivages ethniques, culturels, nationaux, sociaux et autres, pour signifier précisément la caducité de ces mêmes clivages, abolis par le croix du Christ. [...] Ce que l'Église a vocation et mission de réaliser, par mandat divin, ses échecs répétés dus aux pesanteurs des hommes, aux péchés de ses propres membres, ne peuvent en aucun cas l'infirmer.

Certes, les chrétiens eux-mêmes doivent confesser humblement que des membres de l'Église, à tous les niveaux, n'ont pas toujours eu des comportements cohérents à ce sujet au cours de l'histoire. [...]

Cependant, dans ses dénonciations du racisme, l'Église essaie de garder une attitude évangélique à l'égard de tous. C'est là sans doute son originalité. [...]

L'Église s'attache surtout à changer les mentalités racistes, y compris à l'intérieur de ses propres communautés. [...] Malgré les limites pécheresses de ses membres, hier et aujourd'hui, elle a conscience d'avoir été constituée témoin de la charité du Christ sur terre, signe et instrument de l'unité du genre humain. (*L'Église face au racisme. Pour une société plus fraternelle.* Document de la commission pontificale « Justice et Paix ».)

Ce chapitre, nous l'avons dit, est le seul pour lequel nous n'ayons trouvé aucun discours prononcé directement par le pape et qui contienne une autocritique explicite. Mais nous en avons trouvé un très beau, qui renferme une autocritique indirecte, évidente dans le contexte où il fut prononcé.

En septembre 1987, alors qu'il était en visite au États-Unis, le pape a rencontré, à La Nouvelle-Orléans, les catholiques noirs américains. En lui présentant cette assemblée, Mgr Joseph Lawson Howze, de Biloxi en Louisiane, seul évêque noir qui fût à la tête d'un diocèse (on en comptait dix autres, à l'époque, mais ils avaient seulement le titre d'évêque d'auxiliaire), affirma que « dans l'Église aussi le racisme empêche un plein développement en son sein d'un leadership noir ». Il ajouta qu'un Noir éprouvait des difficultés pour adhérer à l'Église catholique, car il la percevait comme « une Église blanche et euro-américaine » et qu'il craignait, en y entrant, d'« abandonner son héritage racial et son peuple[62] ». Le pape lui répondit par ces mots passionnés, qui enthousiasmèrent cette assemblée noire et résonnèrent comme une importante autocritique sur un passé et un présent incohérents en matière de racisme :

> Il n'y a ni Église noire, ni Église blanche, ni Église américaine. Il y a et il doit y avoir, dans l'unique Église de Jésus-Christ, une maison pour les Blancs, les Noirs, les Américains, toutes les cultures et toutes les races. (La Nouvelle-Orléans, 12 septembre 1987, rencontre avec la communauté noire des États-Unis.)

Reconnaissance des fautes, pardon, réconciliation : Jean-Paul II essaie de promouvoir, dans les rapports entre races et culture, cette même pédagogie qu'il tente d'appliquer dans le domaine œcuménique. Lors de cette même rencontre américaine, il avait demandé à ses interlocuteurs de prier Dieu « de continuer à nous inspirer le désir du pardon et de la réconciliation avec tous les gens de cette nation, même avec ceux qui vous refusent injustement le plein exercice de vos droits humains ». Il reprendra ce même critère en mai 1989, à Lusaka, en Zambie, avec l'une de ses innombrables prises de position contre l'apartheid sud-africain :

> Comme une nation phare en Afrique, vous êtes fortement affronté au défi de construire une société où s'éta-

blissent des relations harmonieuses entre personnes de tout groupe racial. Cela, ainsi que vos efforts continus pour développer le dialogue constructif entre les parties concernées, doit être votre réponse au système inacceptable de l'*apartheid. Le racisme est condamné, mais il ne suffit pas de condamner.* Il faut encourager les solutions qui permettent de bannir la peur et de parvenir à la réconciliation. (Lusaka, Zambie, 2 mai 1989, discours d'arrivée à l'aéroport.)

La confession des péchés sur le racisme dans le domaine œcuménique est plus vigoureuse, ou en tout cas plus directe, moins préoccupée de lier l'autocritique à l'apologétique. Le document final de l'Assemblée œcuménique mondiale de Séoul (5-12 mars 1992) contient par exemple cette affirmation : « Faisons une alliance pour reconnaître notre complicité, plus ou moins consciente, avec le racisme qui pénètre tant dans l'Église que dans la société, et pour nous en repentir [63]. »

18

Rwanda

L'exemple du Rwanda prouve que Jean-Paul II ne reconnaît pas seulement les torts du passé, mais également ceux du présent. Parmi les interventions que le pape a consacrées à la guerre tribale qui a ravagé ce pays, nous avons choisi les deux plus dramatiques : un angélus dominical de 1994, qui reconnaît la responsabilité des catholiques dans le génocide, et une lettre de 1996 qui invite les catholiques responsables du massacre à accepter d'être jugés.

ILS AURONT TOUS À RÉPONDRE DE LEURS CRIMES. Un pape dénonçant les responsabilités des catholiques dans un massacre en cours, voilà bien une nouveauté historique :

> Il s'agit d'un véritable génocide, dont, hélas, des catholiques sont aussi responsables. Je suis aux côtés de ce peuple à l'agonie et je voudrais de nouveau faire appel à la conscience de tous ceux qui planifient ces massacres et les exécutent. Ils précipitent le pays dans l'abîme ! Ils devront tous répondre de leurs crimes devant l'histoire et devant Dieu. Assez de sang ! Dieu attend de tous les Rwandais, avec l'aide des pays amis, un sursaut moral : le courage du pardon et de la fraternité. (Angélus domi-

nical du 15 mai 1994, enregistré à la clinique Gemelli et retransmis par Radio Vatican.)

Auparavant, c'étaient des chrétiens isolés qui dénonçaient le « péché » de communautés catholiques entières : par exemple, Bernanos avait été seul à protester contre le rôle joué par l'Église dans la guerre civile d'Espagne. On peut voir un signe des temps dans le fait que, aujourd'hui, cette mission soit remplie par le pape. Et peut-être cela assurera-t-il la sauvegarde du catholicisme africain, qui a grandi si vite, qui est encore bien peu africain et peut-être aussi bien peu chrétien.

Mais, dans ces mots, on sent que le pape s'associe personnellement au drame du Rwanda : il envoie ce message de son lit d'hôpital, un jour où il aurait dû présenter à l'Église catholique son programme pour le Grand Jubilé de l'an 2000. À la suite de sa chute du 29 avril, il a dû, une fois de plus (la sixième), être hospitalisé à la clinique Gemelli, où on lui a posé une prothèse au fémur droit. L'incident l'a obligé à annuler, entre autres rendez-vous, le Consistoire extraordinaire convoqué du 8 au 10 mai et qui se tiendra finalement les 13 et 14 juin. En prévision de ce Consistoire, il a envoyé aux cardinaux le document pro memoria dont nous avons parlé dans le chapitre 8 de la première partie. Ce document lançait l'idée d'un examen de conscience de la fin du millénaire sur les fautes historiques de l'Église ; et voilà que les fautes d'aujourd'hui font irruption sur le devant de la scène, avec une violence autrement actuelle, ajoutant du sang frais au terrible catalogue. Le pape relève immédiatement ce nouveau défi. Il est ainsi le premier à prêcher l'exemple.

AUX CATHOLIQUES QUI ONT PÉCHÉ. Deux années s'écoulent, le génocide fait plus d'un million de morts, sur une population de huit millions d'habitants, dont 15 % de catholiques. Parmi les personnes assassinées, on dénombre trois évêques, des centaines de curés, de religieuses et de catéchistes. Un prêtre sur quatre a été tué. Et les grands massacres se déroulent souvent dans les églises, transformées, comme le dit avec désespoir, le 26 juin 1994, à Gisenyi, le cardinal Etchegaray, envoyé sur place par le pape, en « abattoirs d'innocents [64] ». Parfois, des prêtres et des religieuses ont été tués parce qu'ils s'opposaient au massacre ; d'autres fois, ils figurent parmi les responsables de ces massacres. Et certains ecclésiastiques sont même recherchés par le Tribunal pénal international pour le Rwanda. C'est en pensant à eux, aussi, que le pape publie ce message, à la veille du deuxième anniversaire du début du génocide (6 avril 1994) :

> Je m'incline encore devant la mémoire de toutes les victimes de ce drame, particulièrement des évêques, des pasteurs et des autres fidèles de l'Église, demandant au Seigneur de leur faire miséricorde.
> À l'heure où votre pays cherche les voies de la réconciliation et de la paix, j'encourage ardemment tous ses fils à découvrir une nouvelle espérance dans le Christ. C'est en Lui que se manifeste en plénitude la miséricorde infinie de Dieu qui pardonne à tous, en toutes circonstances. [...]
> Je vous invite tous, évêques, prêtres, religieux et religieuses, laïcs, d'origines ethniques différentes, à vous tourner vers Dieu avec un cœur sincère, à pardonner et à vous réconcilier. [...]
> L'État se trouve face à un grand et difficile défi : c'est pour lui un devoir essentiel de rendre justice à tous. Et je voudrais dire encore que la justice et la vérité doivent aller de pair lorsqu'il s'agit de mettre au jour les responsabilités dans le drame qu'a connu votre pays. [...]

Ma pensée rejoint tout particulièrement les nombreux prisonniers en attente de jugement, ceux qui ont tout perdu dans leurs affections ou dans leurs biens et qui attendent que justice leur soit rendue, les réfugiés de l'intérieur et ceux, si nombreux, qui, au-delà des frontières, attendent de pouvoir rentrer au pays dans la sécurité et la dignité. [...]
L'Église en tant que telle ne peut être tenue pour responsable des fautes de ses membres qui ont agi contre la loi évangélique ; ils seront appelés à rendre compte de leurs actes. Tous les membres de l'Église qui ont péché durant le génocide doivent avoir le courage de supporter les conséquences des faits qu'ils ont commis contre Dieu et contre leur prochain. (Lettre au président de la Conférence épiscopale du Rwanda, 20 mars 1996.)

Jean-Paul II avait parlé du génocide, en d'autres occasions, reconnaissant que des catholiques en étaient également responsables, mais, cette fois, il va plus loin : il ordonne aux catholiques « qui ont péché » de ne pas fuir la justice, affirmant que « l'Église en tant que telle » ne peut être tenue pour responsable des fautes de ses membres et demande à l'État « de rendre la justice à tous ».

Ces affirmations étaient audacieuses : d'une part en raison du courage avec lequel il mettait le doigt sur une plaie (parmi les personnes accusées de génocide figuraient des prêtres, qui s'étaient réfugiés à l'étranger) ; d'autre part parce qu'elles tranchaient avec la politique du régime. Inviter l'État à rendre justice, cela revenait à demander la tenue des procès, que le Front patriotique rwandais (émanation militaire de l'ethnie tutsie, au pouvoir depuis juillet 1994) renvoyait *sine die*, tandis que cinquante mille prisonniers environ attendaient en prison qu'on statue sur leur sort.

Du reste, la propagande officielle accusait l'Église d'avoir appuyé le régime précédent, dominé par les Hutus, et de l'avoir même soutenu durant le génocide. Dans ces conditions, la distinction établie par le pape prend toute sa valeur : l'Église n'est pas responsable de ce qu'ont fait les individus, ceux-ci doivent accepter d'être jugés.

Mais quelle signification peuvent bien avoir les exhortations du pape et son appel à la réconciliation ? Certes, sa voix reste un recours pour une communauté catholique bouleversée par une telle tragédie, mais qu'est-ce qu'un Polonais peut bien comprendre du Rwanda ? « Je ne comprends pas, personne au monde ne peut comprendre, et vous-mêmes ne pouvez comprendre ce que vous êtes devenus », a dit le cardinal Etchegaray, dans les circonstances que nous avons évoquées plus haut. Mais, heureusement, il n'a pas manqué de voix qui, au Rwanda même, se sont élevées, en parfait accord avec celle du pape. La plus forte est celle de l'évêque de Butare, dans une lettre à son peuple publiée un an après le début du génocide :

> Nous avons été un motif de honte pour Dieu et pour le nom de son fils Jésus-Christ. [...] Certains chrétiens ont tué et même torturé. Ils ont persécuté leurs voisins, frères chrétiens comme nous, sans que ceux-ci aient commis aucune faute, mais seulement pour ce qu'ils sont, tels que Dieu les a créés. [...] Certains chrétiens ont manqué de respect à la personne humaine, pour avoir exposé des gens complètement nus, avant de les tuer sadiquement, pour les avoir fait souffrir, pour avoir violé les jeunes filles et les mères, pour avoir laissé leurs victimes sans sépulture, pour leur avoir retiré leurs vêtements, pour avoir lancé leurs chiens à la poursuite des fugitifs. [...] Aucune tribu ne s'est retenue de perpétrer

les horreurs du génocide, on pourrait dire que toutes ont rivalisé de zèle [65].

Et il n'y a pas seulement des exemples de jugement après coup comme celui-là. Dès le début des massacres, et quelques jours avant d'être tué lui-même, l'évêque de Kabgayi, plus haut dignitaire de la communauté catholique rwandaise et président de la Conférence épiscopale (désigné par les deux parties comme médiateur dans les négociations de réconciliation), réagissait dans une interview :

> Après quatre-vingt-quatorze ans d'évangélisation, ces massacres sont la sanction de notre échec. Plusieurs prêtres de mon diocèse ont vu leurs paroissiens, en grand nombre, brandir des machettes et détruire jusqu'aux lieux de culte. Telle est la terrible vérité. Les gens n'ont pas assimilé les valeurs chrétiennes. Il faut recommencer avec de nouvelles méthodes. [...] Nous nous apercevons que nous avons commis l'erreur de pratiquer une évangélisation de masse. On a assisté à beaucoup de baptêmes, mais à peu de changements dans la manière de vivre [66].

Pour le pape, le génocide n'a pas non plus été un coup de tonnerre dans un ciel serein. Il s'était rendu au Burundi et au Rwanda en septembre 1990, et on lui avait parlé à plusieurs reprises du drame endémique des guerres tribales. Les réfugiés rwandais d'ethnie tutsie lui avaient adressé un message à Rome, avant son voyage, dénonçant le fait que les évêques fussent tous hutus et qu'il y eût, à l'intérieur de l'Église, une forte discrimination, calquée sur la discrimination politique. Au stade de Kigali, les jeunes lui avaient posé cette question dérangeante, perdue au milieu d'autres sujets de circonstance : « Savez-vous que, au Rwanda, le racisme sévit au sein même de l'Église ? » Et le pape avait répondu sur le même ton :

> Les pensées racistes sont contraires au message du Christ, car ce prochain que Jésus me demande d'aimer n'est pas seulement l'homme appartenant à mon groupe social, à ma religion ou à ma nation. Mon prochain, c'est chacun des hommes que je rencontre en chemin [67].

Une vision d'ensemble des événements rwandais, tenant compte à la fois des horreurs du génocide et des témoignages chrétiens, a été exprimée, dans l'un des moments les plus difficiles, par Mgr Giuseppe Bertello, qui, depuis 1991, était nonce à Kigali : « Peut-être devons-nous revoir nos méthodes d'évangélisation : il y a eu une explosion de conversions, qui était peut-être excessive. Nous étudierons le problème. » La participation des chrétiens aux tueries « est une douleur qui a traversé toute l'Église au cours de cette guerre civile, qui a commencé il y a des années, et non pas le 6 avril 1994, comme tout le monde le croit. Mais nous ne devons pas oublier qu'on a aussi assisté à des épisodes héroïques : des Hutus qui ont sauvé des Tutsis, et vice versa... Nous n'avons jamais cessé de parler de conciliation et d'unité nationale. Mais, inévitablement, dans les séminaires, les tensions entre les deux ethnies étaient palpables [68]. »

Le cardinal Hyacinthe Thiandoum*, rapporteur du Synode africain (1994), a également formulé une autocritique sévère sur la façon dont les missionnaires et les Églises indigènes ont réalisé l'évangélisation de l'Afrique. C'était, justement, à propos des événements du Rwanda et du Burundi : « Ces deux pays sont ceux qui, en Afrique, comptent le pourcentage de catholi-

---

* Cardinal-archevêque de Dakar. *(N.d.E.)*

ques le plus élevé. Nous, pères du synode, nous nous sommes demandé quel type de foi chrétienne a pénétré dans ces pays. Eh bien, si l'évangélisation ne convertit pas, si elle ne change pas en profondeur les cœurs et les cerveaux, c'est-à-dire la façon de se juger soi-même et de juger le monde, tous nos efforts auront été vains, et seront réduits à néant en un instant [69]. »

19

Schisme d'Orient

Le cœur de Jean-Paul II bat en Orient, et c'est à la séparation d'avec l'Orient que sont consacrés ses mea-culpa les plus fervents et les plus fréquents. Nous reproduisons quatre textes des cinq dernières années : deux sont extraits de documents d'une grande importance, encycliques et lettres apostoliques ; un autre est contenu dans une déclaration commune de Jean-Paul II et du patriarche Bartholomeos de Constantinople ; un autre encore a été prononcé durant une célébration œcuménique dans une église orthodoxe de Pologne, en 1991. Ce dernier est peut-être le plus important, car il est le plus ancien et contient en germe tous ceux qui suivront.

Il est significatif que cette confession des péchés soit plus fréquente dans les dernières années : cela indique que le pape a conscience des difficultés de l'union avec l'Orient, à la suite de l'interruption du dialogue qui a coïncidé avec la chute des régimes communistes. Notre inventaire commencera donc avec le texte polonais. Durant les treize années de son pontificat qui avaient précédé cette déclaration, Jean-Paul II s'était montré confiant dans la proximité d'une union avec l'Orient. « La visite que j'accomplis aujourd'hui voudrait avoir le sens d'une rencontre dans la voie apostolique commune. Pour marcher ensemble vers cette pleine unité, que de tristes circonstances historiques ont blessé, surtout au cours du deuxième millénaire. Comment ne pas exprimer notre ferme espérance en Dieu pour que se lève bientôt une ère nouvelle ? » avait-il dit en novembre 1979, alors qu'il rendait visite, à Istanbul, au patriarche de Constantinople Dimitrios I er. Avec les difficultés qui, paradoxalement, surgissent à la chute des régimes communistes, Jean-Paul II se rend compte que la voie de l'union ne reste possible que si elle passe par la pénitence ou le pardon réciproque.

TOUS NOUS AVONS COMMIS DES ERREURS. Certes, ce sont les mots qui sont ici importants, mais l'endroit où ils sont prononcés et pour lequel ils ont été choisis n'est pas indifférent : nous sommes en Pologne, dans la cathédrale orthodoxe de Bialystok, à quelques kilomètres de la frontière avec la Biélorussie. Durant la dernière guerre, les nazis ont détruit la ville et exterminé sa population, surtout les juifs : c'est un endroit où, pendant des siècles, des guerres chrétiennes ont fait alterner suprématie catholique et domination orthodoxe, selon que la région était sous la coupe des rois de Pologne ou des tsars de Russie ; la cathédrale orthodoxe, choisie pour accueillir la liturgie œcuménique au cours de laquelle le pape fait sa déclaration, fut érigée sur l'emplacement de la précédente cathédrale des catholiques de rite oriental, que le gouvernement tsariste a fait démolir au siècle dernier [70].

Jean-Paul II a participé à des célébrations œcuméniques dans toutes sortes d'églises appartenant à d'autres confessions chrétiennes : dans des temples luthériens à Rome et à Salzbourg, dans la cathédrale orthodoxe d'Al Fanar à Istanbul, dans les cathédrales anglicanes de Canterbury et de Toronto, dans les cathédrales luthériennes de Strasbourg, de Trondheim (Norvège), de Reykjavik (Islande), de Turku (Finlande), de Roskilde (Danemark), d'Uppsala (Suède), de Riga (Lettonie) et dans bien d'autres encore. Mais nulle part ailleurs il n'a su, à ce jour, joindre le geste à la parole de manière plus significative et efficace qu'en Pologne :

> Tournés vers le Seigneur pendant cette solennelle et sublime prière, au cours de laquelle a résonné plusieurs fois le « Gospodi pomilui », « Seigneur, prends pitié », nous ne pouvons que reconnaître avec humilité que, dans les relations entre les Églises, dans le passé, l'esprit de fraternité évangélique n'a pas toujours régné. Les douloureuses expériences continuent à vivre dans la mémoire de tous. C'est en cette mémoire que plongent aussi les racines de ce manque de confiance qui n'est pas encore et pas tout à fait surmonté. Tous nous portons le joug des fautes historiques, tous nous avons commis des erreurs : « Si nous disons que nous sommes sans péché, nous nous trompons nous-mêmes, et la vérité n'est pas en nous » (I Jn 1, 8). Partout où a existé le tort, de quelque côté que ce soit, il n'est réparé que par la reconnaissance de sa propre faute devant le Seigneur, et par le pardon. Avec une sincère et profonde douleur, nous le reconnaissons aujourd'hui devant Dieu, en lui demandant de nous pardonner : « Gospodi pomilui i prosti ! » (Seigneur prends pitié et pardonne — en russe).
> Nous souvenant des paroles du Seigneur, « pardonne-nous nos offenses comme nous pardonnons à ceux qui nous ont offensés », dans un esprit de réconciliation réciproque, pardonnons-nous mutuellement les torts subis dans le passé, *pour former d'une manière nouvelle authentiquement évangélique nos rapports réciproques* et construire un avenir meilleur pour les Églises réconciliées. (Bialystok, Pologne, 5 juin 1991, rencontre œcuménique dans la cathédrale orthodoxe.)

INVOQUANT AVEC FORCE LE PARDON. « Tous nous avons commis des erreurs », a dit le pape à Bialystok, au printemps de 1991, en s'adressant à l'Orient chrétien. Mais malgré cet appel au pardon réciproque, l'Orient chrétien semble s'éloigner de l'Église catholique année après année, brisant le rêve wojtylien d'une rapide réunion des deux grandes traditions chrétiennes. La chute du communisme fait éclater la question des uniates (les chrétiens orientaux qui se sont séparés de l'Église orthodoxe pour s'unir à l'Église catholique) en Ukraine et en Roumanie, la guerre serbo-croate creuse de nouveau l'ancien fossé avec le patriarcat de Serbie, l'installation d'évêques catholiques dans le territoire russe bloque le dialogue avec le patriarcat de Moscou. Malgré la chute des régimes communistes, Jean-Paul II ne peut se rendre dans aucun pays à majorité orthodoxe : naguère, c'étaient les gouvernements qui ne voulaient pas de lui, aujourd'hui ce sont les « Églises sœurs ». Telles sont les raisons de ce nouvel appel à l'Orient chrétien, contenu dans l'*Orientale lumen,* une lettre apostolique publiée en mai 1995, et par laquelle le pape a relancé l'initiative, en se plaçant plus clairement sur un plan de parité, « au-delà de tout tort subi ou infligé », et demandant à tous des « pas concrets, courageux » :

> Le péché de notre division est très grave. [...] Il est nécessaire d'en faire amende honorable, en invoquant avec force le pardon du Christ. [...] Nous avons privé le monde d'un témoignage commun qui aurait peut-être pu éviter tant de drames ou même changer le sens de l'Histoire. [...] N'est-ce pas là un nouveau risque grave de péché que nous devons tous tenter de vaincre de toutes nos forces, si nous voulons que les peuples qui le cherchent puissent plus facilement trouver le Dieu de l'amour, au lieu d'être à nouveau scandalisés par

nos déchirements et nos oppositions ? *(Orientale lumen,* 6 mai 1995.)

NOUS INVITONS TOUS À PARDONNER. Ce mot d'ordre du pardon réciproque est formulé de nouveau dans la déclaration commune (dont nous reprenons la seconde partie) du pape et du patriarche de Constantinople, en conclusion de la visite de ce dernier à Rome, en juin 1995 :

> Dans ces préparatifs, nous exhortons nos fidèles, catholiques et orthodoxes, à renforcer l'esprit de fraternité qui vient de l'unique baptême et de la préparation à la vie sacramentelle. Au cours de l'histoire, et dans le passé le plus récent, des offenses réciproques et des vexations se sont produites ; alors que nous nous apprêtons, en cette circonstance, à demander au Seigneur sa grande miséricorde, nous invitons tous [nos fidèles] à se pardonner réciproquement et à manifester leur ferme volonté que s'instaurent de nouveaux rapports de fraternité et d'active collaboration.
>
> Un tel état d'esprit devrait encourager catholiques et orthodoxes, principalement là où ils vivent côte à côte, à une collaboration plus intense dans les domaines culturel, spirituel, pastoral, éducatif et social, en évitant toute tentation de zèle indu en faveur de leur propre communauté et aux dépens de l'autre. Que le bien de l'Église du Christ l'emporte toujours ! Le soutien réciproque et l'échange des dons ne peuvent que rendre plus efficace l'action pastorale elle-même, et plus transparent le témoignage rendu à l'Évangile que l'on veut annoncer.
>
> Nous pensons qu'une collaboration plus active et concertée pourra également faciliter l'influence de l'Église pour la promotion de la paix et de la justice dans les zones actuellement en conflit pour des raisons politiques ou ethniques. La foi chrétienne a des possibilités inédites d'apporter des solutions aux tensions et aux inimitiés de l'humanité.

Au cours de leurs rencontres, le pape de Rome et le patriarche œcuménique ont prié pour l'unité de tous les chrétiens. Ils ont inclus dans leur prière tous ceux qui, baptisés, sont incorporés au Christ et ils ont demandé pour les différentes communautés une fidélité toujours plus grande à son Évangile.

Ils portent dans leur cœur la préoccupation de toute l'humanité, sans faire aucune acception de race, de couleur, de langue, d'idéologie et de religion.

Aussi encouragent-ils le dialogue, non seulement entre les Églises chrétiennes, mais aussi avec les diverses religions et surtout avec les religions monothéistes. [...]

Que le Seigneur daigne guérir les plaies qui tourmentent aujourd'hui l'humanité et écouter nos prières et celles de nos fidèles, en faveur de la paix dans les Églises et dans le monde entier. (Déclaration commune de Jean-Paul II et du patriarche Bartholomeos Iᵉʳ.)

LE COURAGE DU PARDON. Nous voici enfin parvenus à l'application de la voie pénitentielle ou du pardon réciproque à la question uniate :

Puisse la perspective du Jubilé de l'an 2000, désormais tout proche, faire naître chez tous une attitude d'humilité, capable d'opérer « la nécessaire purification de la mémoire historique », au moyen de la conversion du cœur et de la prière, de manière à favoriser la demande et l'offre réciproque de pardon pour les incompréhensions des siècles passés. [...]

Qu'une ardente supplication monte vers l'Esprit-Saint pour implorer que se fasse plus proche le moment où tous les croyants dans le Christ rendront gloire à la Trinité « d'un même cœur, d'une même voix » (Rm 15, 6). La condition indispensable pour ce joyeux événement est que mûrisse dans le cœur de chacun le courage du pardon : une grâce qu'il nous faut aussi implorer avec une infatigable persévérance. (Lettre apostolique pour les 350 ans de l'union d'Uzhorod, 22 avril 1996.)

La purification de la mémoire historique est particulièrement difficile en matière d'uniatisme. Mais les Églises orthodoxes elles-mêmes entendent y collaborer. Dans son paragraphe 30, le document de Balamond (Liban) de la Commission mixte internationale pour le dialogue théologique entre l'Église catholique et l'Église orthodoxe l'a réaffirmé : « Il faut proposer une présentation honnête et globale de l'histoire, qui tende vers une historiographie identique, voire commune aux deux Églises. Ainsi, on aidera à dissiper les préjugés et l'on évitera que l'histoire ne soit utilisée à des fins polémiques. Cette présentation montrera que les torts de la division ont été partagés, et qu'ils ont laissé, chez les uns et chez les autres, de profondes blessures [71]. »

20

Histoire de la papauté

L'histoire de la papauté pourrait, dans son ensemble, être un sujet de pénitence pour un pape. Et, au-delà de l'histoire, le présent : les gardes et la monnaie, l'État et la diplomatie, le titre même de pape, et jusqu'à la formulation du dogme de l'infaillibilité.

Pour écarter tout « vain scandale », le pape ferait bien de « transformer le Vatican entier en musée et de s'établir dans l'un des nombreux bâtiments administratifs disponibles aux portes de Rome » : telle est la proposition du théologien suisse Hans Urs von Balthasar, que Jean-Paul II a nommé cardinal. Et Urs von Balthasar a encore déclaré que prêtres, évêques et papes devraient abandonner leurs titres « vieillis et incompréhensibles du point de vue de la foi chrétienne ». Par exemple « père, abbas, pape vont à l'encontre de Matthieu 23, 9 : "N'appelez personne sur la terre votre père." » Et, pour lui, le titre d'« infaillible » attribué à l'Église et au pape n'est « pas très heureux » : « Parce que les hommes sont toujours faillibles[72]. »

Jean-Paul II n'a rien dit, n'a rien réformé en ce domaine. Pourtant, il est vraisemblable que si les théologiens Hans Urs von Balthasar et Yves Congar ont été faits cardinaux, c'est également pour avoir abordé ces problèmes. Comme Urs von Balthasar, le P. Congar a posé la question des titres du pape[73]. Et tous deux ont toujours insisté sur la réalité d'une Église à la fois sainte et pécheresse (un essai du P. Urs von Balthasar s'intitule *Casta meretrix*, « sainte courtisane ») et sur la nécessité de sa réforme continuelle (une étude du P. Congar, inspirée par l'ancien aphorisme *Ecclesia sempre reformanda*, s'intitule *Vraie et fausse réforme dans l'Église* [74]). Je crois que le pape a voulu récompenser en leur personne le courage d'avoir signalé jusqu'à quel point la radicalité évangélique était compatible avec les exigences de l'institution.

Ce qu'a dit et fait Jean-Paul II à l'égard de la révision de l'histoire de la papauté peut se résumer en trois chapitres : affirmations générales, gestes symboliques et reconnaissances spécifiques.

AFFIRMATIONS GÉNÉRALES. L'affirmation la plus importante est contenue dans l'encyclique *Ut unum sint* (1995), dans laquelle Jean-Paul II demande pardon aux autres chrétiens pour les fautes des papes dans les divisions entre les Églises.

> La conviction qu'a l'Église catholique d'avoir conservé, fidèle à la tradition apostolique et à la foi des Pères, le signe visible et le garant de l'unité dans le ministère de l'évêque de Rome, représente une difficulté pour la plupart des autres chrétiens, dont la mémoire est marquée par certains souvenirs douloureux. Pour ce dont nous sommes responsables, je demande pardon, comme l'a fait mon prédécesseur Paul VI. (*Ut unum sint*, 30 mai 1995, 88.)

Deux autres affirmations générales complètent cette confession et concernent la corruption morale qui peut s'affirmer même chez de hauts dignitaires de l'Église. Toutes deux font référence aux responsabilités historiques des papes en matière de morale. Il a prononcé la première en juin 1984, à Genève, au cours d'une rencontre avec le Conseil œcuménique des Églises :

> En dépit des misères morales qui ont marqué la vie de ses membres et même de ses responsables au cours de son histoire, elle est convaincue d'avoir gardé, en toute fidélité à la tradition apostolique et à la foi du Père, dans le ministère de l'évêque de Rome, le pôle visible et le garant de l'unité. (Genève, 12 juin 1984, visite au Conseil œcuménique des Églises.)

Quant à la seconde affirmation, il l'a formulée quatre ans plus tard, à Nancy, durant une messe, et non plus devant un auditoire œcuménique : la confession n'en a peut-être que plus d'autorité, bien qu'elle soit d'une formulation moins nette :

> [La] barque [de l'Église] a tenu bon et elle s'est frayé un chemin au milieu des *turbulences de l'histoire*. Beaucoup d'événements et de maux ont pu troubler sa paix, venant du dehors et même du dedans : les premières persécutions à Jérusalem, puis à Rome, à partir de Néron [...] puis les querelles théologiques qui ont divisé les chrétiens ; les invasions qui ont obligé à reprendre l'évangélisation ; les menaces d'affadissement du sens religieux et moral, voire même la corruption, nécessitant sans cesse des réformes, comme au temps de mon prédécesseur Léon IX, ancien évêque de Toul. (Nancy, 10 octobre 1988, homélie.)

Si Jean-Paul II cite Léon IX, c'est parce que ce pape était alsacien, et donc « voisin » de ses auditeurs lorrains, et parce qu'il est vénéré en tant que saint et considéré par les historiens comme le meilleur des papes d'origine germanique du Moyen Âge (à peine élu, il imposa une réforme moralisatrice draconienne de la cour papale) ; mais il aurait pu citer bien d'autres papes contraints de lutter, jour et nuit, contre la corruption de la curie, ou corrompus eux-mêmes ! Cette manière, anodine, de placer, au beau milieu d'une homélie, la corruption parmi les maux ordinaires de la vie hiérarchique de l'Église, n'en est pas moins remarquable.

Les affirmations autocritiques de Genève et de Nancy se rejoignent ensuite dans un passage de l'encyclique *Ut unum sint* :

> L'Église catholique affirme par là que, au cours des deux mille ans de son histoire, elle a été gardée dans l'unité avec tous les biens dont Dieu veut doter son Église, et cela malgré les crises souvent graves qui l'ont ébranlée, les manques de fidélité de certains de ses ministres et les fautes auxquelles se heurtent quotidiennement ses membres. L'Église catholique sait que, en vertu du soutien qui lui vient de l'Esprit, les faiblesses, les médiocrités, les péchés et parfois les trahisons de certains de ses fils ne peuvent pas détruire ce que Dieu a mis en elle selon son dessein de grâce. Même « les portes de l'enfer ne tiendront pas contre elle » (Mt 16, 18). Cependant, l'Église catholique n'oublie pas qu'en son sein beaucoup obscurcissent le dessein de Dieu. *(Ut unum sint,* 30 mai 1995, 11.)

GESTES SYMBOLIQUES. Nous avons déjà rapporté, dans les différents chapitres du présent volume, des gestes symboliques dénotant un changement d'attitude ou d'image par rapport à l'histoire ou aux pratiques de la papauté. Rappelons les gestes œcuméniques les plus marquants : la visite à la synagogue de Rome, les visites aux églises d'autres confessions, l'hommage aux martyrs protestants de Presov, la rencontre avec les jeunes musulmans à Casablanca. Mais attardons-nous aussi un moment sur trois visites à des églises d'autres confessions chrétiennes, qui délivrèrent un témoignage d'humilité particulier, dans le cadre de la révision d'un passé anti-œcuménique.

La première, celle qui, peut-être, est la plus chargée de signification symbolique, s'est déroulée dans la cathédrale luthérienne de Roskilde, au Danemark, en juin 1989. Ce jour-là, le pape participait à une rencontre de prière où on ne lui avait pas accordé la parole. Cette décision, qui fit sensation et provoqua des polémiques à l'intérieur même de l'Église luthérienne du Danemark, était justifiée en ces termes par son principal responsable, l'évêque de Roskilde, Bertil Wiberg : « Nous ne voudrions pas que, en l'entendant prendre la parole dans notre église, certains puissent penser que Jean-Paul II est devenu notre pape. Le souverain pontife est le bienvenu, mais il est bon de rappeler que c'est nous qui le recevons, et non l'inverse[75]. »

La seconde visite a été, lors de ce même voyage, pour la cathédrale luthérienne d'Uppsala (Suède), en présence du roi Charles-Gustave et de la reine Silvia. L'évêque luthérien Bertil Werstrom a donné l'accolade au pape et rappelé que c'était ici, dans cette église, qu'avait débuté, en 1920, le mouvement œcuménique, avec une cérémonie célébrée par l'archevêque luthérien Nathan Soderblom : « Ce jour-là, l'apôtre Jean était représenté ici par l'évêque orthodoxe, l'apôtre Paul par l'évêque luthérien. Il manquait l'apôtre Pierre. Aujourd'hui, Pierre est là, lui aussi, et il s'appelle Jean-Paul II. » Le pape a déposé un bouquet de fleurs sur la tombe de Nathan Soderborn contre qui, à l'époque, s'était déchaîné Pie XI ; il a annoncé qu'il était venu « en esprit de pénitence » et a lancé un appel au pardon réciproque. Karl Barth, déjà (nous l'avons rappelé dans le chapitre 5 de la première partie), avait demandé à l'Église catholique de reconnaître l'avance prise par les autres confessions en matière d'œcuménisme : telle est la valeur symbolique de ce bouquet de fleurs déposé par Jean-Paul II sur la tombe de ce pionnier de l'œcuménisme. Par ce geste, le pape reconnaissait cette préséance[76].

La reconnaissance écrite est arrivée six ans plus tard, dans l'encyclique *Ut unum sint* :

> Le mouvement œcuménique a pris son essor dans les Églises et les communautés de la Réforme. En même temps, dès janvier 1920, le Patriarcat œcuménique avait souhaité que l'on organisât une collaboration entre les confessions chrétiennes. Ce fait montre que l'incidence de l'arrière-fond culturel n'est pas déterminante. L'essentiel, en revanche, c'est la question de la foi. La prière du Christ, notre unique Seigneur, Rédempteur et Maître, parle à tous de la même manière, en Orient comme en Occident. Elle devient un impératif qui commande d'abandonner les divisions pour rechercher et retrouver l'unité, sous l'influence des expériences amères de la division. *(Ut unum sint*, 30 mai 1995, 65.)

La troisième visite a été celle de juin 1991 à la cathédrale de Bialystok, en Pologne, à la frontière avec la Biélorussie, dont nous avons déjà parlé dans le chapitre précédent consacré au schisme d'Orient : en l'occurrence, l'élément symbolique résidait dans le fait que le pape allait demander et proposer le pardon chez des hôtes œcuméniques, qui avaient bâti leur église sur l'emplacement d'une ancienne cathédrale gréco-catholique abattue sur l'ordre des tsars de Russie.

RECONNAISSANCES SPÉCIFIQUES. Nous avons déjà énuméré des déclarations de reconnaissance de responsabilités historiques particulières dans tous les chapitres de cette seconde partie : nous nous contenterons ici d'ajouter quelques exemples qui concernent le défaut de tolérance à l'égard des non-catholiques à l'époque du pouvoir temporel des papes, la condamnation de l'œuvre d'Antonio Rosmini, celle de la liberté religieuse, les décisions antimodernistes du début du XXe siècle.

1) *Luthériens à Rome, à l'époque du pape roi.* Lors de sa visite de décembre 1983 à la Christuskirche, au numéro 7 de la via Toscana, autrement dit l'église luthérienne de Rome, le pape a rappelé la « douloureuse histoire » de cette communauté protestante : des paroles mesurées, mais très claires pour les auditeurs ! Cette église fut en effet construite après la chute du gouvernement papal, sous lequel les luthériens étaient obligés de se réunir à l'ambassade de Prusse :

> Nous connaissons la douloureuse histoire de cette communauté évangélique luthérienne à Rome, ses pénibles débuts, les ombres et les lumières de son évolution au milieu des conditions propres à cette ville. Une question d'autant plus pressante se pose à nous : avons-nous le droit — en dépit de toutes les faiblesses humaines, en dépit du caractère inaccessible des siècles passés — de manquer de confiance en Notre-Seigneur, qui s'est manifesté ces derniers temps par la parole de l'Esprit-Saint que nous avons reçue au cours du Concile ? (Église luthérienne de Rome, 11 décembre 1983.)

2) *Rosmini condamné et sanctifié.* Jean-Paul II a autorisé le procès en béatification d'Antonio Rosmini, un auteur condamné par le Saint-Office. L'évêque rosminien Clemente Riva a commenté cette décision :

> La condamnation de quarante de ses propositions philosophiques et théologiques, formulée par le Saint-Office en 1887, pèse encore sur Rosmini. Il s'agit d'une

condamnation un peu insolite, et qui n'était pas accompagnée, comme c'est la coutume en pareil cas, d'une note théologique qui la motive. En 1973, une commission, dont je faisais partie, a été chargée par Paul VI de revoir cette condamnation. Après trois années de discussion, chacun des commissaires rédigea un rapport personnel qu'il remit au préfet de la Congrégation pour la doctrine de la foi, qui, à l'époque, était le cardinal Franjo Seper. Les conclusions, dressées par le prélat croate, ne furent pas favorables à Rosmini. La Congrégation jugea que « l'annulation de la condamnation [n'était] ni fondée ni opportune ». Cinq ans plus tard, le pape actuel a nommé une nouvelle commission, formée de cinq prélats. Ses conclusions, qui n'ont pas été publiées, ont été rédigées depuis plusieurs années, mais le pape les connaît. Et c'est lui qui a accordé, en tenant compte des travaux de cette commission, le *non obstat* au procès en béatification [77].

3) *Liberté religieuse et modernisme.* Un document de la Congrégation pour la doctrine de la foi sur la *Vocation ecclésiale du théologien*, publié en juin 1990, signé par le cardinal Ratzinger avec l'approbation du pape, reconnaît, « peut-être pour la première fois avec une telle clarté » (Ratzinger), que le Magistère, qui comprend celui des papes, peut « se tromper » quand il se prononce sur des sujets mixtes (les fameuses « interventions prudentielles »), c'est-à-dire « sur des questions débattues dans lesquelles sont impliqués, à côté de principes fermes, des éléments conjecturaux et contingents ». Et, dans certains cas, il s'est bel et bien trompé :

Dans ce domaine des interventions d'ordre prudentiel, il est arrivé que des documents magistériels ne soient pas exempts de déficiences. Les pasteurs n'ont pas toujours perçu aussitôt tous les aspects ou toute la complexité d'une question. Mais il serait contraire à la vérité de conclure, à partir de certains cas déterminés, que le Magistère de l'Église puisse se tromper habituellement dans ses jugements prudentiels, ou qu'il ne jouisse pas de l'assistance divine dans l'exercice intégral de sa mission. (Congrégation pour la doctrine de la foi, *Instructions sur la vocation ecclésiale du théologien*, 26 juin 1990.)

En présentant ce document, le cardinal Ratzinger a cité deux cas d'affirmations dépassées : « On peut penser aux déclarations des papes du siècle dernier sur la liberté religieuse ainsi qu'aux décisions antimodernistes du début de notre siècle, surtout aux décisions de la commission biblique d'alors [78]. »

21

Traite des Noirs

Si Jean-Paul II n'avait pas voyagé, peut-être n'aurait-il pas demandé pardon. Cette affirmation a une valeur générale, mais elle s'applique assurément à la traite des Noirs : il en a parlé en trois occasions principales, durant deux voyages africains (Cameroun, 1985 ; Sénégal, 1992) et à l'occasion d'un voyage américain (Saint-Domingue, 1992). Chaque fois, avec une grande émotion et dans un esprit de pénitence. Il en a reparlé ensuite à Rome (devant un groupe d'évêques brésiliens, en 1995). Le ton avait changé : tout en demandant pardon pour ce que firent « de nombreux chrétiens », il a rappelé que les papes avaient toujours condamné la traite des Noirs et que l'Église n'a jamais cessé de défendre les esclaves. Nous avons déjà observé cet équilibre du tort et de la raison à propos des Indiens d'Amérique. Là encore, le pape a prononcé ses paroles les plus généreuses au cours d'un voyage, ou peu après son retour lorsqu'il évoquait l'émotion d'une rencontre ; c'est à Rome qu'il réservait les déclarations restant sur la défensive. Toute la grâce des voyages est là : le caractère de Jean-Paul II fait qu'il se donne plus pleinement lorsqu'il rencontre ses interlocuteurs chez eux.

NOUS DEMANDONS PARDON À NOS FRÈRES AFRI-
CAINS. La première demande de pardon pour la traite
des Noirs a été prononcée durant le voyage africain
d'août 1985 qui fut un élément clef du pontificat de
Jean-Paul II : c'est là que se manifesta le mieux son
âme de missionnaire, comprise comme une mission
auprès des peuples. C'est au cours de ce voyage qu'eurent lieu une rencontre avec des prêtres animistes au
Togo, une condamnation de l'apartheid plus ferme
que jamais, cette autocritique sur la traite des Noirs, le
commencement d'un contact direct avec l'islam. C'est
dans le cadre de cet élan missionnaire qu'il faut lire
ces paroles d'autocritique, que le pape prononça
après avoir rappelé que le christianisme « proclame la
liberté et les droits inaliénables de la personne » :

> Au cours de l'histoire, des gens appartenant à des nations
> chrétiennes ne l'ont malheureusement pas toujours fait,
> et nous en demandons pardon à nos frères africains qui
> ont tant souffert par exemple de la traite des Noirs. Mais
> l'Évangile demeure sans équivoque. (Yaoundé, Came-
> roun, 13 août 1985, discours aux intellectuels.)

AU SANCTUAIRE DE LA DOULEUR NOIRE. Jean-
Paul II a prononcé ses paroles les plus fortes sur le
péché de la traite des Noirs en février 1992, sur l'île
de Gorée (Sénégal), dans le cadre de deux interventions. Le premier discours, prononcé à la Maison des
esclaves, contient l'affirmation que la traite constitue
« un drame de la civilisation qui se disait chrétienne ».
Et il poursuit en comparant la traite des Noirs aux
camps d'extermination de notre temps, dont il dit
qu'elle fut « un exemple ». Il précise que les camps de
notre époque doivent aussi être portés au compte
d'une « civilisation qui se disait et qui se dit chrétienne ». Il s'agit là d'un grand texte chrétien :

Ces générations de Noirs et d'esclaves me font penser que Jésus-Christ a voulu se faire esclave, devenir un serviteur. Il a projeté sur l'esclavage la lumière de la révélation. Cette révélation de Dieu qui veut dire « Dieu amour ». Mais ici il s'agit surtout d'injustice. C'est un drame de la civilisation qui se disait chrétienne.

Socrate, ce grand philosophe de l'Antiquité, disait que ceux qui subissent l'injustice sont dans une position plus enviable que ceux qui la leur infligent. C'est bien cet envers de l'injustice qui a eu lieu ici. C'est un drame humain : le cri des générations exige que nous nous libérions pour toujours de ce drame, car ses racines sont en nous, dans la nature humaine, dans le péché.

Je suis venu rendre hommage à toutes les victimes inconnues. Nul ne sait combien il y en eut. Nul ne sait exactement qui elles étaient. Hélas, notre civilisation, qui se disait et qui se dit chrétienne, s'est adonnée jusque dans notre siècle à la pratique de l'esclavage. Nous savons ce que furent les camps d'extermination. Il y en a ici un exemple. Mais nous ne pouvons pas nous laisser submerger par la tragédie de notre civilisation, de notre faiblesse, du péché. Nous devons demeurer fidèles à un autre cri, celui de saint Paul qui a écrit : « *Ubi abundavit peccatum superabundavit gratia* » [Romains, 5, 20], là où le péché abonde, la grâce surabonde. (Île de Gorée, Sénégal, 22 février 1992, visite à la Maison des esclaves.)

Dans un autre texte, tout aussi beau, le pape — parlant le même jour devant la population de l'île — invoque le « pardon du ciel » pour la faute de « personnes baptisées mais qui n'ont pas vécu leur foi » et demande que les chrétiens « ne soient plus jamais les oppresseurs de leurs frères » :

La visite de la « Maison des esclaves » nous remet en mémoire cette traite des Noirs, que Pie II, écrivant en 1462 à un évêque missionnaire qui partait pour la Guinée, qualifiait de « crimes énorme », « *magnum scelus* ».

251

Pendant toute une période de l'histoire du continent africain, des hommes, des femmes et des enfants noirs ont été amenés sur ce sol étroit, arrachés à leur terre, séparés de leurs proches, pour y être vendus comme des marchandises. Ils venaient de tous pays, et, enchaînés, partant vers d'autres cieux, ils gardaient comme dernière image de l'Afrique natale la masse du rocher basaltique de Gorée. On peut dire que cette île demeure dans la mémoire et le cœur de toute la diaspora noire.

Ces hommes, ces femmes et ces enfants ont été victimes d'un honteux commerce, auquel ont pris part des personnes baptisées mais qui n'ont pas vécu leur foi. Comment oublier les énormes souffrances infligées, au mépris des droits humains les plus élémentaires, aux populations déportées du continent africain ? Comment oublier les vies humaines anéanties par l'esclavage ?

Il convient que soit confessé en toute vérité et humilité ce péché de l'homme contre l'homme, ce péché de l'homme contre Dieu. Comme il est long le chemin que la famille humaine doit parcourir avant que ses membres apprennent à se regarder et à se respecter comme images de Dieu, pour s'aimer enfin en fils et filles du même Père céleste !

Dans ce sanctuaire africain de la douleur noire, nous implorons le pardon du ciel, nous prions pour qu'à l'avenir les disciples du Christ se montrent pleinement fidèles à l'observance du commandement de l'amour fraternel légué par leur Maître. Nous prions pour qu'ils ne soient plus jamais les oppresseurs de leurs frères, de quelque manière que ce soit, mais cherchent toujours à imiter la compassion du Bon Samaritain de l'Évangile en allant au secours des personnes qui se trouvent dans le besoin. Nous prions pour que disparaisse à jamais le fléau de l'esclavage ainsi que ses séquelles : de récents incidents douloureux dans ce continent même n'invitent-ils pas à demeurer vigilants et à poursuivre la longue et laborieuse conversion du cœur ? Nous devons également nous opposer aux formes nouvelles d'esclavage, souvent insidieuses, comme la prostitution organisée, qui profite honteusement de la misère des populations du tiers monde. (Île de Gorée, 22 février 1992, rencontre avec la communauté catholique.)

UN ACTE D'EXPIATION. La troisième confession de péché est consignée dans deux textes, un faible et un fort, qu'il faut lire ensemble car ils sont tous deux liés à une occasion solennelle, la commémoration à Saint-Domingue, en octobre 1992, du cinquième centenaire de l'évangélisation de l'Amérique latine :

> Tout le monde connaît la très grave injustice commise contre les populations noires du continent africain arrachées à leurs terres, à leurs cultures et à leurs traditions, et amenées comme esclaves en Amérique. Lors de mon récent voyage apostolique au Sénégal, j'ai tenu à visiter l'île de Gorée, où s'est déroulée une partie de cet ignominieux commerce, et j'ai voulu y réaffirmer le ferme refus de l'Église contre la pratique de l'esclavage. (Saint-Domingue, 13 octobre 1992, message aux Afro-Américains.)

De retour à Rome, après son pèlerinage africain, Jean-Paul II déclara lors d'une audience générale qu'il avait également accompli un acte d'expiation pour « le péché, l'injustice et la violence » qui avaient accompagné la conquête et l'évangélisation du nouveau continent. Nous avons reproduit ce texte fort au second point du chapitre sur les Indiens d'Amérique ; nous nous contenterons ici de rappeler le passage où sont évoqués les Noirs :

> À ces hommes, nous ne cessons de demander : « Pardon. » Cette demande de pardon s'adresse surtout *aux premiers habitants des terres nouvelles*, aux « Indios », et également à ceux qui, depuis *l'Afrique*, y furent déportés

comme *esclaves* pour y accomplir les travaux les plus durs.
(Audience générale, 21 octobre 1992.)

Il faut préciser que Jean-Paul II ne s'est pas exprimé
sur la traite des Noirs dans les seules occasions que
nous avons rappelées. Il en a également parlé dans
des occasions moins importantes, qui témoignent
combien ce thème très nouveau est devenu en quelque temps un sujet habituel de la prédication pontificale.

Ainsi, lors de l'audience générale du 4 mars 1992,
évoquant le voyage en Afrique qu'il vient d'accomplir,
et l'étape de l'île de Gorée, il invitait à étendre à ce
péché historique le repentir du Carême, reconnaissant « en esprit de pénitence, tous les torts qui, durant
cette longue période, ont été causés aux hommes et
aux peuples d'Afrique dans ce commerce ignoble ».

Deux ans plus tôt, le 26 janvier 1990, à Praia, dans
l'archipel du Cap-Vert, lors d'un précédent voyage
africain, il avait fait cette déclaration :

> Votre terre [...] fut malheureusement connue aussi,
> alors, pour l'abominable *commerce* de personnes humai-
> nes, *au temps de l'esclavage.*
> Il est possible que persistent *des cicatrices de cela, dans votre
> culture.* Aujourd'hui, je voudrais souligner avec vous
> deux choses, qui sont une ligne constante du magistère
> ecclésial : — la première, NON aux discriminations quel-
> les qu'elles soient ; jamais plus d'esclavage de l'homme
> par l'homme.

En d'autres circonstances, le rappel du péché de la
traite des Noirs ne figurait pas dans le texte préparé,
mais le pape l'ajoutait en improvisant, avec l'empres-
sement d'un hôte qui arrive les mains vides, et veut
tout de même répondre à l'attente des gens à qui il

est allé rendre visite. Ainsi, le 6 juin 1992, dans l'île de São Tomé (Angola) :

> Dans cette île, témoin du triste phénomène du commerce des esclaves, je ne peux pas ne pas déplorer — comme je l'avais déjà fait à Gorée, au Sénégal — cette cruelle offense à la dignité de l'homme africain. Ces souffrances du passé sont pour le pape l'occasion de vivre un grand moment d'amour et de solidarité avec le peuple de São Tomé.

MES PRÉDÉCESSEURS NE FURENT PAS ASSEZ FERMES. Après le discours passionné du pape pèlerin, hôte d'un peuple victime d'exactions pendant des siècles, voici l'apologétique de Jean-Paul II recevant en audience à Rome les évêques du Brésil en visite *ad limina**, tout en tenant compte des divisions provoquées aujourd'hui encore dans cet épiscopat par le souvenir de ce passé dramatique :

> En ce qui concerne l'esclavage africain, j'ai déjà eu l'occasion d'implorer le pardon du ciel pour le honteux commerce d'esclaves auquel participèrent de nombreux chrétiens et qui, partant du continent africain, fournit en main-d'œuvre les terres nouvellement découvertes. En ces tristes époques, les interdictions de mes vénérables prédécesseurs Pie II en 1462 et Urbain VIII en 1693 ne furent pas suffisantes, pas plus que les invectives de Benoît XIV (cf. Bulle *Immensa Pastorum,* 1740) qui alla jusqu'à lancer l'anathème sur ceux qui possédaient, vendaient et maltraitaient les esclaves ou qui réduisaient les Africains en esclavage.
> Malgré la société et la culture de l'époque, l'Église ne

---

* Tous les cinq ans, les évêques de chaque région apostolique se rendent à Rome (où sont enterrés les apôtres Pierre et Paul — *ad limina apostolorum)* pour faire le point avec le pape et les dicastères de la Curie romaine. *(N.d.E.)*

cessa jamais de défendre les esclaves contre l'injuste situation dont ils étaient victimes, comme en attestent, par exemple, les Constitutions de Bahia en 1707, première règle canonique élaborée en territoire brésilien, qui tentèrent d'atténuer autant que possible les terribles conséquences de l'esclavage (canons 303 et 304). (Visite *ad limina* des évêques brésiliens, 1er avril 1995.)

Sans entrer dans le vif de cette apologétique papale, je me contenterai de rappeler la conclusion du bilan esquissé par un historien jésuite que nous avons déjà entendu sur d'autres sujets, Giacomo Martina : « L'Église, qui avec Paul III et Urbain VIII avait pris efficacement la défense des Indiens, n'éleva jamais la voix contre la traite des Noirs avant le XIXe siècle. Les documents qu'on cite généralement à ce propos se réfèrent aux Indiens, ils ne parlent pas des Noirs[79]. »

Notes

PREMIÈRE PARTIE

1. Autrefois, personne ne demandait pardon

1. Hans Urs von Balthasar, *Qui est chrétien ?* traduction de René Virrion, Mulhouse, Salvator, 1967, p. 15-16 (l'édition allemande date de 1965).
2. Dans Battista Mondin, *Dizionario enciclopedico dei papi*, Roma, Città Nuova, 1995, p. 312.
3. *Lettres apostoliques de Pie IX, Grégoire XVI, Pie VII...*, Paris, Petithenry, 1898, p. 207-209.
4. S. VI, I/1865, p. 426-445, cité par Giacomo Martina, *La Chiesa nell'età dell'assolutismo, del liberalismo, del totalitarismo*, Brescia, Morcelliana, 1974, p. 419.

2. Les protestants furent les premiers

5. « An Appeal to all Christian People from the Bishops Assembled in the Lambeth Conference of 1920 », in *Documents on Christian Unity*, 1920-1924, par G.K.A. Bell, Londres, Oxford University Press, 1924, p. 2.
6. Dans *Documents on Christian Unity, op. cit.*, p. 7.
7. *Actes de S.S. Pie XI*, t. IV, Maison de la Bonne Presse, 1932, p. 80.
8. Nous en reparlerons au second point du chapitre 20, *Histoire*

de la papauté. Voir également *Enciclopedia del papato*, Catane, Edizioni Paoline, 1964, p. 1115-1124.

9. *The First Assembly of the World Council of Churches*, par W.A. Wisser't Hooft, New York, Harper and Brothers, 1949, p. 50-56 (citation 51).

10. *The Second Assembly of the World Council of Churches*, 1954, Londres, SCM Press, 1955, p. 87-89.

11. *La Documentation catholique*, 1950, p. 330-335.

3. Jean XXIII corrige les prières

12. Milan, Mondadori, 1987. Page 219, le rabbin Elio Toaff raconte : « Après avoir promu une réforme de la liturgie du vendredi saint, en abolissant la prière pour les "juifs perfides", il avait voulu, avec le Concile, rendre enfin justice au peuple juif qu'il respectait et aimait. Il avait témoigné de ce respect et de cet amour un samedi de printemps où, passant sur les quais du Tibre, il avait vu les juifs qui sortaient du Temple après la prière. Il avait fait arrêter le cortège de voitures qui l'accompagnaient et avait béni les frères juifs, qui, après un moment d'étonnement bien compréhensible, l'avaient entouré et applaudi avec enthousiasme. C'était en effet la première fois dans l'histoire qu'un pape bénissait les juifs, et c'était peut-être là le premier véritable geste de réconciliation. »

13. Stjepan Schmidt, *Agostino Bea, il cardinale dell'unità*, Rome, Città Nuova, 1987, p. 351. [Dans les missels français antérieurs à 1960, la prière du vendredi saint ne comportait déjà plus l'expression « juifs perfides », mais son équivalent moderne, « juifs infidèles ». Nous avons cependant maintenu l'adjectif litigieux en l'intégrant à la traduction du missel (*N.d.T.*)]

14. Jean Toulat, « Una visita a Jules Isaac » dans *Rassegna mensile di Israele*, novembre-décembre 1972, p. 3-13.

15. *Discours au Concile Vatican II*, Cerf, 1964, p. 270.

16. Lettre de Mgr Roncalli à un jeune orthodoxe, datée de Sofia, le 27 juillet 1926. Le texte m'a été fourni par Mgr Loris Francesco Capovilla.

17. *Avvenire d'Italia*, 21 janvier 1954.

18. *Roger Schutz all'incontro europeo del Concilio dei giovani a Notre-Dame de Paris, 29 dicembre 1978, ore 21* ; la photocopie du texte dactylographié m'a été fournie par Mgr Loris Francesco Capovilla.

19. *Preces*, Vicence, Ed. Favero, 1959, p. 18.

4. Paul VI demande et offre le pardon

20. Nous avons déjà parlé au chapitre 2 de la « confession » d'Amsterdam ; nous nous occuperons dans ce chapitre de la demande de pardon de Paul VI, et, dans le chapitre 8, de l'invitation de Jean-Paul II.

21. *Discours au Concile Vatican II, op. cit.*, p. 156-157.

22. *La Documentation catholique*, 1963, p. 1422.

23. Nous parlerons, dans le chapitre 7, de l'utilisation de cette expression (qui deviendra « en demandant et en offrant le pardon », sans que subsiste la référence à Horace que Paul VI avait, lui, misé dans son discours) dans les textes de l'épiscopat polonais et chez Jean-Paul II.

24. *La Documentation catholique*, 1963, p. 1259.

25. *Il Concilio Vaticano II, op. cit.*, t. 2, p. 2215-2226.

26. *Ibid.*, t. 4, p. 332.

27. *Ibid.*, t. 4, p. 431.

28. *Ibid.*, t. 5, p. 509.

29. *Ibid.*, t. 3, p. 233.

30. Carlo Cremona, *Paolo VI*, Rome, Rusconi, 1992, p. 234.

31. G. Cereti, « Pentimento e conversione nel cammino verso il Giubileo dell'anno duemila », dans *Ecumenismo e conversione della Chiesa*, Milan, San Paolo, 1995, p. 79.

32. C. Cremona, *Paolo VI, op. cit.*, p. 177.

5. Le Concile suit le pape

33. *Unitatis redintegratio*, 7. Voir Concile œcuménique Vatican II, *Documents conciliaires*, t. I, Paris, Centurion, 1965, p. 206.

34. *Ibid.*, paragraphe 3, p. 198.

35. *Lumen gentium*, 8. *Ibid.*, p. 36.

36. Comme dans le cas Galilée : voir le chapitre qui lui est consacré, dans la seconde partie du présent volume.

37. *Nostra aetate*, 4. *Documents conciliaires*, t. II, 1965, p. 218.

38. *Dignitatis humanæ*, 12. *Documents conciliaires*, t. III, 1966, p. 367.

39. *Gaudium et spes*, 36. *Documents conciliaires*, t. III, 1966, p. 98.

40. *Gaudium et spes*, 19 et 43. *Documents conciliaires*, t. III, 1966, p. 66 et 118-119.

41. Traduit en français par J.-J. von Allmen et J. Jessé, sous le titre *Entretiens à Rome après le Concile* (Neuchâtel, Delachaux et Niestlé, 1968 [Cahiers théologiques, 58]).

42. *Ibid.*, p. 41.
43. *Ibid.*
44. *Ibid.*, p. 43.
45. *Ibid.*, p. 33.
46. Nous en parlerons dans le second point du chapitre 20, *Histoire de la papauté*, dans la seconde partie du présent volume.
47. Nous l'analyserons dans le chapitre 13, *Intégrisme*, dans la seconde partie de ce livre.
48. Nous le rapportons aux chapitres 1, 5, 14 de la seconde partie du présent volume.

6. Jean-Paul Ier avait un projet

49. Camillo Bassotto, *Il mio cuore è ancora a Venezia*, Venise, chez l'auteur, 1990, p. 265 (de grand format, enrichi de photographies). Une synthèse de ce volume est donnée par Romeo Cavedo, « Albino Luciani : un progetto di pontificato », dans *Rivista del clero italiano*, 1/1992, p. 31-38.

7. Le privilège du pape polonais

50. Rocco Buttiglione, « Il mea culpa della Chiesa : non sono stupito », dans *La Voce*, 16 avril 1994, p. 7 : « Il est deux facteurs qui distinguent l'histoire et la culture de la Pologne de l'histoire et la culture du reste de l'Europe. Le premier est la façon dont la Pologne a vécu la Réforme protestante. Alors que, dans d'autres nations, cela s'est soldé par le scandale de la guerre civile et des bûchers des deux côtés, en Pologne, le catholicisme a réagi à la Réforme par une autre Réforme de type érasmien : il n'y eut pas de répression militaire contre les protestants, mais une christianisation des masses, qui conduisit à la résorption de la sécession protestante. Le second facteur, c'est que la Pologne n'a pas vécu l'opposition de la cause nationale à la cause catholique, comme les Italiens pendant le Risorgimento. Les Garibaldi polonais étaient catholiques, et, pour certains d'entre eux, un procès en béatification est en cours. Là encore, il n'y a pas eu cette opposition entre cause de Dieu et cause de l'homme qui a, par la suite, débouché sur la contestation laïque. Quand toute l'Europe affirmait *Cujus regio, ejus religio* (tous les sujets doivent adopter la religion

de leur roi), le roi de Pologne demandait : "Serais-je par hasard maître de la conscience de mes sujets ?" »

51. Tiré du poème « Vigile Pascale 1966 », dans Karol Wojtyla, *Poèmes*, traduction de Pierre Emmanuel et Constantin Jelenski, Cana-Cerf, 1979, p. 124.

52. Le *De revolutionibus orbium cœlestium libri VI*, publié en 1543, ne fut pas frappé par la censure ecclésiastique du vivant de Copernic, et ne fut mis à l'index qu'en 1616, c'est-à-dire après la première condamnation des thèses de Galilée. En commémorant Copernic, le 18 octobre 1993, pour le 450e anniversaire de sa mort, Jean-Paul II insistera sur la différence d'attitude entre les astronomes polonais et italien : le premier eut la prudence de présenter la théorie héliocentrique comme une simple hypothèse, tandis que le second tendait à l'affirmer comme une certitude. Le pape louera en cette occasion « la prudence et le courage avec lesquels Copernic essaya d'harmoniser la liberté de l'investigation scientifique avec la loyauté due à l'Église ».

53. *Karol Wojtyla negli scritti. Bibliografia*, Città del Vaticano, Libreria Editrice Vaticana, 1980, p. 245, n. 1207.

54. Voir le chapitre 4 dans la première partie du présent volume.

55. Voir le premier point du chapitre *Histoire de la papauté*, dans la seconde partie du présent volume.

56. Nous en reparlerons dans la seconde partie du présent volume, à propos de Jan Hus.

57. Voir le chapitre 4 dans la première partie, qui lui est consacré.

58. Une synthèse documentaire du processus de réconciliation entre les deux épiscopats a été proposée dans le numéro spécial de *L'Osservatore romano* du 23 décembre 1995, sous le titre *Trentesimo anniversario dello scambio di lettere tra gli episcopati della Polonia e della Germania* (Trentième anniversaire de l'échange de lettres entre les épiscopats de Pologne et d'Allemagne). Voir aussi *La Documentation catholique*, 1966, p. 431-442, et 1994, n° 2102, p. 879. Pour le rôle que joua personnellement dans ces événements l'archevêque et cardinal Wojtyla, voir Mieczyslaw Malinski, *Mon ami Karol Wojtyla*, traduit du polonais par Elzbieta Jogalla, Le Centurion, 1980, p. 227 et s.

59. Entretien recueilli par Jas Gawronski, *La Stampa*, 2 novembre 1993 : le pape pensait déjà à l'examen de conscience de la fin du millénaire, qu'il proposera dans son document pro memoria du printemps 1994.

8. L'opposition des cardinaux

60. Une « incise abusive » : c'est ainsi que l'apologiste Vittorio Messori avait qualifié le passage du document pro memoria intitulé *Reconciliatio et pœnitentia,* qu'il n'avait évidemment pas lu dans l'original, puisqu'il le décrit comme « huit lignes » insérées par un « anonyme fonctionnaire de la Curie » ; voir *La Voce* du 14 mai, *Perché pentirsi di leggende anticlericali ?*

61. Comme l'abbé Franz Schmidberger, successeur de Lefebvre à la tête de la Fraternité d'Écône, dans une interview du 28 avril à l'agence de presse ANSA.

62. *La Repubblica,* 19 janvier 1996.

63. *Corriere della Sera,* 15 juin 1994, p. 9.

64. *Impegno della Santa Sede a favore della ricerca dell'unità dei cristiani,* texte photocopié fourni aux cardinaux. La citation figure p. 23-24.

65. On en trouve l'écho dans *Trentagiorni,* 5/1994, p. 11.

66. Giacomo Biffi, *Christus hodie,* Bologne, EDB, 1995. La citation figure p. 23-26.

67. Une position analogue à celle du cardinal Biffi a été plusieurs fois proclamée en Italie par l'évêque de Côme Sandro Maggiolini (voir par exemple *Il Messaggero di sant'Antonio,* décembre 1995, p. 7 : *La Chiesa deve recitare il mea culpa ?).* Vittorio Messori, qui avait durement critiqué le document pro memoria (voir ci-dessus, n. 60), en l'accusant d'« attitude diffamatoire envers l'Église catholique », a par la suite adouci sa position, quand le pape en a revendiqué la paternité. Mais c'est Antonio Socci, éminent partisan du mouvement *Comunione e liberazione* (il fut directeur de *Trentagiorni),* qui a déchaîné, dans la presse italienne, la plus grande violente polémique. Il développait l'idée de Messori dans un article qui prenait pour point de départ une défense de Pie XII, figurant dans le texte écrit d'un discours prononcé par Jean-Paul II à Berlin deux jours plus tôt, et que le pape n'avait pas lue, sautant — pour abréger, d'après l'explication officielle — un long morceau, presque un tiers de ce qui avait été préparé. Socci reprochait au pape de ne pas avoir défendu Pie XII et poursuivait en ces termes : « L'actuel souverain pontife s'est livré à une autocritique et a demandé pardon pour toutes sortes de fautes et d'horreurs, y compris pour celles que les catholiques n'ont jamais commises... En toute logique, il semblerait qu'on puisse conclure que, en deux mille ans, l'Église a été un authentique

fléau pour l'humanité, du moins jusqu'à l'arrivée de Jean-Paul II au crédit duquel est portée la reconnaissance de toutes ces fautes comme un émouvant geste d'humilité chrétienne... Mais désormais, la série de "crimes" que le successeur actuel de Pierre continue, plus ou moins explicitement, d'attribuer à l'Église catholique commence à susciter un certain malaise... Il semble que les ecclésiastiques puisent une satisfaction particulière dans cette œuvre d'"autodémolition"... Cela ne rendra sûrement pas leur christianisme plus intéressant. Mais cela le rend assurément plus pathétique » *(Il Giornale,* 26 juin 1996). La réponse à Socci est due à Renato Farina, un autre journaliste du *Giornale,* provenant lui aussi de *Comunione e liberazione,* et qui me semble celui des commentateurs qui a le mieux saisi, dans la presse quotidienne, cette démarche à outrance du souverain pontife sur un sujet aussi délicat : « Il ne se soucie pas d'exagérer dans son humiliation, de demander un pardon exagéré. Il veut détruire le moindre alibi » *(ibid.,* 28 juin 1996). En dehors d'Italie, la critique la plus résolue est, à notre connaissance, due à l'historien de l'Église Walter Brandmüller, qui enseigne à l'Université d'Augsbourg : dans une interview qu'il a accordée à *Trentagiorni* (4/1996, p. 64-67), il développe une argumentation semblable à celle du cardinal Biffi, et invite à « une vigilance soutenue envers les dangers plus aigus d'aujourd'hui », plutôt qu'à « un regard rétrospectif accusateur ».

9. Jean-Paul II continue seul

68. *Tertio millennio adveniente. Testo e commento teologico-pastorale a cura del Consiglio di presidenza del Grande Giubileo dell'anno duemila,* Cinisello Balsamo, San Paolo, 1996. L'étude du P. Georges Cottier, intitulée « La Chiesa davanti alla conversione : il frutto più significativo dell'Anno Santo », figure p. 160-171.

69. En trente-trois jours seulement, à la fin du printemps 1995, le souverain pontife a accompli une série de gestes d'une portée extraordinaire, qui circonscrivent une relance inventive de l'engagement œcuménique de Vatican II, trente ans après la fin du Concile : l'encyclique *Ut unum sint* (30 mai), la demande et l'offre de pardon pour les guerres de Religion (Olomouc, 21 mai), l'hommage aux martyrs protestants slovaques tués par les catholiques (Presov, 2 juillet) et la rencontre avec le patriarche de

Constantinople Bartholomeos (27-30 juin). Les réactions des milieux œcuméniques ont été fortes et positives. « La demande de pardon est assez forte, dit le secrétaire exécutif des relations avec les Églises, Georges Lemoupoulos. J'espère que l'exemple généreux et courageux du pape incitera un grand nombre de catholiques à s'engager sur la voie de l'unité. » « L'idée que le changement commence par l'aveu de nos péchés est un premier pas dans la bonne direction », dit Paolo Ricca, exigeant théologien vaudois, en se référant à l'encyclique. D'une manière plus générale, le secrétaire général du Conseil œcuménique de Genève, Konrad Reiser, affirme — à l'occasion d'une visite du pape, en 1996 — que l'appel du pape au repentir et à la conversion pourrait nous inciter « à tourner la page sur nos différends passés ».

70. On compte au moins cinq interventions du pape sur ce thème, entre juin et septembre 1994.

71. Pour les citations données dans les paragraphes suivants, nous renvoyons au numéro spécial, publié en février, et au numéro double de juin-septembre, publié en juin, en évitant (pour des raisons de lisibilité) de faire des renvois continuels à leurs pages respectives.

72. Elle est présidée par l'évêque de Würzburg (Allemagne), Mgr Paul-Werner Scheele ; le vice-président est le P. Eleuterio Fortino, sous-secrétaire du Conseil pour l'unité des chrétiens.

73. Elle est présidée par Mgr Michael L. Fitzgerald, secrétaire du Conseil pour le dialogue interreligieux.

74. Elle est présidée par Mgr Diarmuid Martin, secrétaire du Conseil de la justice et de la paix.

75. C'est la plus nombreuse : elle comptait vingt-six membres (les jésuites P.M. De Franca Miranda, Michael McDermott, Albert Vanhoye : les salésiens Sebastian Kerotemprel, Raffaele Farina, Angelo Amato ; les dominicains Guy Bedouelle, Simon Charlies Tgwell ; les capucins Yannis Spiteris, William Henn ; le sulpicien Joseph Doré, le rédemptoriste Réal Tremblay ; les prêtres séculiers Franco Topic, Lukasz Kamykowski, Piero Coda, Luis Illanes, John Egbulefu, Salvador Pié-Ninot, Henrique Galvao de Noronha, Hermann Joseph Pottmeyer, Jean Corbon ; trois religieux dont l'institut d'appartenance n'est pas indiqué : Julien Efoé Penoukou, Jean Stern, Jean-Miguel Garrigues ; les laïcs Gösta Hallonsten, Maria Ko), d'après une liste de février 1996.

76. D'après la revue *Tertium millennium*, les noms de Hus, Las

Casas et Savonarole avaient été proposés, dans le cadre de la même commission.

77. *Il Regno,* 16/1987, p. 152.

78. Pour la *Déclaration de Prague,* voir *Corriere della Sera,* 6 décembre 1990, p. 13. Qu'il y ait eu, même à l'époque moderne, une lenteur coupable (ou en tout cas un retard difficile à justifier) de la part de l'Église catholique dans l'examen de la question juive, on peut le déduire de ce passage de l'article *Antisémitisme* de l'Encyclopédie catholique *(Enciclopedia cattolica,* Città del Vaticano, 1953)* : « En excluant toute haine à l'égard des personnes, un antisémitisme dans le domaine des idées est licite, s'il est destiné à assurer la sauvegarde vigilante du patrimoine religieux, moral et social de la chrétienté. »

79. *Giubileo : il grande cantiere* dans *Il Regno* 8/1996, p. 203-205.

80. G. Martina, *La Chiesa nell'età dell'assolutismo, del liberalismo, del totalitarismo, op. cit.,* p. 291.

SECONDE PARTIE

1. Croisades

1. Alessandro Falassi, *La santa dell'Oca. Vita, morte et miracoli di Caterina da Siena,* Milan, Mondadori, 1980, p. 151.

2. Franco Cardini, *Che cosa sono realmente le crociate,* p. 229-258 du volume *Processi alla Chiesa. Mistificazione e apologia,* études réunies par F. Cardini, Casale Monferrato, Piemme, 1994.

3. *Il regno,* 18/1995, p. 537.

4. *Avvenire,* 14 février 1995, p. 19.

5. Conférence épiscopale italienne, *Catechismo degli adulti,* Rome, 1995, p. 284 (chap. *Il dialogo interreligioso).*

2. Dictatures

6. Enrico Nistri, *La Chiesa e i regimi dittatoriali di questo secolo,* dans *Processi alla Chiesa...,* op. cit., p. 453-482. La France de Maurras à Pétain, le rexisme belge, l'Autriche de Dolfuss à l'Anschluss, la tragédie du catholicisme allemand sous Hitler, l'État des Oustachis d'Ante Pavelitch, l'Estado novo de Salazar, l'Espagne franquiste, l'Amérique latine entre régimes militaires et

« populismes » : tels sont les thèmes traités par Nistri, et cette liste donne une idée de ce que le pape veut dire quand il parle de régimes dictatoriaux de « notre époque » qui ont bénéficié de la bienveillance des chrétiens.

7. *La Documentation catholique*, 19 février 1995, n° 2110, p. 188-189. Ce passage rappelle ce qu'avaient déjà affirmé les évêques allemands dans une lettre du 23 août 1945, citée p. 284 du volume de Lea Sestieri et G. Cereti, *Le Chiese cristiane e l'ebraismo*, Casale Monferrato, Marietti, 1983.

8. « La Chiesa cattolica et il nazional-socialismo (31 gennaio 1979) », dans L. Sestieri et G. Cereti, *Le Chiese cristiane e l'ebraismo*, *op. cit.*, p. 281-285.

9. Conférence épiscopale argentine, *In cammino verso il terzo millennio. Lettera pastorale per preparare la celebrazione dei duemila anni dalla nascita di Gesù Cristo*, 27 avril 1996, *Il Regno* 11/1996, p. 367-373. Voir *La Documentation catholique*, 21 juillet 1996, n° 2142, p. 691-692.

10. *Ibid.*, p. 371.

3. Divisions entre Églises

11. Giovanni Caprile, *Il Sinodo straordinario 1985*, Rome, Edizioni La Civiltà Cattolica, 1986, p. 398.

12. *Promemoria di Giovanni Paolo II al V Concistoro straordinario*, dans *Il Regno*, 15/1994, p. 453. Ce texte d'un intérêt extraordinaire n'a jamais été publié officiellement par le Vatican. Il a été rendu public par l'agence ADN-KRONOS le 15 avril 1994, puis publié dans une version intégrale par l'agence ADISTA, le 28 mai 1994.

4. Femmes

13. Hans Küng, *Garder espoir. Écrits sur la réforme de l'Église*, traduit de l'allemand par Francis Piquery, Cerf, 1991, p. 144.

14. Francisco de Juanes, *Scritti confidenziali di S.S. Giovanni Paolo III*, Assise, Citadella Editrice, 1994, p. 268.

15. Sur le décret de la Congrégation générale intitulé *I gesuiti e la situazione della donna nella Chiesa e nelle societa civile*, voir Giampaolo Salvini, dans *La Civiltà cattolica*, 3477, 6 mai 1995, p. 245-246.

16. *COM — Nuovi tempi*, 18 décembre 1988, p. 4 et p. 8 et 10

du supplément au même numéro de la revue, intitulé *Al vaglio delle donne. Un'analisi a più voci della « Mulieris dignitatem ».*

5. Juifs

17. Le pape, sans crainte, dit « un tournant ». Pour mesurer son importance, il faut se soucier, non pas de l'antisémitisme, qui avait déjà été condamné par un décret du Saint-Office du 25 mars 1928, mais au rapport d'amitié entre les juifs et les chrétiens (le Concile emploie les termes « liens » et « patrimoine commun ») qui devraient se substituer à l'ancienne attitude d'ignorance, sinon d'aversion. Quelques années avant Vatican II, l'Encyclopédie catholique *(Enciclopedia cattolica,* Città del Vaticano, 1953, à l'article *Antisémitisme)* actualisait, sans la modifier, cette attitude : « L'Église catholique, tout en imposant le respect pour les juifs, recommande aux chrétiens, afin d'éviter tous risques et malentendus, de ne pas se départir de leur tradition millénaire de prudence. » Le « tournant » est synthétisé par le pape avec l'expression « frères aînés », qui fut perçue par les juifs comme annonçant une nouveauté : « Avec cette phrase, le pape a définitivement clos deux mille ans d'incompréhension, d'incommunicabilité, des siècles de souffrance, et a inauguré une nouvelle histoire » (entretien avec le rabbin Elio Toaff, *Tracce,* avril 1996).

18. « Discorso al Capitolo generale della Congregazione di Nostra Signora di Sion (15 gennaio 1964) », dans L. Sestieri et G. Cereti, *Le Chiese cristiane e l'ebraismo, op. cit.,* p. 54.

19. G. Caprile, *Il Sinodo straordinario del 1985, op. cit.,* p. 227.

20. *Tra cattolici ed ebrei esistono ancora troppe diffidenze,* dans *Corriere della Sera,* 3 décembre 1985.

21. *Ibid.,* 6 décembre 1990, p. 13.

22. *Proposta al Sinodo dei vescovi la riconciliazione con gli ebrei,* dans *Corriere della Sera,* 5 octobre 1983. Voir *La Documentation catholique,* 6 novembre 1983, n° 1861, p. 1000.

23. *L'Osservatore Romano,* 31 mars 1992. Pour mesurer les conséquences de cette reconnaissance, il convient de rappeler l'indifférence avec laquelle l'Encyclopédie catholique (*op. cit.*) fait allusion à ces événements, dans son article *Inquisition,* rédigé en 1953 : « En 1492, tous les juifs qui n'acceptèrent pas de devenir chrétiens furent contraints de quitter l'Espagne, à cause des désordres et des conspirations qu'ils ourdissaient. »

24. Cf. Augusto Segre, *Il popolo di Israele e la Chiesa*, Rome, Centro Pro Unione, 1982, p. 122. Un autre texte important de cette Église, daté du 13 janvier 1978, est reproduit pas L. Sestieri et G. Cereti, *Le Chiese cristiane e l'ebraismo, op. cit.*, p. 279.

6. Galilée

25. Nous reproduisons intégralement la déclaration du cardinal Poupard, publiée en français par *L'Osservatore Romano*, en raison de l'intérêt qu'elle présente et de sa faible diffusion : on parle toujours du « réexamen » ou de la « révision » du procès Galilée, voire de la « réhabilitation » de Galilée voulue par le pape, mais il est rarement fait allusion au texte qui a consacré ce réexamen. Il pourrait offrir un modèle aux révisions annoncées en matière d'antisémitisme et d'Inquisitions, dont nous avons parlé dans le chapitre 9 de la première partie.

26. Luigi Sandri, *L'ultimo papa re. Wojtyla, breve storia di un pontificato controverso*, Rome, Datanews, 1996, p. 35.

27. G. Cottier, « La Chiesa davanti alla conversione », dans *Tertio millennio adveniente. Testo e commento..., op. cit.*, p. 164.

7. Guerre et paix

28. *Basilea : giustizia e pace*, Bologne, EDB, 1989, p. 186.

8. Guerres de Religion

29. *Il Papa : onore ai calvinisti*, dans *Corriere della Sera*, 3 juillet 1995.

30. Cf. *Enciclopedia cattolica, op. cit.*, article *Salisburgo*.

31. G. Cottier, « La Chiesa davanti alla conversione », dans *Tertio millennio adveniente. Testo e commento..., op. cit.*, p. 166.

9. Hus, Calvin et Zwingli

32. Gianfranco Svidercoschi, *Storia del Concilio*, Milan, Ancora, 1966, p. 564-565. Voir *La Documentation catholique*, 1965, p. 1787.

33. « Intervista al cardinale Miloslav Vlk », dans *Segnosette*, 4 juin 1995, p. 29.

34. Voir *Avvenire*, 7/1995, p. 18.

10. Indiens d'Amérique

35. *Incontro con gli autoctoni al santuario di Sant'Anna di Beaupré*, dans *Corriere della Sera*, 11 septembre 1984.

36. *Seoul : giustizia, pace e salvaguardia del creato*, Bologne, EDB, 1990, p. 191.

37. Cité dans Giovanni Franzoni, *Lasciate risposare la terra*, Rome, Edizioni dell'Università popolare, 1996, p. 94.

11. Injustices

38. G. Caprile, *Il Sinodo straordinario 1985*, *op. cit.*, p. 113.

39. *Ibid.*, p. 281.

40. *Ibid.*, p. 318.

41. *Basilea : giustizia e pace*, *op. cit.*, p. 190. Voir *La Documentation catholique*, 6-20 août 1989, n° 1989, p. 750.

42. *Seoul : giustizia, pace e salvaguardia del creato*, *op. cit.*, p. 173.

43. Luigi Accattoli, *Progetti per il terzo millennio*, dans *Corriere della Sera*, 16 décembre 1994.

12. Inquisition

44. Voir le chapitre « Congregazione per la dottrina della fede » dans l'ouvrage de Nicolò Del Re, *La curia romana*, Rome, Edizioni di storia e letteratura, 1970, p. 89-101.

45. *Il Regno*, 15/1994, p. 453.

46. « L'Inquisition fut la première véritable forme de garantie juridique, là où n'existait que la justice sommaire du lynchage ou celle, honteuse, appliquée par les autorités du lieu *pro domo sua* », déclare Vittorio Messori, interviewé par Antonio Socci au sujet de la divulgation du pro memoria papal (voir la seconde partie, note 12), dans *Il Giornale*, 16 avril 1994, p. 1.

13. Intégrisme

47. G. Cottier, « La Chiesa davanti alla conversione », dans *Tertio millennio adveniente. Testo e commento...*, *op. cit.*, p. 169.
48. Conférence épiscopale italienne, *Cathechismo degli adulti*, *op. cit.*, p. 238 (chap. « Fedeltà creativa nella storia »).

14. Islam

49. *Corriere della Sera*, 15 et 16 février 1982.
50. *Ibid.*, 11 janvier 1993.
51. *L'Osservatore Romano*, 1er avril 1982.
52. *La Croix*, 29 mai 1996.
53. *Avvenire*, 14 février 1995, p. 19.

15. Luther

54. Rencontre avec les évêques danois, Copenhague, 6 juin 1989 : voir *L'Osservatore Romano*, 7 juillet 1989. Voir *La Documentation catholique*, 16 juillet 1989, n° 1988, p. 688-691.
55. *Per la prima volta un papa prega in una chiesa luterana*, dans *Corriere della Sera*, 12 décembre 1983, p. 1.
56. Lors de la rencontre avec les évêques danois, citée dans la note 54 de la seconde partie.
57. Pour l'allusion à Adrien VI, voir le chapitre 1 de la première partie du présent volume.
58. Reproduit dans Carlo Fiore, *La sfida dell'ecumenismo*, Turin, Elle Di Ci, 1995, p. 36.

16. Mafia

59. *Il discorso del cardinale Pappalardo a Loreto : la Chiesa deve chiedere perdono anche per quello che non ha fatto*, dans *Corriere della Sera*, 11 avril 1985, p. 1.
60. C'est le jésuite Bartolomeo Sorge qui faisait cette proposition dans « La Chiesa e la mafia », *Civiltà cattolica*, III, 1995, p. 496-504.
61. Discours prononcé à Rome, le 11 novembre 1982, à l'ouverture du 9e Congrès des Caritas diocésaines : voir *Corriere della Sera*, 15 septembre 1982, p. 2.

17. Racisme

62. *L'Osservatore Romano*, 16 septembre 1987. Voir aussi Domenico Del Rio, *Wojtyla. Un pontificato itinerante*, Bologne, EDB, 1991, p. 516.
    63. *Seoul : giustizia, pace e salvaguardia del creato, op. cit.*, p. 190.

18. Rwanda

64. « Messaggio del cardinale Etchegaray al popolo del Ruanda », dans *Bollettino della sala stampa della Sante Sede*, 2 juillet 1994, p. 11.
    65. Lettre pastorale de l'évêque de Butare, Mgr Jean-Baptiste Gahamanyi, *L'Osservatore Romano*, 11 mai 1995, p. 7.
    66. Cité dans *Missione oggi*, mai 1995, p. 31.
    67. Dans D. Del Rio, *Wojtyla. Un pontificato itinerante, op. cit.*, p. 691.
    68. *Corriere della Sera*, 22 juin 1994, p. 7.
    69. *Trentagiorni* 10/1995, p. 19.

19. Schisme d'Orient

70. Pour une chronique de cette visite, voir D. Del Rio, *Wojtyla. Un pontificato itinerante, op. cit.*, p. 711-713.
    71. *Service d'information* du Conseil pontifical pour la promotion de l'unité des chrétiens, n° 83, 1993.

20. Histoire de la papauté

72. Urs von Balthasar a suggéré ce déménagement aux portes de Rome dans *Points de repère : pour le discernement des esprits*, Fayard, 1973, p. 247. Il traite de la question des titres ecclésiastiques dans *Sponsa Verbi*, Brescia, Morcelliana, 1969, p. 385. Il fait allusion à l'infaillibilité dans une interview à *Avvenire*, 24 février 1980.
    73. L'article d'Yves Congar, publié dans *Concilium*, en décembre 1975, p. 55-64, s'intitule « Les titres donnés au pape ». Il y fait allusion à une étude de la Commission internationale de théologie qui, dans sa session d'octobre 1970, avait recommandé

d'éviter les titres qui risquaient d'être mal compris, comme « Vicaire du Christ », « tête de l'Église », « souverain pontife ». Jean-Paul II (qui a reconnu devoir « beaucoup » au P. Congar) ne cite ni le théologien français ni la Commission de théologie, mais montre qu'il est au courant de la question et s'exhorte à « ne pas avoir peur quand les gens vous appellent "Vicaire du Christ", quand ils vous disent "Saint-Père", ou "Votre Sainteté", ou qu'ils emploient des formules de ce genre, qui semblent contraires à l'Évangile ».

74. L'essai *Casta meretrix* (1961) figure aux pages 189-284 de *Sponsa Verbi, op. cit.* ; *Vraie et fausse réforme dans l'Église* a paru aux éditions du Cerf, en 1968. Parmi les théologiens que Jean-Paul II a nommés cardinaux et qui ont pu lui communiquer la passion du réexamen évangélique de l'histoire de l'Église, il convient également de nommer Henri de Lubac, et notamment sa *Méditation sur l'Église* (Aubier-Montaigne, 1953).

75. D. Del Rio, *Wojtyla. Un pontificato itinerante, op. cit.*, p. 625.

76. *Ibid.*, p. 630.

77. Interview dans *Trentagiorni*, mai 1995, p. 54-55. Jean-Paul Ier aurait confié à don Germano Pattaro son intention de réhabiliter Rosmini : « Un prêtre qui a aimé l'Église, qui a souffert pour l'Église. Un homme d'une très vaste culture, d'une foi chrétienne intègre, un maître de la sagesse philosophique et morale qui distinguait clairement, dans les structures ecclésiales, les retards et les défaillances évangéliques et pastorales de l'Église. Je veux trouver une occasion de parler d'Antonio Rosmini et de son œuvre, que j'ai relue avec attention. Pour commencer, je rencontrerai les pères rosminiens, et ainsi nous ferons la paix. Quand j'ai publié ma thèse sur *L'Origine de l'âme humaine d'après Antonio Rosmini*, certains d'entre eux se sont déclarés en désaccord avec ma pensée et mon analyse. Je désire que l'on revoie le décret doctrinal n° 10, *Post obitum*, par lequel la Congrégation de l'Inquisition romaine et universelle condamna les *Quarante Propositions* tirées des écrits de l'abbé Antonio Rosmini. Nous ferons cela avec calme, mais nous le ferons. » Pour une lecture critique des confidences de Jean-Paul Ier à don Pattaro rapportées par Camillo Bassotto dans le livre *Il mio cuore è ancora a Venezia, op. cit* (p. 131), voir le chapitre 6 de la première partie du présent volume.

78. *L'Osservatore Romano*, 27 juin 1990 et *Corriere della Sera*, même date, p. 11 : *Ratzinger ammette errori nelle dichiarazioni dei papi del secolo scorso.*

Notes

21. Traite des Noirs

79. Giacomo Martina, *La Chiesa nell'età dell'assolutismo, del liberalismo, del totalitarismo, op. cit.*, p. 415.

Note bibliographique

Textes du pape

Pour les textes du pape, nous avons toujours indiqué l'endroit et la date où ils ont été prononcés, ou la nature et la date de leur publication, sans renvoi à une source bibliographique précise. On peut les lire dans leur intégralité dans *L'Osservatore Romano*, à la date du lendemain, ou, à la date du jour, dans les volumes de la collection *Insegnamenti di Giovanni Paolo II* (qui rassemble homélies, discours, lettres, messages, télégrammes, audiences générales, angélus dominicaux, prières), publiée par la Libreria Editrice Vaticana.

Concile et synode

Pour les renvois aux débats conciliaires et synodaux, on a utilisé les cinq volumes de Giovanni Caprile consacrés au *Concilio Vaticano II* et publiés par les éditions La Civiltà Cattolica, Rome, 1965-1968, et les ouvrages que le même auteur et la même maison d'édition ont procurés pour les assemblées du Synode des évêques. Pour le Concile, on a également eu recours à *Storia del Concilio*, de Gianfranco Svidercoschi, Milan, Ancora, 1966.

279

Quand le pape demande pardon

ÉTUDES

Une anthologie des mea-culpa du pape a été procurée par Nicolino Sarale, *Giovanni Paolo II : non temiamo la verità. Le colpe degli uomini e della Chiesa*, Casale Monferrato, Piemme, 1995. Pour les voyages du pape, fréquentes occasions de révisions historiques, le plus vaste répertoire est l'ouvrage de Domenico Del Rio, *Wojtyla. Un pontificato itinerante*, Bologne, EDB, 1994.

Pour la situation de l'examen de conscience de la fin du millénaire dans l'histoire de la papauté et de l'œcuménisme, nous nous sommes servis de l'étude de Giovanni Cereti, *Riforma della Chiesa e unità dei cristiani nell'insegnamento del Concilio Vaticano II*, Vérone, Il Segno, 1985.

Pour la comparaison entre les prises de position de Jean-Paul II et l'apologétique traditionnelle, nous avons fait un fréquent usage des douze volumes de l'*Enciclopedia cattolica* (Vatican, 1953), qui reflètent la position officielle du Vatican lors du pontificat de Pie XII. On peut établir un rapprochement analogue avec les positions plus avancées des années de Jean XXIII en consultant l'*Enciclopedia del papato*, Catane, Edizioni Paoline, 1964.

POLÉMIQUES

Giacomo Martina, dans *La Chiesa nell'età dell'assolutismo, del liberalismo e del totalitarismo* (Brescia, Morcelliana, 1974), propose une discussion des questions historiques les plus brûlantes, dans l'optique de la réflexion conciliaire. L'ouvrage de Franco Molinari, *I nuovi tabù della storia della Chiesa* (Casale Monferrato, Marietti, 1979), est davantage vulgarisateur et attentif aux questions litigieuses.

La plupart des thèmes abordés par Jean-Paul II figuraient déjà dans l'inventaire dressé, avant la proposition de l'examen de conscience de la fin du millénaire, par le journaliste Vittorio Messori dans son ouvrage *Pensare la storia*, Cinisello Balsamo, San Paolo, 1993, dans l'esprit d'un « aggiornamento » sans réticences de l'apologétique traditionnelle. Dans le même esprit, mais sur le ton de l'historien, le recueil de diverses contributions rassemblées par Franco Cardini, *Processi alla Chiesa. Mistificazione e apologia*, Casale Monferrato, Piemme, 1994. On peut résumer la position de Cardini, très proche de celle de Messori, en citant la conclusion des pages de présentation de l'ouvrage, écrites dans les mois à l'issue desquels, précisément, Jean-Paul II allait aboutir à sa proposition d'un examen de conscience de la fin du millénaire : « En tant que savants, nous avons simplement essayé de témoigner de la vérité. C'est dans sa lumière — et non à la lueur incertaine de notre jugement — que l'Église romaine nous a paru présenter un bilan historique positif. Un point, c'est tout. »

Annexe

La « déclaration de repentance » de l'Église de France

*Les évêques de France ont rendu publique, le 30 septembre 1997,
à Drancy, cette « déclaration » sur l'attitude de l'Église catholique
de France sous le régime de Vichy.*

« Événement majeur de l'histoire du xxᵉ siècle, l'entreprise d'extermination du peuple juif par les nazis pose à la conscience des questions redoutables qu'aucun être humain ne peut écarter. L'Église catholique, loin d'en appeler à l'oubli, sait que la conscience se constitue par le souvenir et qu'aucune société, comme aucun individu, ne peut vivre en paix avec lui-même sur un passé refoulé ou mensonger.

L'Église de France s'interroge. Elle y est conviée, comme les autres Églises, par le pape Jean-Paul II, à l'approche du troisième millénaire : *"Il est bon que l'Église franchisse ce passage en étant clairement consciente de ce qu'elle a vécu (...). Reconnaître les fléchissements d'hier est un acte de loyauté et de courage qui nous aide à renforcer notre foi, qui nous fait percevoir les tentations et les difficultés d'aujourd'hui et nous prépare à les affronter."*

Après la célébration, cette année, du 50ᵉ anniversaire de la déclaration de Seelisberg (5 août 1947), petit village de Suisse où, au lendemain de la guerre, des juifs et des chrétiens avaient posé les jalons d'un enseignement nouveau à l'égard du judaïsme, les évêques de France soussignés, en raison de la présence de camps d'internement dans leur diocèse, à l'occasion de l'anniversaire dans quelques jours du premier statut des juifs décidé par le gouvernement du maréchal Pétain (3 octobre 1940), désirent accomplir un pas nouveau. Ils le font pour répondre aux exigences de leur conscience éclairée par l'enseignement du Christ. Le temps est venu, pour l'Église, de soumettre sa propre histoire, durant cette période en particulier, à une lecture critique, sans hésiter à reconnaître les péchés commis par ses fils et à demander pardon à Dieu et aux hommes.

En France, la persécution violente n'a pas commencé tout de suite. Mais très vite, dès les premiers mois qui ont suivi la défaite de 1940, a sévi un antisémitisme d'État qui privait les juifs français de leurs droits et les juifs étrangers de leur liberté, entraînant dans l'application des mesures édictées l'ensemble des corps constitués de la nation.

En février 1941, 40 000 juifs environ se trouvaient dans les camps d'internement français. À un moment où, dans un pays partiellement occupé, abattu et prostré, la hiérarchie de l'Église considérait comme son premier devoir de protéger ses fidèles, d'assurer au mieux la vie de ses institutions et la priorité absolue assignée à ces objectifs, en eux-mêmes légitimes, a eu malheureusement pour effet d'occulter l'exigence biblique de respect envers tout être humain créé à l'image de Dieu.

À ce repli sur une vision étroite de la mission de l'Église s'est ajouté, de la part de la hiérarchie, un manque de compréhension de l'immense drame planétaire en train de se jouer, qui menaçait l'avenir même du christianisme. Pourtant, parmi les fidèles et chez beaucoup de non-catholiques, l'attente était considérable de paroles d'Église rappelant au milieu de la confusion des esprits le message de Jésus-Christ.

Dans leur majorité, les autorités spirituelles, empêtrées dans un loyalisme et une docilité allant bien au-delà de l'obéissance traditionnelle au pouvoir établi, sont restées cantonnées dans une attitude de conformisme, de prudence et d'abstention, dictée pour une part par la crainte de représailles contre les œuvres et les mouvements de jeunesse catholiques. Elles n'ont pas pris conscience du fait que l'Église, alors appelée à jouer un rôle de suppléance dans un corps social disloqué, détenait en fait un pouvoir et une influence considérables et que, dans le silence des autres institutions, sa parole pouvait, par son retentissement, faire barrage à l'irréparable. On doit s'en souvenir : au temps de l'Occupation, on ignorait encore la véritable dimension du génocide hitlérien. S'il est vrai qu'on peut citer en abondance des gestes de solidarité, on doit se demander si des gestes de charité et d'entraide suffisent à honorer les exigences de la justice et le respect des droits de la personne humaine.

Ainsi, face à la législation antisémite édictée par le gouvernement français — à commencer par le statut des juifs d'octobre 1940 et celui de juin 1941 qui ôtaient à une catégorie de Français leurs droits de citoyens, qui les fichaient et qui faisaient d'eux des êtres inférieurs au sein de la nation —, face aux décisions d'internement dans des camps de juifs étrangers qui avaient cru pouvoir compter sur le droit d'asile et sur l'hospitalité de la France, force est de constater que les évêques de France ne se sont pas exprimés publiquement, acquiesçant par leur silence à ces violations flagrantes des droits de l'homme et laissant le champ libre à un engrenage mortifère.

Nous ne jugeons ni les consciences ni les personnes de cette époque, nous ne sommes pas nous-mêmes coupables de ce qui s'est passé hier, mais nous devons apprécier les comportements et les actes. C'est notre Église, et nous sommes obligés de constater aujourd'hui objectivement que des intérêts ecclésiaux, entendus d'une manière excessivement restrictive, l'ont emporté sur les commandements de la conscience et nous devons nous demander pourquoi.

Au-delà des circonstances historiques que nous venons de rappeler, nous avons en particulier à nous interroger sur les origines religieuses de cet aveuglement. Quelle fut l'influence de l'antijudaïsme séculaire ? Pourquoi, dans le débat dont nous savons qu'il a existé, l'Église n'a-t-elle pas écouté la voix des meilleurs des siens ? Avant la guerre, à plusieurs reprises, dans des articles ou des conférences publiques, Jacques Maritain s'est efforcé d'ouvrir les chrétiens à un autre regard sur le peuple juif. Il les mettait aussi en garde avec vigueur contre la perversité de l'antisémitisme qui se développait. Dès la veille de la guerre, Mgr Saliège recommandait aux catholiques du XXᵉ siècle de chercher la lumière dans l'enseignement de Pie XI plutôt que dans tel édit d'Innocent III, au XIIIᵉ siècle. Pendant la guerre, des théologiens et exégètes, à Lyon et à Paris, mettaient prophétiquement en relief les racines juives du christianisme, en soulignant que la tige de Jessé avait fleuri en Israël, que les deux Testaments étaient indissociables, que la Vierge, le Christ, les Apôtres étaient juifs et que le christianisme est lié au judaïsme comme la branche au tronc qui l'a portée. Pourquoi de telles paroles furent-elles si peu écoutées ?

Certes, sur le plan doctrinal, l'Église était fondamentalement opposée au racisme pour des raisons à la fois théologiques et spirituelles que Pie XI avait exprimées fortement dans l'encyclique *Mit brennender Sorge*, qui condamnait les principes de base du national-socialisme et mettait en garde les chrétiens contre les dangers du mythe de la race et de la toute-puissance de l'État. Dès 1928, le Saint-Office avait condamné l'antisémitisme. En 1938, Pie XI déclarait avec force : *"Spirituellement, nous sommes tous des sémites."* Mais de quel poids pouvaient peser de telles condamnations, de quel poids pouvait peser la pensée des quelques théologiens évoqués plus haut par rapport aux stéréotypes antijuifs constamment répétés, dont nous retrouvons la trace, même après 1942, dans des déclarations qui, par ailleurs, ne manquaient pas de courage ?

Force est d'admettre en premier lieu le rôle, sinon direct du moins indirect, joué par des lieux communs antijuifs coupablement entretenus dans le peuple chrétien dans le processus historique qui a conduit à la Shoah. En effet, en dépit (et en partie à cause) des racines juives du christianisme, ainsi que de la fidélité du peuple juif à témoigner du Dieu unique à travers son histoire, la *"séparation originelle"*, surgie dans la seconde moitié du Iᵉʳ siècle, a conduit au divorce, puis à une animosité et une hostilité multiséculaires entre les chrétiens et les juifs. Sans nier, par ailleurs, le poids des données sociales, politiques, culturelles, économiques dans le long itinéraire d'incompréhension et souvent d'antagonisme entre juifs et chrétiens, un des fondements du débat demeure d'ordre religieux. Cela ne signifie pas que l'on soit en droit d'établir un lien direct de cause à effet entre ces lieux communs et la Shoah, car le dessein nazi d'anéantissement du peuple juif a d'autres sources.

Au jugement des historiens, c'est un fait bien attesté que, pendant des siècles, a prévalu dans le peuple chrétien, jusqu'au concile Vatican II, une tradition d'antijudaïsme marquant à des niveaux divers la doctrine et l'enseignement chrétiens, la théologie et l'apologétique, la prédication et la liturgie. Sur ce terreau a fleuri la plante vénéneuse de la haine des juifs. De là, un lourd héritage aux conséquences difficiles à effacer — jusqu'en notre siècle. De là, des plaies toujours vives.

Dans la mesure où les pasteurs et les responsables de l'Église ont si longtemps laissé se développer l'enseignement du mépris et entretenu, dans les communautés chrétiennes, un fonds commun de culture religieuse qui a marqué durablement les mentalités en les déformant, ils portent une grave responsabilité. Même quand ils ont condamné les théories antisémites dans leur origine païenne, on peut estimer qu'ils n'ont pas éclairé les esprits comme ils l'auraient dû, parce qu'ils n'avaient pas remis en cause ces pensées et ces attitudes séculaires.

Dès lors, les consciences se trouvaient souvent endormies, et leur capacité de résistance amoindrie, quand a surgi avec toute sa violence criminelle l'antisémitisme national-socialiste, forme diabolique et paroxysmale de haine des juifs, fondée sur les catégories de la race et du sang et visant ouvertement l'élimination physique du peuple juif — *"une extermination inconditionnelle (...) mise en œuvre avec préméditation"*, selon les termes du pape Jean-Paul II.

Par suite, quand la persécution s'est aggravée et que s'est enclenchée sur le territoire français la politique de génocide du IIIe Reich, relayée par les autorités de Vichy mettant à la disposition de l'occupant ses services de police, quelques évêques courageux ont su élever la voix pour protester avec éclat, au nom des droits de la personne, contre les rafles de populations juives. Ces paroles publiques, alors peu nombreuses, furent entendues par beaucoup de chrétiens.

On ne saurait oublier les nombreuses démarches accomplies par les autorités ecclésiastiques pour sauver des hommes, des femmes, des enfants en danger de mort, ni le flux de charité chrétienne qui s'est déployé à la base, avec une générosité multiforme et en courant les plus grands risques, pour le sauvetage de milliers et de milliers de juifs.

De leur côté, et bien avant ces interventions, sans hésiter à choisir la voie de la clandestinité, des religieux, des prêtres, des laïcs ont sauvé l'honneur de l'Église, souvent de manière discrète et anonyme. Ils l'ont fait aussi, en particulier dans les *Cahiers du témoignage chrétien*, en dénonçant avec force le poison nazi qui menaçait les âmes de toute sa virulence néopaïenne, raciste et antisémite, et en rappelant en toute occasion la parole de Pie XI : "*Spirituellement, nous sommes tous des sémites.*" C'est un fait historique établi que, grâce à toutes ces actions de sauvetage venues des milieux catholiques ainsi que du monde protestant et des organisations juives, la survie d'un grand nombre de juifs a pu être assurée.

Il n'en reste pas moins que si, parmi les chrétiens, clercs, religieux ou laïcs, les actes de courage n'ont pas manqué pour la défense des personnes, nous devons reconnaître que l'indifférence l'a largement emporté sur l'indignation et que, devant la persécution des juifs, en particulier devant les mesures antisémites multiformes édictées par les autorités de Vichy, le silence a été la règle et les paroles en faveur des victimes, l'exception. Pourtant, comme l'a écrit François Mauriac : "*Un crime de cette envergure retombe pour une part non médiocre sur tous les témoins qui n'ont pas crié et quelles qu'aient été les raisons de leur silence.*"

Le résultat, c'est que la tentative d'extermination du peuple juif, au lieu d'apparaître comme une question centrale sur le plan humain et sur le plan spirituel, est restée à l'état d'enjeu secondaire. Devant l'ampleur du drame et le caractère inouï du crime, trop de pasteurs de l'Église ont, par leur silence, offensé l'Église elle-même et sa mission.

Aujourd'hui, nous confessons que ce silence fut une faute. Nous reconnaissons aussi que l'Église en France a alors failli à sa mission d'éducatrice des consciences et qu'ainsi elle porte, avec le peuple chrétien, la responsabilité de n'avoir pas porté secours dès les premiers instants, quand la protestation et la protection étaient possibles et nécessaires, même si, par la suite, il y eut d'innombrables actes de courage.

C'est là un fait que nous reconnaissons aujourd'hui. Car cette défaillance de l'Église de France et sa responsabilité historique envers le peuple juif font partie de son histoire. Nous confessons cette faute. Nous implorons le pardon de Dieu et demandons au peuple juif d'entendre cette parole de repentance. Cet acte de mémoire nous appelle à une vigilance accrue en faveur de l'homme dans le présent et pour l'avenir. »

Note du traducteur
sur la version française

Pour les textes, lettres et déclarations de Jean-Paul II, et dans la mesure où ils étaient disponibles en traduction française, nous nous sommes efforcé de donner les versions officielles, diffusées par la Salle de presse du Vatican, le secrétariat des différents conseils pontificaux, la Polyglotte vaticane, *L'Osservatore Romano* ou les *Acta Apostolicae Sedis*. Nous avons également eu recours aux excellentes versions « autorisées » publiées par *La Documentation catholique* (bimensuel, depuis 1919).

Les textes de Vatican II sont cités dans la traduction française des éditions du Centurion, Concile œcuménique Vatican II, *Documents conciliaires*, 4 volumes, Paris, 1965-1966.

Pour le reste, nous avons donné, autant que possible, les références bibliographiques françaises d'ouvrages que l'auteur a consultés en italien. Nous renvoyons aux notes pour toutes précisions utiles.

Table

La composition de cet ouvrage
a été réalisée par Nord Compo
l'impression et le brochage ont été effectués
sur presse Cameron
dans les ateliers de **Bussière Camedan Imprimeries**
à Saint-Amand-Montrond (Cher),
pour le compte des Éditions Albin Michel.

Achevé d'imprimer en octobre 1997.
N° d'édition : 16995. N° d'impression : 4/1021.
Dépôt légal : octobre 1997.